神田川末広橋より超高層ビル街を望む　平成29年4月(著者撮影)

淀橋浄水場とその周辺　年代不明（新宿歴史博物館所蔵）

馬水槽　新宿駅東口広場（著者撮影）

新宿御苑　平成29年4月（著者撮影）

思い出横丁　昭和46年（新宿歴史博物館所蔵）

新宿駅南口から東口へ渡る陸橋　昭和25年
（新宿歴史博物館所蔵）

歌舞伎町「とんかつにいむら」
昭和36年開店当時
（新村雅彦氏所蔵）

ハモニカ横丁を偲ぶ会のおかみたち　[みち草　よしだ　龍　ナルシス　リカ　ノラ]
昭和42年(山口和子氏所蔵)

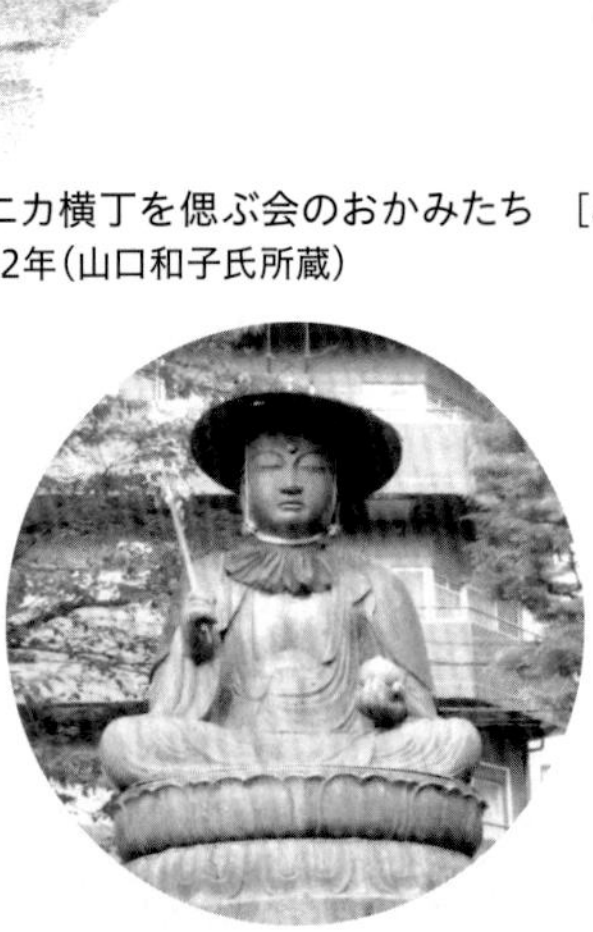

太宗寺銅地蔵菩薩(江戸六地蔵の一つ)
1712年建立(著者撮影)

歌舞伎町公園弁財天
(著者撮影)

ハモニカ横丁みちくさ　昭和20年代
（山口和子氏所蔵）

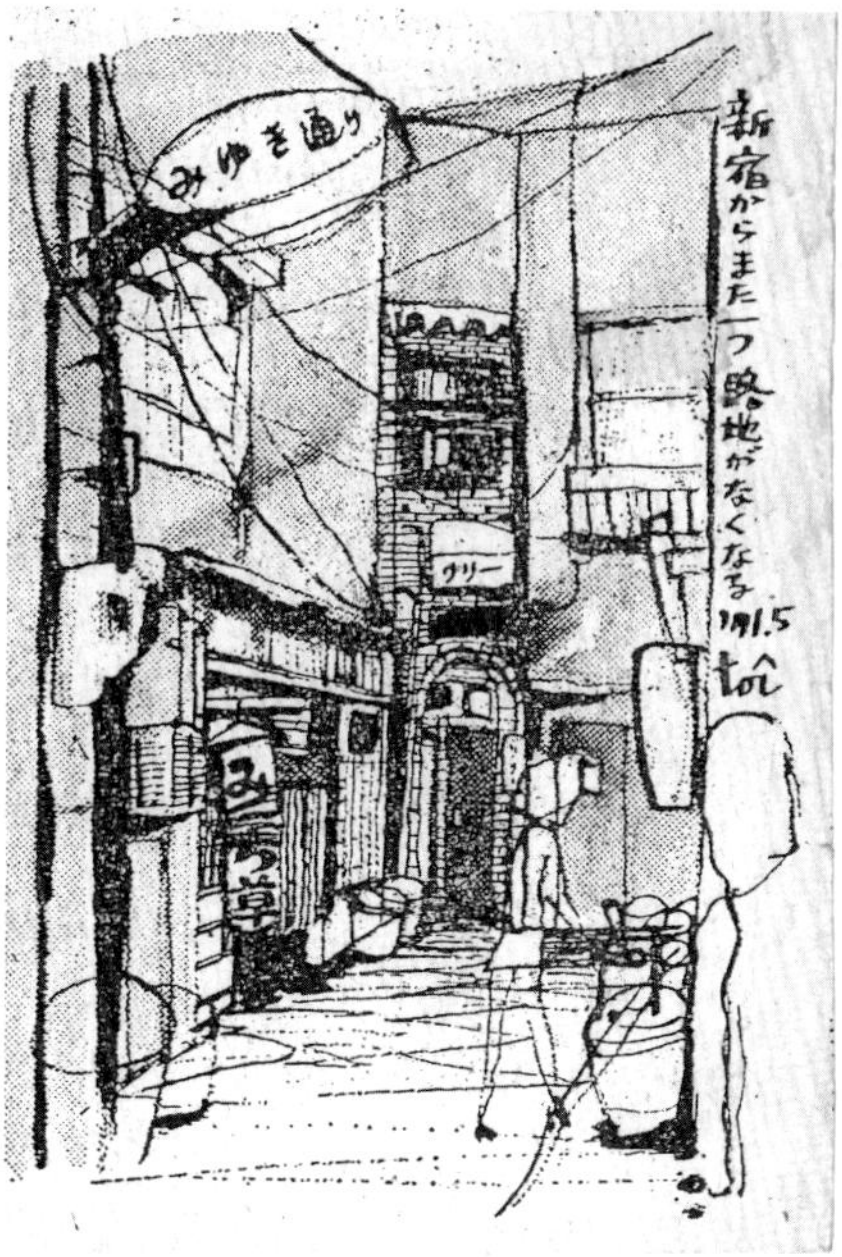

二幸裏 飲み屋街 左側にみち草の提灯
昭和40年代（山口和子氏所蔵）

天龍寺・時の鐘　現在は三代目
1700年牧野成貞寄贈（著者撮影）

西條八十歌碑（著者撮影）

二幸裏みち草　[梅崎澄子　草野心平　高橋錦吉　小林梅]　昭和30年代
(山口和子氏所蔵)

『黒い雨』出版記念会　[山口和子　小林梅　黒川(詩人)　井伏鱒二　三浦哲郎
矢口純]　昭和41年(山口和子氏所蔵)

佐多稲子

下中邦彦

みち草25周年の会　昭和48年4月18日　赤坂プリンスホテル　(山口和子氏所蔵)

みち草20周年　四ッ谷 成駒　[石川道雄　太田英茂　田辺茂一　伊奈信男
木村伊兵衛　中島健蔵]　昭和43年(山口和子氏所蔵)

二幸裏みち草　[中島健蔵　木村伊兵衛　小林梅(お梅さん)　上野壮夫　杵島隆]
昭和47年(山口和子氏所蔵)

西新宿 みち草　著者とギター流しマレンコフ　昭和50年代

ゴールデン街　ハングリー・ハンフリー（二階）

新宿
センチメンタル・ジャーニー

［私の新宿物語］

堀江朋子

図書新聞

新宿センチメンタル・ジャーニー（私の新宿物語）〈目　次〉

第五章　歌舞伎町

序章　故郷上落合

一・異形の街新宿

新宿。私にとって、長い付き合いの街である。関わりは間断なく続いた。記憶に刻まれた街の風景は、幾重にも層を造る。終戦後直ぐに、新宿駅周辺に出現したヤミ市の記憶はないが、私より少し年配の人たちが職場や居酒屋で口にする思い出話は、その場に居合わせたように心に刻まれている。カストリ、バクダンなど怪しげな酒、それも一回に一合しかありつけなかったので、飲んではまた列の後ろについて、二杯目を飲んだ話。酒には、メチルアルコールが含まれていて、作家武田麟太郎も、梅崎春生も、それで死を早めたという。ヤミ市で買った時計がいまも動いていると見せた年配の男性。時計の話は、戦後も三十年以上たった時だったから、今考えると、眉唾だった気がするが、みな、なつかしそうに、時に悲哀を諧謔に包んで語った。ヤミ市というと、犯罪の匂いがつきまとい、暗いイメージしか持っていなかった私は、意外な気持ちで、先輩たちの話に耳を傾けた。

新宿通りや、東口駅前の焼け跡に開店したのが尾津組の新宿マーケット・竜宮マート。野原組の造ったマーケット・ハモニカ横丁。武蔵野館裏から南口までは和田組のマーケット。安田組が取り仕切る西口マーケット。それに、公道（現在の新宿通りなど）に並ぶ露店。テキヤが取り仕切る闇市や露店には、戦地から復員した兵隊が、リュックから取り出して並べた品もあった。空襲跡の瓦礫の中から拾ったものもあった。日用品、衣類、食料品が無秩序に置かれ、「何でもあった」という。何でもというのは、食料品や日用品を指すのだろうが、物資が極端に不足していた当時、何でもありがたかったのだろう。

一九四九（昭和二十四）年八月、ＧＨＱによる露店（闇市）撤去指令により、東京都は、都内に九十余りあった露天商組合に解散を指示した。その中でも、新宿では、野原組が造ったマーケットやハモニカ横丁と呼ばれた飲み屋街は、昭和三十年代まで続いた。ハモニカ横丁は、小さな飲み屋がハモニカの吹き出し口のように並んでいたことからその名がつけられた。現在は、吉祥寺駅前の北口マーケット改めハモニカ横丁の方が有名だが、私がハモニカ横丁という名称で思いだすのは、父や先輩たちが愛惜を込めて語った新宿東口駅前の方である。間口一間奥行き二間の、屋台まがいの飲み屋には、戦時下の窮屈な日常から解放されたサラリーマンや労働者、また作家や文化人たちが集まった。

新宿駅東南口の和田組のマーケットも、飲食店街に変わり、後に、一部は、青線となった。西口に、今の小田急デパートのあるあたりまで線路に沿ってあったのが、安田組マーケット。ラッキーストリートと呼ばれた。安田組マーケット内の改札口に近いラッキーストリートは、地下鉄丸ノ内線の工事で撤去された。戦後も大分経ってからのことである。

一方、ラッキーストリートの青梅街道方面は、やきとり横丁、思い出横丁（しょんべん横丁）として現在も残っていて、時々飲みに立ち寄る。また、南口甲州街道下、昭和天皇の御大典記念に建てられた碑を囲むように、やはり屋台まがいの店が連なる飲食街となった。こちらも、友人の知り合いの店があって、学生時代に飲みに行った。

東口駅前の整備に伴い、花園神社近くの三光町（現・歌舞伎町一丁目）へ、尾津組竜宮マートの露天商が移った。また、それとは別に、新宿二丁目から移って来た人たちがいた。この二つのグループが、一時特飲街を形成した。ゴールデン街と呼ばれるようになったのは、一九六五（昭和四十）年頃からのことである。

ハモニカ横丁は区画整理でなくなったが、歌舞伎町や二幸裏などに店を移して、商売を続けた店が多くあった。それぞれ、父娘二代に渡る新宿酒場漂流の場所で、行きつけの店が何軒かあった。今、父の時代からの店の多くは廃業し、続いていても代替わりしている。戦後七十年余り、酒場の初代は、殆ど鬼籍に入った。

若い頃、新宿駅西口の方には、足を運んだという記憶があまりない。買い物、映画鑑賞、喫茶、食事、飲み屋、殆ど東口で済ませていた。

西口は発展が少し遅れた。小田急デパートや京王デパートが開店したのが、昭和三十年代後半。淀橋浄水場が閉鎖されたのは、一九六五（昭和四十）年のことである。その跡に高層ビルが続々と建設されるが、その第一号が、一九七一（昭和四十六）年に建設された京王プラザホテルである。

私の住んでいる北新宿のマンションの窓からは、高層ビル群が望める。屹立するテクノシティ。昼は紺青の空に美しいスカイラインを描き、夕暮れになると、ビルの窓々に灯が眩ゆく輝く。その人工の美と競うように沸き立つ雲の峰、茜色の空、輝く満月、帳を下したような驟雨。

高層ビルが建つあたり、明治維新以来、様々な歴史を刻んできた場所である。その一つは、女性たちが、女性の地位向上と母性・児童保護に苦闘してきた場所であった。また、淀橋浄水場建設に纏わる歴史もあり、関東大震災で被災した都心の人々が淀橋町に移り住み、新宿とそれに続く西郊が開けていった時代もあった。

高層ビル群の手前には、柏木（現・北新宿二丁目あたり）の古い住宅街が拡がる。天神湯という公衆浴場の煙突の風景。二〇一七（平成二十九）年二月に廃業したが、電線や電柱が住宅街の屋根の上に錯綜して、どこか懐かしい風景を醸し出している。

私が生まれたのは、淀橋区上落合二丁目八二九番地（現・新宿区上落合三丁目）。三歳の時に、両親とともに満州に渡り、引き揚げて来てからは高円寺に住み、小・中・高校と杉並区内の学校に通った。が、買い物は、一番近い繁華街新宿のデパートだったし、花見は新宿御苑、映画は武蔵野館や歌舞伎町地球座などだった。

私が通った大学は高田馬場にあったが、コンパの場所や映画、ジャズ喫茶など、遊びの場は、やはり新宿歌舞伎町が多かった。結婚して足かけ二年大阪で過ごしたが、東京へ里帰りすると、必ず新宿を徘徊した。その頃は、今ほど変化が激しくなかったので、馴染んだ街の佇まいに青春を偲ぶには充分だった。その後、新宿西郊の西荻窪や三鷹に住み、二〇〇一（平成十三）年三月に、北新宿へ居を移した。変貌を続ける新宿は日々新しい。現在は二〇二〇年の東京オリンピックへ向けての再開発工事が、あちこちで進んでいる。

銀座の上流志向、浅草の下町庶民風、神田駿河台の和製カルチェラタン、東京駅丸の内のオフィス街…。どれとも違い、どれをとっても、その中に存在する。すべてを併せ持ち、呑みこんでしまう街新宿。華やかな表通りから一歩踏み込むと、影の部分が幾重にも重なる。つい最近も、歌舞伎町で起こった山口組と神戸山口組との暴力沙汰が、テレビに映し出されていた。異形の街新宿。だが、私は新宿の街が好きだ。人間の表裏、あらゆる面を併せ持っているからだ。

私の新宿センチメンタル・ジャーニーは、私の両親が結婚して住み、姉と私が生まれた淀橋区（現・新宿区）上落合から始めたい。

二．落合文士村と目白文化村

1．落合文士村となめくぢ横丁

上落合は、『新宿文化絵図—新宿まち歩きガイド』（新宿区地域文化部文化観光国際課編・発行、二〇〇七年）に、こう書かれている。

かつての落合周辺は、林芙美子をはじめ多くの作家が住み、後に「落合文士村」とよばれました。関東大震災後から第二次世界大戦前にかけて、明治以来の近代文学を否定するアヴァンギャルド、社会変革をめざしたプロレタリア文学、対象を感覚的にとらえ斬新に表現した新感覚派などの文学者たちが、この地域に集まったのです。落合には女流作家も多く住みました。落合に引っ越すよう林芙美子を誘った尾崎翠、親しく行き来していた吉屋信子のほかにも、大田洋子、神近市子、壺井栄、矢田津世子などそうそうたる名が挙げられます。

上落合周辺には、片岡鉄兵、蔵原惟人、中野重治、宮本百合子などプロレタリア作家が移ってきました。現在の月見岡八幡宮神社の一角では、プロレタリア派の三拠点のひとつ、前衛芸術家同盟が昭和二年（一九二七）に結成されています。同時期、文壇には文芸復興の気運が興ります。上落合二丁目（現・三丁目）の一角にあった文士長屋、通称「なめくぢ横丁」には、当時の気鋭の作家である檀一雄、尾崎一雄、上野壮夫が住み、太宰治、森敦、立原道造、亀井勝一郎、保田與重郎らが集まりました。ここでの多くのエピソードは、尾崎一雄の『なめくぢ横丁』などに記されています。

「なめくぢ横丁」に住んでいた作家の一人として、ここに記されている上野壮夫が、私の父である。父は、なめくぢ横丁に移り住む前、プロレタリア文学の詩人・作家として、一九二七（昭和二）年十一月、上落合、月岡八幡宮の一角で結成された前衛芸術家同盟に属し、文学活動を行っていた。ちなみに、前述の文章の中に出てくるプロレタリア三派とは、日本プロレタリア芸術連盟、労農芸術家連盟、前衛芸術家同盟で、その拠点を、日本プロレタリア芸術連盟は淀橋に、労農芸術家連盟は高円寺に、前衛芸術家同盟は上落合に置いた。前衛芸術家同盟は労農芸術家連盟から脱退した人々が、あらたに結成した組織だった。やがて、この三派も、一九二八（昭和三）年三月に、全日本無産者芸術連盟（通称ナップ）に統合された。ナップ（上落合四六〇）は、文学、演劇、美術、音楽、映画の各部門を置いた。そして、機関誌「戦旗」を創刊。戦旗社は会社組織になり、父はその編集に従事しながら、詩・小説、評論を発表した。一九二九（昭和四）年二月、日本プロレタリア作家同盟創立、ナップの中心的役割を担った。父もこれに参加する。

一九三〇（昭和五）年三月、私の母小坂多喜子が兵庫県姫路市から上京し、下落合に住む作家片岡鉄兵を訪ねた。片岡鉄平と母とはともに岡山県美作《みまさか》の出身。鉄平は苫田郡鏡野町、母は勝田郡奈義町出身。ともに律令制時代からあった旧美作国に属する地域である。出身地が近いこともあって母が上京する前からの知合いだった。神戸、大阪で、母は何度か片岡鉄平に会っている。しかし、母が上京した折、鉄平は講演旅行で留守だった。夫人のはからいで、片岡家に一泊。その後、上落合二丁目に住む作家・評論家で婦人運動家でもある神近市子の家に転がり込む。母は、当時、燎原の火のように広がりをみせた左翼思想に憧れ、古い伝統を持つ家に反逆して上京した家出少女だった。市子の所には、他にも、家出少女が二人いたと、母は書き残している。市子は、家出少女たちに職の世話をし、自立するよう促した。母が、市子の紹介状をもって、初めに訪れたのは、共産党員で後に転向した鍋山貞親・歌子夫妻の家だった。そこで、一泊し、翌日、付近の農家をオルグと呼ばれる女性たちと回った。葛飾の青砥のあたりだった。だが、ひ弱い体質の母は、実践活動に馴染めず、すぐ市子の家に舞い戻った。次に市子が紹介したのは長谷川時雨が主宰する女人芸術社（牛込区中町、現・新宿区市谷左内町）だった。「女人芸術」は、平塚雷鳥が主宰した「青鞜」の流れを汲む、女性解放運動の雑誌だった。

「私が神近市子の紹介状をもって、市ヶ谷の堀端から左内町の狭い急な坂道を登っていったのは、昭和五年三月半ばごろ、葛飾の土堤下の家から神近家に帰ってきた直後だった。和風の、かなり高級と思われる住宅の立ち並んだ坂を登った所に、長谷川時雨の家があった」（小坂多喜子『わたしの神戸　わたしの青春』三信図書、一九八六年）。

ここに一週間ほど校正のアルバイトに通った。「女人芸術」は、林芙美子の「秋がきたんだ――放浪記」を連載し、後に『放浪記』として出版され、芙美子は一躍有名作家となった。

「女人芸術社」跡（長谷川時雨・三上於菟吉旧居跡）は、二〇一五（平成二十七）年に、新宿区の指定史跡となった。父や母が関わりを持ったところで、史跡に指定された数少ない場所である。


その後、多喜子は、飯田橋駅近く堀端にある産業組合全国購買組合連合会中央会事務所に通った。機関紙の校正や雑用が仕事だった。そこで出会ったのが、社会評論家で、フェミニズム運動の先駆けとなった丸岡秀子だった。小柄な身体に並々ならぬ闘志を秘めて、実践活動に飛び回る秀子に、観念や憧れだけで左翼運動に飛び込んだ自分の心身の軟弱さを見透かされる思いだったと、母はいう。

神近市子は、脆弱な母を自立させることに腐心していた。次に、父が編集に従事する「戦旗」の編集実務のアルバイト要員として、母を紹介する。市子は戦旗社の若者たちの相談相手であり、社のパトロンでもあった。

その頃の戦旗社は麹町にあり、後に有楽町に移った。父は編集部だったが、母が校正や割り付けをしている出版部にも顔を見せた。そして、二人は結ばれる。一九三〇（昭和五）年五月。新婚所帯は、西武線中井駅近く、妙正寺川の川沿いに建つ父の下宿。木の香の匂い立つ新築の家の六畳間だった。だが、周囲には、農家の畑や森が広がり、妙正寺川の側の一角だけに貸家が並んでいた。私は、何回かそのあたりを歩いたが、今も、敷地いっぱいに建てられた家が並ぶ庶民的な所だ。両親の新婚所帯と妙正寺川を挟んで向かいに、林芙美子が住んでいた。杉並堀ノ内の妙法寺境内からここに移り、画家手塚緑敏と暮らしていた。『放浪記』がベストセラーになった頃である。

また、中井駅前には萩原朔太郎の前夫人が経営していた「ワゴン」という喫茶店兼バーがあり、父や母はしばしば足を運んだ。草野心平や檀一雄などが飲みに来ていた。

一九三一（昭和六）年、父と母は池袋豊島師範学校の側に移った。母は身籠っていた。父は、私の兄肇が生まれる直前に四谷署に検挙された。数カ月の拘留の後、転向声明を出し自由の身となった。しかし、父が拘留中に生まれた兄は母の実家に引取られた。二人は、その年の暮に再び上落合に戻った。そして、翌年秋、阿佐ヶ谷成宗に居を移す。

一九三三（昭和八）年二月、小林多喜二が築地署に検挙され、拷問の上殺害された。多喜二の家近くに住んでいた父と母は、遺骸が戻ってくるという知らせを受けて、いち早く駆け付けた。遺骸には、頬に斑点のような内出血の跡、首すじや両手首に鮮明な赤い輪。締め上げられた跡だ。太ももは、薄黒く腫れ上がって、酷い拷問を受けたことは歴然としていた。作家江口渙は、著書『三つの死』（新評論社、一九五五年）の中の「作家小林多喜二の死」の項で、「何という凄惨なありさまであろうか、毛糸の腹巻に半ば覆われた下腹部から左右の膝頭へかけて、下腹といわず、股といわず、尻といわず、前も後ろも何処もかしこも、まるで墨とべにがらとをいっしょに混ぜて塗り潰したような、何とも彼ともいえないほどの陰惨な色で一面に覆われている。その上、よほど多量の内出血があるとみえて、股の皮膚がぱっちりとハチ割れそうにふくらみあがっている。そしてその太さが普通の人間の太腿の二倍もある」と書く。睾丸も陰茎も異様な大きさに腫れあがっていて、足には錐や釘が打ち込まれた穴が無数に開いていたという。江口渙著『三つの死』は、小林多喜二の拷問死の他、「黒旗の下に」という項では、関東大震災時の平沢計七や亀戸の労働者らが虐殺された亀戸事件、大杉栄と伊藤野枝、それに大杉の甥が連行され殺害された甘粕事件について、「代議士山本宣治の暗殺」の項では、右翼に殺された労働農民党代議士山本宣治について書いている。どのルポルタージュも、著者自身が身近に目にしたことでもあり、他の人の証言をも得て、生々しくリアルに描かれていて、惨い殺され方をした人々の肉体的な痛みや無念が伝わってくる。私は、かくも残虐に、無抵抗の人を殺すことができる人間という生き物に、怒りを通り越して悲しみを覚えた。

小林多喜二の母セキをモデルとした映画「母・小林多喜二の母の物語」を観た。原作は、三浦綾子著『母』である。セキを演じたのが寺島しのぶ。セキは、素朴でおおらかな女性。

早逝した夫末松とともに、貧しいながら温もりのある家庭を営んできた。極貧の人たちへの思いやりも忘れない。プロレタリア文学の作家として華々しくデビューした長男多喜二は、特高に捕まり、拷問の上、殺害される。セキは多喜二の死をなかなか受け入れられない。時間の経過の中で、苦しみに耐え、前向きに生きようとするセキ。

「救おうとした貧しい人たちに、お前は殺された」（正確ではないが、多分このような言葉だったと思う）というセキの科白に心を衝かれた。「貧しい人たち」という言葉が、具体的に誰を指すのかわからなかったが、特高の刑事にも、貧しい家の子弟がいたという。

私は、原則として、映画は一人で観に行くことにしている。が、その日は友人と一緒だった。私の両親と同じく、戦前に、左翼運動に関わった母親を持つ人だった。彼の母は、作家佐多稲子や婦人運動家櫛田ふきと親交があったという。

映画の中に、小林多喜二の遺骸を仲間が囲んでいる場面がある。いろいろな資料や本に掲載されている有名な写真から採ったシーンだが、その写真の中に、私の父や母が映っている。また、多喜二の遺骸に取りすがる女性（伊藤ふじ子？）が出てくるが、この女性とも母は交流があった。それと、もう一人、多喜二と交流のあった女性若林つや（本名杉山みつゑ）。私の職場の先輩として、父や母の古い仲間として、彼女の死まで交流が続いた。両親を含めて多喜二の周辺にいた人たちを知っていることもあって、深い関心を持って観た映画だった。

当時は、権力を持てば、何でも出来る時代だ。だが、権力や組織が、民衆や個人の自由にとって脅威になりうるというのは、いつの時代も同じだろう。父たちが貧しい人々を救うと信じた左翼思想も、一旦国家権力になると、独裁政治と同じ様なことを繰り返す。歴史がそれを示している。


「共産主義って禁酒法みたいなものよ。アイデアはすばらしいんだけど、機能していない。（略）革命家の高潔な人びと、たしかに、そういう人びとがいた…（略）」（スヴェトラーナ・アレクシエーヴィチ『セカンドハンドの時代――「赤い国」を生きた人びと』）

小林多喜二は革命家の高潔な人びとの一人だった。


話を父と母のことに戻す。

多喜二の遺骸と対面した母は、遺骸の幻影にうなされて眠れない日々が続く。阿佐ヶ谷から一刻も早く離れたいと訴える。

一九三三（昭和八）年三月、父は、大宅壮一とともに、「人物評論」という雑誌を創刊した。「人物評論」は、諷刺や笑いに託した時事評論や人物評を掲載し、戦争へと傾斜して行く時代への抵抗と批判精神に満ちた雑誌だった。当時の重苦しい空気に反撥する若者に受け、売れ行きは上々だった。一九三三年といえば、日本軍が華北に侵攻、国際連盟の対日批判に対し、三月二十七日、国連を脱退した年だ。ドイツにヒトラー政権が誕生したのも同年三月。

一九三四（昭和九）年二月、日本プロレタリア作家同盟解散宣言、この頃は、父をはじめ殆どの作家が、既に同盟から離脱していた。軍国主義国家から解放された戦後、宮本百合子をはじめ、戦前のプロレタリア作家の一部は政治運動に復帰したが、父は一切の組織からも、政治からも距離を置いて、関わりを持たなかった。戦後は、会社や広告界で生きたが、そこでも一匹狼だった気がする。

父は、「人物評論」に掲載する原稿を依頼しに、上落合に住む尾崎一雄の所へ赴く。尾崎は早稲田の先輩で、父とは以前からの顔見知りだった。尾崎は、「文藝春秋」に渡したものの、なかなか掲載してくれない小説「暢気眼鏡」の原稿を取り戻して父に渡す。「人物評論」に掲載された「暢気眼鏡」は、芥川賞を受賞し、尾崎は、それまでの文学的低迷から脱却した。

尾崎の家を訪ねた父は、北側の長屋が空いているのに目をつけ、三日と経たないうちに、母を伴って引っ越して来る。

「なめくぢ横丁」という名称は、尾崎一雄が「なめくぢ横丁」という表題でここでの生活を書いたことに由来する。なめくぢ横丁の地番は、淀橋区上落合二丁目八二九番地（現・新宿区上落合三丁目）。ここには、二階建ての二軒長屋三棟が、南北に建てられていた。一番北側の棟の一軒が父と母の住まいとなり、一九三三（昭和八）年八月から一九三五（昭和十）年八月までの二年間をここで過ごす。真ん中の一棟の一軒が、当時、東京帝国大学の学生だった檀一雄の住まいだった。同じ棟の隣の一軒は、入る二年ほど前に、首つり心中があった所で、借り手がつかなかった。若い男女の心中事件は、檀の想像と妄想を掻き立て、「女の腹の上で自滅する絵だ」などと言いながら（母小坂多喜子談）、わけのわからない絵を描いていた。檀が住む一軒に、尾崎一雄夫妻が引っ越してくる。尾崎夫妻が一階に、檀が二階に住んだ。

無頼派として名の通っていた檀だが、母は、「細やかな心遣いをする、優しい人」という。

一番南の棟の一軒には、後にフジサンケイグループの総帥となる水野成夫《しげお》が、もう一軒には後に社会党衆議院議員となった村尾薩男が住んでいた。水野成夫は、村尾と東大新人会に属し、ともに共産党員だった。なめくぢ横丁で暮らしていた頃は、転向声明を出した後である。

そこへ、父と母が越してきた。こうして、なめくぢ横丁は、元プロレタリア派と芸術派の作家が入り乱れての交流の場となった。プロレタリア派の作家にとっては、まさしく「新たな文芸復興」の時だった。

尾崎一雄の所へは、中谷孝雄、中島直人、木山捷平、外村繁、浅見淵、田畑修一郎、丹羽文雄らが訪れた。檀一雄の所には、太宰治、森敦、山岸外史、古谷綱武、綱正、立原道造らが集まった。新たにこの横丁に引っ越して来た父の所へは、小熊秀雄、亀井勝一郎、保田与重郎、平林彪吾、堀田昇一、細野孝二郎、本庄陸男、加藤悦郎、吉原義彦、緑川貢、神近市子、林芙美子、矢田津世子、横田文子、若林つや、平林英子などが訪れた。これらの人たちは、それぞれの家に入り乱れて集い、時には酒宴となり、文学論となった。自分の行く道を模索していた青春の日々。議論が白熱し、掴み合いの喧嘩となることもあったが、必ず誰かが仲裁に入った。父も新たな文学の道へと歩み始めた。「週刊朝日」「アサヒグラフ」「若草」などに短編小説を掲載し、米塩の資を得て、本格的な創作活動へと道を進めていた。しかし、大宅壮一と創刊した「人物評論」は廃刊となり、商業誌の安い稿料だけでは、生活は成り立たなくなった。一九三八（昭和十三）年、父は大宅の紹介で、歴史学者服部之総が宣伝部長を務める花王石鹸に入社。生活は安定した。そして、なめくぢ横丁から移り住んだ上落合二丁目五九九番地（現・三丁目）の家で、一九三七（昭和十二）年に姉が、一九四〇（昭和十五）年に私が生まれた。その間、中野区上高田、四谷区牛込砂土原町へと転居しているが、結局上落合に帰って来た。やはり、上落合が父と母の古巣なのだ。

私が生まれた一九四〇（昭和十五）年は、世の中が紀元二千六百年の奉祝ムードに沸いた年である。その寿《ことほ》ぎは、また、日本が太平洋戦争へと突入する予兆であった。翌一九四一（昭和十六）年十二月八日、日本軍はハワイ真珠湾を攻撃した。既に中国との戦いが泥沼化していた日本は、対米英にも宣戦布告をしたのである。そんな世情とは別に、セピア色の写真の中で、幸せそうな母の手に抱かれている私は、焦点の定まらない眼で虚空を見つめている。

私は再び、なめくぢ横丁を訪ねた。再びというのは、父の評伝を書く時に一度行ったことがあるからである。正月明けの風の冷たい日。東中野駅から山手通りを北へ。早稲田通りとの交差点を左に曲がり、早稲田通りをしばらく歩き右に折れると、上落合西公園がある。その前の道を歩いて、細い道を幾重にも曲がる（道に迷ったのでそんな印象だった）と上落合三丁目二〇—一七の標示のある一画があった。その一画の真ん中を貫く細い道まで来て、私の記憶が蘇った。父や母が暮らしたなめくぢ横丁は、ここだと。二階建ての民家が連なる佇まいは、一見、初めて訪れた二十数年前と変わっていない。茶褐色の古びた木造家屋がまず目についた。その隣は、近年に建て替えられたであろう瀟洒な洋館。だが、そのせまい横丁は当時を偲ばせるに充分だった。抗えない時間の推移の中で、その一画だけは、時が止まったままである。少なくとも私の心の中で。

一九四一年一月、「日本青年文学者会」が結成され、父上野壮夫が会長となった。それに続いて、五十余誌あった同人雑誌は八誌に統合された。国家側の文芸統制に呼応した形の同人誌の統合だった。現在、私が引き継いで主宰している「文芸復興」はその八誌の一つである。一九四二（昭和十七）年二月に創刊号を出し、二〇一七（平成二十九）年に創刊七十五年を迎えた。創刊当時の編集長は城野政夫に次いで細野孝二郎、そして、父上野壮夫がその任に就いた。その頃、作家水上勉は上京して、早稲田鶴巻町に下宿しながら、日本農林新聞社に勤務していた。日本農林新聞社のデスクが作家細野孝二郎だった。

細野氏は、（中略）当時は四十代半ば。友人に上野壮夫、堀田昇一、といった後に「文芸復興」同人となられた作家たちがいて、よく五時過ぎると、堀田さんが着流しで現れて、神楽坂のビヤホールへ細野さんを誘われる。そのような作家たちをまばゆく眺め、私は憧れたのである。因みに堀田氏は「自由が丘パルテノン」を出して間もなかったかと思う。大江賢次氏も来られたことがあった。大江氏は、「道化の町」の著者だった。

上野氏は有名石鹸会社の宣伝部長だった。戦争が拡大され、銃後生活も厳しくなりはじめていたから、左翼作家の転向時代だったろう。業界新聞に潜んだ作家が多かったように思う。

（水上勉『私版　東京図絵』）

大江賢次は、戦前、父と同じ「全日本無産者芸術連盟」に属した作家で、一時片岡鉄兵の書生をしていた。小説『絶唱』は、三度映画化され、最初の映画の主演は、浅岡ルリ子、小林旭。次の映画では、和泉雅子、舟木一夫。三度目は、山口百恵、三浦友和だった。舟木一夫が歌った主題歌「絶唱」は、大ヒットした。テレビでもたびたびドラマ化された。娘の大江さやかさんとは高校同期で、父親たちの文学活動や、交流を話し合ったことがあった。

「文芸復興」創刊号を出した翌年、戦局も厳しくなってきた一九四三（昭和十八）年十二月、私たち一家は、上落合から満州奉天（現・瀋陽）へ赴く。父の満州花王奉天工場への赴任に従ってのことである。

私が、敢えて上落合と落合文士村をこの著作『新宿センチメンタル・ジャーニー』の冒頭に置いたのは、私なりのこだわりとセンチメントがあった。父や母が住んだ場所、姉や私が生まれた場所ということもその一つだが、後に名を成した多くの作家が集った「なめくぢ横丁」の存在が、忘れ去られてしまうのではないかという懸念からだった。例えば、二〇一五（平成二十七）年に刊行されて、評判となった写真集『目で見る新宿区の100年』（郷土出版社、二〇一五年）を取り寄せてつぶさにページを繰ったが、「なめくぢ横丁」の掲載はなかった。「目白文化村」、「アビラ村」（芸術村）は写真の掲載や説明が書かれていたが、ビジュアル資料が少ないというのも理由のひとつかも知れない。

2. 目白文化村

「目白文化村」は、現在の新宿区中落合一丁目と二丁目の一部分、三丁目と四丁目の大部分、中井二丁目、西落合一丁目の一部を包括する地域である。西武グループの創始者堤康次郎（箱根土地株式会社）は、一九一四（大正三）年に、東京府豊多摩郡落合村下落合の土地を買い取ったのを初めとして、周辺の土地を次々に買い占めていった。そして、その土地を一九二二（大正十一）年頃から高級住宅地として分譲を始めたのである。

かくて、雑木林に覆われ、田や畑が点在する武蔵野の台地は、瀟洒な邸宅が立ち並ぶ美しい住宅街に変貌した。日本のビバリーヒルズを目指したという目白文化村は、「整然たる道路衛生的な下水道電熱供給施設テニスコート等の設備があり多くの小奇麗なバンガローや荘重なライト式建築…」（岸田國士「紙風船」、『岸田國士全集』岩波書店、一九八九年）と書かれている。西洋館や和洋折衷の豪壮な住宅が立ち並び、休日には、球技場でテニスやベースボールに興じる。犬を飼う。倶楽部ハウスもあったという。明治期には見られないモダンライフである。画家佐伯祐三は、ここの風景を「下落合風景」としてカンバスに書き留めた。佐伯の旧居（現・中落合二―四―二一）は、現在、新宿区立佐伯祐三アトリエ記念館となっている。高級住宅地の目白文化村には、高名な政治家、実業家、文学者、画家が住んでいた。相馬子爵、大島男爵、石橋湛山。花王石鹸二代目社長長瀬富郎の邸宅もここにあった。また、目白駅近くに近衛町という町があった。近衛篤麿公爵、近衛文麿公爵の敷地を解放開発して命名された町で、高級住宅地を形成した。この開発を手掛けたのも箱根土地株式会社だった。また、下落合に造成されたアビラ村（芸術村）には、島津源吉、刑部人、林唯一、金山平三、会津八一、吉屋信子などが住んだ。アビラとは、スペインの芸術村アビラから採った名前という。

また、画家中村彝、歌人九条武子、舟橋聖一、片岡鉄平なども、下落合に住んだ。林芙美子は、下落合を「澤山、石の段々のある町で、どの家も庭があつて、遠くから眺めると、晝間はムウドンであり、夜はハイデルベルヒのやうだ」（「わが住む界隈」、一九三七年）と表現している。また、「私の仲のいゝ友達が、中井の驛はまるで露西亜の小駅のやうだと云った」（「落合町山川記」、一九三三年）とも書く。ムウドンはパリ郊外の高級住宅地。また、石器時代から人が住んでいた歴史ある町である。ハイデルベルヒも、ドイツ、ネッカー川に面した由緒ある町。下落合は、高級住宅地であったとしても、歴史の浅い新興住宅地。ムウドンやハイデルベルヒとは比較にはならないと思うが、一九三一（昭和六）年にシベリア経由でヨーロッパを旅行し、ムウドンで柔道を教えていた石黒敬七とパリ滞在中親交を持ったというから、忘れがたい町だったのだろう。芙美子は、一九四一（昭和十六）年に、中井二丁目、中井御霊神社の側に、こだわりの日本家屋を建て、一九五一（昭和二十六）年の死の時まで住んだ。今は「林芙美子記念館」となっている。中村彝の下落合の家は、「中村彝アトリエ記念館」として開館されているが、アトリエは、出身地水戸にある茨城県近代美術館の敷地内にも復元されていて、ソファー、机などは、本人が使用したものが置かれている。片岡鉄平は、新感覚派からプロレタリア作家に転身した男だが、一九三二（昭和七）年、獄中で転向声明を出し、その後は大衆小説などを書いた。母と同じ岡山県美作出身で、前述したように、母は上京する前に既に鉄兵と交流を持っていた。

こうして見ると、目白文化村や下落合も含めて、落合文士村とするのも妥当といえる。しかし、下落合と上落合。高台と低地。そこに住んだ人々。

目白文化村は、ブルジョアジーの住む所、落合文士村はプロレタリアートが集う場所。また、こうも言える。目白文化村が功成り名遂げた人の居処、落合文士村は野心に富んだ文学青年たちの梁山泊。その一画の「なめくぢ横丁」から、後に活躍する作家が育っていった。

小説「暢気眼鏡」で芥川賞を受賞し、一九七八（昭和五十三）年に文化勲章を受けた尾崎一雄。尾崎氏には、一九七九（昭和五十四）年六月五日、七十五歳で亡くなった父の葬儀で弔辞を読んで頂いたが、「なめくぢ横丁」時代を回顧しての心のこもった弔辞は、今も心に残る。

『リツ子・その愛』『火宅の人』などを書いて流行作家になった檀一雄、また、太宰治、亀井勝一郎、壺井栄。

亀井勝一郎は、評論家として多くの著書を残した。特に、大和路紀行から生まれた『大和古寺風物誌』や『親鸞』など、日本人の魂の原点を書いた著書や、『恋愛論』『恋愛・自然・人生』『現代青春論　青春を生きる心について』などの恋愛論や青春論は、当時の青年たちの愛読書で、私も熱心に読んだ記憶がある。プロレタリア作家であり、共産党員だった亀井だが、転向後は日本浪曼派に属した。亀井の魂の遍歴は、私の父に通じるものがある。父は、戦後、広告界で仕事をした。青春時代に持った思想とは、相反する世界に生きた。しかし、亀井も父も、どんな時代でも、どんな場所に身を置いても、人と調和して、誠実に生きたと思う。それは、若い時に持った思想の挫折、その痛みから来る、人が生きるということに対する深い洞察であり、また、本来的に持っている人間性といったものだろうか。辻井喬（堤清二）氏の『上野壮夫全集』に寄せられた文から引用させてもらえば、「…彼（父上野壮夫のこと）の人間としての出来具合、素質と言っても感性と呼んでもヒューマンな感覚と名付けてもいいが、彼は、決して人間の上に立つ権力の担い手になろうとはしなかった」（『上野壮夫全集』全三巻別冊一、図書新聞、二〇〇九年）。この言葉は、そっくり、亀井にあてはまるだろう。母も言った。「亀井さんは、だれに対しても心から優しい人だった。かおる（私の姉）の通っている高校での講演を頼んだら、飛んできてくれたわ」。「亀井さんが、私の学校に講演に来たのは、高校一年の時だった」と、姉は言った。

亀井と父とは、亀井が亡くなるまで親交が続いた。

壺井栄は、やはり上落合に住んでいて、上落合で三度の転居をしている。母は「壺井栄―「大根の葉」の頃―」というエッセイで、「〈大根の葉〉が発表された当時、私には二人目の娘（私のこと）が生まれて、そのお産の手伝いに田舎からきていた女の子を佐多（稲子）さんの家の女中さんにせわしてはくれまいかと、佐多さんと連れだって上落合の私の家に訪ねてこられた時の（壺井）栄さんは和服姿だった」（前出『わたしの神戸　わたしの青春』）と書く。

壺井栄が「文藝」に「大根の葉」を発表したのは、一九三八（昭和十三）年だから、私が生まれる二年前である。年次については、母の記憶違いだろうが、壺井栄との交流を示す逸話である。戦後も親交は続いた。正月には、壺井繁治、壺井栄連名の年賀状が必ず届いていた。反戦の文章が書かれていた。

壺井栄は故郷小豆島の分教場を舞台にした小説『二十四の瞳』で、一躍有名作家となった。

戦後、それぞれの道を歩んだかつてのプロレタリア作家だが、交流は途切れることはなかった。一つの時代に、一つの流れに身を置いたもの同士の信愛の情だろう。

落合は、西の郊外にある井の頭池を水源とする神田川と、杉並区清水三丁目にある妙正寺池を水源とする妙正寺川の合流する地ということから落合という名前が付けられた。このあたり、江戸時代は鮎が釣れ、『江戸名所図会』には、ホタルの名所として描かれている。妙正寺川は、西武新宿線中井駅と下落合駅に添うように流れているが、西武新宿線が開通したのが、一九二七（昭和二）年四月。しかし、当時は高田馬場が起点で、新宿まで開通したのは、一九五二（昭和二十七）年三月のことである。前述したように、妙正寺川の北側の台地は、高級住宅地。南側の低地には、妙正寺川や神田川の流れを利用した染物工場や、製紙、鉄工、機械、製氷、化学、製本の工場が並んでいた。染色工場は、大正の中頃、神田川の清流に目を付けた染色業者が、高田馬場で工場を新設したのが、始まりであるという。関東大震災の後には、浅草や神田の染物業者が移転してきた。江戸小紋（東京染小紋）や手書き友禅などは、落合で生産されたのである。一九六五（昭和四十）年頃まで、川底で水洗いが行われていた。

上落合にはまた、小さな貸家が立ち並んでいた。土地の小地主が、生活の糧に建てた貸家だった。そこに、金のない若い文士や絵描きが集まった。なかには、無断で借家するものもいた。これをリャクと言った。やはり、中井、上落合は庶民の街だ。

物語性を含んで語り継がれていく歴史。その歴史は、常に表通りの歴史、勝ち組の歴史だ。一方で、忘れ去られる現実があった。失われた時間と空間。それは、主に裏通りの歴史、庶民の歴史だ。私は、時代の記憶から消えていった事象や人物に興味が沸く。

第一章　新宿歴史点描

一・新宿の縄文人

私が、新宿の古代遺跡や縄文人に興味を持ったのは、私が今住んでいる北新宿二丁目五、六あたりには、旧石器時代の石器や礫群、縄文時代早期・中期・後期の竪穴住居跡や炉穴、柱穴、それに、弥生時代の竪穴住居跡、炉穴、柱穴、土坑、方形周溝墓、溝跡、住居跡など、また弥生・古墳時代の竪穴住居跡の遺跡があったという記述を目にしたからだった。今、自分の住んでいる場所には、古代縄文人が住んでいた。その人たちは、どんな思いを持ち、どんな日々を送っていたのだろう。今は、ビルやマンションが立ち並ぶこのあたりにも、高い樹木に覆われた森、灌木の連なる林、広い草原、小高い丘、滔々と水の流れる川があって、光と風の中、彼らは自在に生きていたのではないだろうか。私は、連綿と続く人間の系譜の始まりの方に少しでも近づいてみたいという思いに駆られた。その他、落合にも二万年前頃から人類が住んでいたといわれ、市谷加賀町二丁目遺跡や下戸塚遺跡などとともに、新宿区内には、縄文遺跡が多くある。中野区との境に近く、下落合から続く妙正寺川北側の落合台地一帯は、縄文時代から数千年にわたって人類の歴史を刻んできた所で、その中心が、中井御霊神社（中井二―二九―一六）の北側から目白学園（中落合四

─三一―一）一帯である。

約二万五千平方メートルの地域に、縄文時代から奈良時代にかけての遺跡が分布している。本格的な調査が始まったのは、目白学園構内から遺跡が見つかってからである。一九五〇（昭和二十五）年から十四回にわたる調査で、竪穴住居が百八十八軒、出土された遺物は一万点を超えた。神田川流域における縄文・弥生・奈良時代の集落遺跡である。「目白学園遺跡」と呼ばれている。

縄文時代中期（七千年ほど前）には、百軒ほどの大集落があったと推定される。弥生時代には、水田耕作が行われ、村も形成されていたと思われる。奈良時代の律令国家体制のもとでは、武蔵国豊島郡となった。

目白学園正門右手の佐藤重遠記念館では、落合遺跡から出土した遺物が展示されている。西側の一号館脇には、復元住居がある。

また、新宿歴史博物館では、二〇一五（平成二十七）年三月八日から五月六日まで、「新宿に縄文人現る─市谷加賀町二丁目遺跡の発見」という特別展があった。

二〇一二（平成二十四）年、市谷加賀町から、縄文人の人骨が十六体発掘された。四千年から五千年前（縄文時代中期から後期）のもので、その中の一体（一二号人骨と呼ばれる）は、ほぼ完全な形で残されていた。放射性炭素年代測定では、紀元前三千三百十～三千二百二十六年に死亡したものという。関東ローム層の堆積土の中から、何体も発見されたのは、大変珍しいケースなのだ。この堆積土は、火山灰が降り積もった酸性土であるため、人骨は百年から二百年でとけてしまうからである。

発見された当時、牛込警察署による現場検証が行われたという。近年の人骨ではないかという推測もなされ、頭の骨が陥没していたから、事件性もありとの見方もあったのだろう。ほぼ完全な形で残っている今から四、五千年前の人骨は、想像力をかき立てる。

身長一六一センチ、四十歳代で亡くなった男の頭蓋骨には、くっきりとした陥没の跡があった。争いの結果、棒のようなもので殴られたか。奥歯から抽出したＤＮＡを調べたところ、母方の祖先はシベリアのバイカル湖付近から移住してきたのだという。頭骸骨から復元した顔立ちを見ると、扁平な顔の多い日本人と違って、頬骨が出た鋭角的な顔立ちだ。縄文人の典型的な顔立ちというが、私には、洗練された現代風の面立ちと思えた。身に着けているものから、集落の長と推測されているが、そう思って見るせいか威厳がある。

そこで知ったことだが、放射性炭素年代測定で、六万年前までの人骨の年代が測定でき、歯から抽出したミトコンドリアＤＮＡで、その遠い祖先までわかるという。

科学の進歩には驚くばかりだが、そのうち、ＤＮＡが一致する縄文人のご先祖様の骨に巡り逢えるかもしれない。

また、市谷柳町の谷筋を東に臨む台地の原町二丁目にも縄文時代の遺構が発見されている。原町二丁目あたりは、江戸時代には、紀州藩付家老水野家下屋敷の一部で、後に旗本屋敷になった場所である。

北新宿一丁目三〇あたりや、私が住んでいる北新宿二丁目六あたりにも包蔵地・集落があった。包蔵地とは、埋蔵文化財があった場所のこと。時代は旧石器時代、縄文時代早期、前期、中期、後期、弥生時代後期、古墳時代。旧石器時代の礫群、縄文時代の炉穴、埋甕、また、柱穴、土抗、竪穴住居跡、柱穴、根穴、弥生時代の竪穴式住居、炉穴、柱穴、土坑、方形周溝墓、溝跡、住居跡、弥生・古墳時代の竪穴住居跡、掘立柱建物跡など、また、近世の柱穴、遺溝などが発見されている。自分が今住んでいる場所に、縄文人が暮らしていたという事実は、古人たちが、自分の身体の中に生きている、生命が連綿と続いている、ということを実感するのに充分だった。

大久保通りを挟んだ北側の北新宿三丁目でも旧石器・縄文時代の集落が発掘されているし、私の住まいからほぼ北の方角にある北新宿四丁目・百人町三丁目には戸山ケ原上ノ台遺跡、百人町三丁目西遺跡と呼ばれる旧石器時代から縄文・弥生時代、古墳時代の集落跡が発見されている。

また、父や母が暮らした上落合二丁目（現・三丁目）も、旧石器・縄文時代の集落が発見された所という。武蔵野台地は、人々が住むのに適した場所だったのだ。

私の住まいのすぐ近くに神田川が流れている。神田川は、江戸の水道水として徳川家康が整備させた川だから、縄文時代に今の形の川があったとは思わないが、「人は水辺に集まる」といわれるように、淀橋台地近くには水の流れがあっただろう。水辺で、古代の女性たちが炊事や洗濯をしながらおしゃべりをし、笑いさんざめいている場面を想像するのは楽しい。

縄文の時代から近世まで、武蔵野台地の東、新宿一帯は、農村としての穏やかな時間が流れていたと思われる。ただ、このあたりまで古代律令国家がその視野に入れて、郡を置いたことに驚く。考えてみれば、東北のエミシ制圧に力を注いだ古代国家だったから、北海道を除いて、日本列島全体が、国家官僚たちの視野に入っていたのだろう。武蔵国豊島郡（東京二十三区、川崎、横浜の一部、埼玉など）は、多摩郡に次ぐ大きな郡で、古代から栄えた所だった。平安時代には豊島氏の支配する所となり、豊島氏が太田道真、道灌親子に滅ぼされた後、近世には北条氏が進出した。現在の新宿区袋町一帯に、北条氏の家臣牛込氏の城といわれる牛込城があった。牛込氏は、牛込から日比谷あたりまでを領有した。明治維新後の一八七八（明治十一）年、新宿は南豊島郡に包括された。

二．内藤新宿

新宿という一大繁華街の原型は江戸時代に始まった宿場町内藤新宿にある。新宿という名称は、内藤新宿に由来する。それまでは、太宗寺門前を中心に内藤宿と呼ばれていた。

1. 内藤家と新宿御苑・多武峯内藤神社

一六〇三（慶長八）年、徳川家康の江戸幕府開府によって、豊島郡にも新しい展開が始まる。徳川幕府は、江戸と上方、それに江戸と地方を結ぶ幹線道路として、五街道を整備した。東海道、中山道、日光街道、奥州街道、甲州街道。道幅五間、地面を平らにならし、砂利や小石を敷き詰めた立派なものだった。一六一三（慶長十八）年頃、イギリス国王ジェームス一世の国書を携え、徳川家康に奏上したジョン・セーリスや、一七七五（安永四）年、長崎のオランダ商館付医師として来日し、翌年に江戸で、徳川家治に謁見したカール・ツンベルクは、その紀行文の中で、日本の道路は良く整備されていると記している。本来公用の道路として造られたものだから、幕府御用のメンツにかけて、整えたのだろう。

幕府や藩の公用物資を運ぶには、馬が使われた。伝馬と呼ばれた。各宿場には問屋が置かれ、問屋は一定の数の人足と馬を置くことが義務づけられた。私用に使うことも許可した。幕藩の御用は、原則として金銭が支払われないから、御用だけでは、宿場の経済は成り立たなかった。金を払って私用に使う馬のことを、駄賃馬といった。

宿場には、様々な商人が入って店を開き、町屋を形成していった。

徳川家康は、一六〇一（慶長六）年から江戸を起点とした五街道の整備を始める。その一つとして造られた甲州街道と、一六〇三（慶長八）年、江戸城建設用の資材を運ぶ道路として建設された青梅街道（成木街道）。その分岐点は、新宿追分と呼ばれた。追分とは、牛や馬を追い、分けることが、元々の意味である。通常、道が二つに分かれる場所をいう。このあたりは、一五九〇（大正十八）年、家康が豊臣秀吉の命によって関東に移封された時、鉄砲隊を率いて江戸入りの先陣を務めた内藤修理介清成《ないとうしゅうりのすけきよなり》が、家康から拝領した屋敷地であった。二十万余坪もあったという。その一部は、宿場開設用地、また百人組与力大縄地として返上し、明治維新時には、半分以下となっていた。二十万余坪の広大な土地を拝領した経緯については、有名な伝承によれば、内藤清成が馬術に優れていると知った徳川家康が、清成に「馬で一息に廻れるだけの土地を与えよう」と言ったので、清成は白馬に鞭打ち疾走した。馬は一廻りすると息絶えたが、家康は約束どおり清成に、馬が廻っただけの領地を与えたというものである。当初の領地は、現在の内藤町を中心として、新宿一、二、三丁目、旭町（新宿四丁目）、花園町、番衆町、三光町（新宿五丁目）から、代々木、千駄ヶ谷、大久保一円の土地で、内藤清成は、甲州街道と青梅街道を預かった。内藤家七代の時、神田小川町に上屋敷を賜ったので、この地は内藤家の下屋敷となった。一八七二（明治五）年、内藤家の屋敷地は、政府に上地されるが、東側一部に内藤家の邸宅や神社が残った。政府は上地された土地とその周辺の大名・旗本屋敷跡地などを加えて農事試験場とした。農事試験場は、一部を駒場（後の東京大学農学部）に移し、一八七九（明治十二）年に宮内庁管轄の新宿植物御苑となった。ここで、果実や野菜の栽培研究などが行われ、福羽《ふくば》逸人《はやと》によって開発された福羽イチゴは、その後のイチゴ品種の基となっている。新宿高野が初めて生産販売したマスクメロンも、新宿植物御苑の農業技術の支援に依ったものという。福羽逸人は、新宿御苑の造成を指揮し、完成させた造園技師。

一九〇六（明治三十九）年、日露戦争の勝利を記念して、凱旋将軍の歓迎会が明治天皇臨席の下、新宿植物御苑で挙行され、この時から新宿御苑という名称となる。

二〇一六（平成二十八）年春、私は、内藤家屋敷跡すなわち新宿御苑を廻りその足で、内藤家が広大な土地を賜るのに功績があったという、駿馬が祀ってある多武峯《とおのみね》内藤神社に参拝した。地下鉄丸の内線新宿三丁目駅を降り、急な階段を上る。多武峯内藤神社がどのあたりだろうと、案内板の地図を見ていると、制服を着た年配の男性が、「どこをお探しですか」と訊く。「多武峯内藤神社です」というと、場所がわからなかったらしく、スマートフォンで検索。扱いに不慣れなようで、あちこち操作してやっと探し当てて説明をしてくれる。道々、あの男性は地下鉄職員を定年退職した後、ボランティアで道案内をしているのだろうと思い巡らしていた。この頃は、高齢者ばかりに目が行く。同年代の親しみからだろう。

まず、新宿御苑へ。御苑の桜は、ちらほら咲いている樹もあったが、殆どのソメイヨシノは、ほころびを漂わせつつ蕾のままであった。咲く前のぼうっと霞む桜の枝々も悪くはないと思いつつ、園内を逍遥する。花見の客も少なく、ゆったりと歩くことができた。園内の北、道路近くに細い疎水が流れている。私の興味を引いたのは、疎水の側の「玉川上水内藤新宿分水散歩道」と「玉川上水を学ぶ」という標示板だった。疎水は、新宿御苑トンネル内の湧水を利用し、幅一メートル、水深五センチから十センチ、全長五百四十メートルの流れで、二〇一一（平成二十三）年に整備したものという。

玉川上水は、下流部（浅間橋から四谷大木戸、笹塚付近を除く）で暗渠化され、新宿御苑あたりでは大木戸に向かう道路となっている。新宿門を出て大木戸門の方に歩きながら、この下に玉川上水の流れがあるのだと思い、耳を澄ませてみる。厚いコンクリートの下だから、せせらぎの音は聞こえるはずもないのだが。玉川上水の流路は、地下に保全されてはいるが、大雨が降った時などに、穏田川へ連なる排水路として利用されているのみという。この道路の下を濁流が渦巻く時があるのだろうか。また、暗渠になる前、このあたりの玉川上水は蛍の名所で、何百という大きな蛍が飛び交う様は見事だったという。水も青い澄んだ流れで、泳ぎながら魚を捕まえるのが、近隣の子供たちの楽しみだった。

大木戸門を出ると、四谷区民センターの入口近くに、「内藤新宿開設三百年記念碑」の石碑が建っていた。

元禄十一年（一六九八）六月、浅草阿部川町の名主・高松喜兵衛（後の喜六）らの願いにより、ここから新宿三丁目交差点付近までの約一kmに、新たな宿場として「内藤新宿」が開設された。
この宿場は、享保三年（一七一八）に一旦廃止されたが、五十四年後に再興されて以降、甲州・青梅両街道が交差する、交通の要衝として、また、文化と娯楽の町として繁栄をつづけ、平成十年（一九九八）、開設三百年を迎えることとなった。新都心・新宿の出発点となった内藤新宿と先人の歩みを記念しここに記念碑を建立する。
平成十年十一月
東京都新宿区

大木戸門近くの新宿御苑東端に、外苑西通り付近に通じる迂回路がある。入口に「管理用道路ご利用のご案内　新宿御苑管理事務所」という立看板があり、午前八時五十分から四時二十分までの間が通行可、月曜日、祝日と十二月二十七日から一月三日までの間は通行できないと書かれていた。次に行った時は五時前。鉄格子の門扉で路は閉じられていた。不思議な路だが、大木戸門の向こうあたりが甲州街道新宿御苑トンネルの四谷四丁目交差点の出入り口になっていて、御苑沿いの道はここで行き止まりになっている。付近の住民のために、御苑の敷地内に迂回路を造ったのだろうか。

入口近く、太い幹の桜があり、標示板に「高遠《たかとお》小彼岸桜」とあり、信州高遠固有の桜で、小振りな赤みを帯びた花は「天下第一の桜」として、長野県の天然記念物に指定されているということが書かれていた。三月初旬の今、蕾は固い。

御苑に沿った迂回路を通って一般道に出た。南にしばらく歩くと、右側に多武峯内藤神社があった。境内案内板によれば、「当社は、江戸初期に初代内藤清成氏が屋敷内（現・新宿御苑）に家祖である藤原鎌足公を祀り、内藤神社を草創したことに始まり、藤原氏の氏神である奈良の春日大社より、経津主神《ふつぬしのかみ》、武甕槌神《たけみかづちのかみ》、天児屋根神《あめのこやねのかみ》、姫神の分霊を分祀してあります。明治十九年に新宿御苑の地より移設遷座され今日に至っています。当初は武州多武峯神社と称していましたが、昭和四十二年五月に多武峯内藤神社に改称されています」ということだった。多武峯内藤神社は新宿区内で戦災に遭わなかった数少ない神社の一つである。

入口の左側、自然石の石塊の上には、多武峯内藤神社の石柱。右側に「伝説　駿馬塚」の古びた木柱。参道を少し歩くと、石鳥居があり、その向こうの数段の石段を登ると拝殿。石鳥居は、信州高遠藩から贈られたもので、文政六年に建立されたもの。本殿前の狛犬は、寛政年間に造られた。境内には、本殿、神楽殿、境内末社稲荷大明神、八幡大菩薩など。どの神社でもお目にかかるものだが、駿馬殿、駿馬塚はこの神社ならではのものである。駿馬殿には、格子戸の向こうに木彫りの白馬が祀られていた。その脇にある駿馬塚には、赤茶色の切り出したままのような自然石に駿馬塚と彫られた碑が建つ。一八一六（文化十三）年に建てられたが、一八七二（明治五）年に、大蔵省が内藤氏屋敷地のうち穏田川以西を買収した時に、現在地に移された。戦災に遭わずに今に生きる伝説の駿馬。生き残っていくには運もあろうかと、思わず手を合わせた。

多武峯内藤神社境内には、アラガシ（新樫）、アカガシ（赤樫）などの広葉樹が丈高く立ち、「新宿みどりの文化財保護樹林」となっている。私が訪れた日は、薄曇りのまずまずの天候。人影のない境内は、都会の真ん中とは思えない静寂の気韻に包まれていた。

2. 内藤宿ゆかりの寺太宗寺と内藤家

内藤新宿駅が幕府によって許可される前に、既に新宿二丁目太宗寺の東側には町屋があった。この町屋は日本橋と高井戸の中間にあたるため、旅人は休み場として利用し、一六二四（寛永二）年の頃には、内藤宿と呼ばれていた。太宗寺を中心とした宿場は、新しい宿が出来る前から、宿場の機能を果していた。

太宗寺の起源については、諸説あるが、一説には、内藤清成が、徳川家康に屋敷地を賜る時、乗り回して倒れた馬のくちつき（馬の口を取って引く人）が発心し、道心者となって庵を結んで、太荘庵と名付け、後に太宗庵と改めたといわれる。一方、寺伝によれば、一五九六（慶長元）年頃、僧太宗が開いた草庵、太宗庵が前身であるということだ。この二人が同一人物であるかどうかはわからない。

内藤家との縁は、一六二九（寛永六）年に、安房国勝山藩二代目藩主だった内藤正勝の葬儀を行ったことから始まる。正勝長男の摂津富田林藩主内藤重頼から寺地の寄進を受け、太宗を開祖として太宗寺が創建された。内藤氏は、一六九一（元禄四）年、清成から数えて四代目の内藤清枚《ないとうきよかず》が信濃国高遠藩に移封されてから、代々高遠藩の藩主となるが、太宗寺は、その後も内藤氏の菩提寺として、歴代藩主や一族の墓地となっている。

このあたりは戦災に遭い、区画整理もあって、内藤家の墓地も縮小された。また、太宗寺には、戦前まで映画館があった。

二十年ほど前になるだろうか。高校同期の葬式が、太宗寺で執り行われ、私も参列した。大手銀行取締役の働き盛りの死に、多くの弔問者が集まった。

冬枯れの或る日、その時の記憶を手繰り寄せるように境内を歩いた。境内の佇まいにはそれとなく記憶があった。それに、一緒に参列した友人の、「ここで、ヤクザの親分の葬式があった」という言葉は奇妙に心に残っているが、他のことは、全く思い出せなかった。今、改めて太宗寺の様々な文化遺産と対面している。

太宗寺の入口を入ると右側に、天を突くような大きさの銅造地蔵菩薩坐像が祀られている。標示板には、太宗寺の文化財として、「江戸時代前期に、江戸の出入口六ヶ所に建立された「江戸六地蔵」のひとつです。（略）正徳二（一七一二）年九月に「江戸六地蔵」の三番目として甲州街道沿いに建立されたもので、制作者は神田錦町の鋳物師太田駿河守正儀です。（後略）東京都教育委員会」と書かれている。蓮の台に座ったお地蔵様は笠を被っている。思わず「笠地蔵」という昔話を思い出していた。夏目漱石は、幼いころ太宗寺の裏に住んでいて、この銅造地蔵によじ登って遊んだという。

江戸六地蔵は、江戸六街道の出入り口に、道中の安全を祈願して造立されたものである。他のお地蔵様は、東海道の出入り口品川の品川寺、奥州街道は浅草東禅寺、中山道巣鴨真性寺、水戸街道白河霊厳寺、千葉街道富岡永代寺、永代寺は廃仏毀釈で失われたが、一九〇六（明治三十九）年、上野浄名院に代仏が造られた。

大きな優しい太宗寺のお地蔵様の横には、閻魔像《えんまぞう》と奪衣婆像《だつえばぞう》が祀られている閻魔堂。石段を登って閉められた扉の嵌《は》めガラス越しに中を覗く。暗くて定かには見えない。戸の真ん中あたりに、呼び鈴のようなボタンがあり、その下に、「像を拝観される方は、ボタンを押してください、照明が一分間点灯します」と書かれていた。ボタンを押すと、閻魔大王と奪衣婆の姿が浮き上がる。

赤い顔をした大きな閻魔様は、恐ろしげだがどこか愛嬌がある。都内最大の木造坐像。五・五メートルある。その左隣に横向きに座っている奪衣婆像もかなり大きい。白っぽい衣装をまとっているが、胸元がはだけてしなびた乳房が見える。皺が深く刻まれた顔、かっと見開いた大きな目、お歯黒がはげたような口元。恐ろしいというより不気味だ。一説に閻魔大王の妻とも妹ともいわれる奪衣婆は、三途《さんず》の川を渡る亡者が、渡し賃の六文銭を持たずに来た時、亡者から衣類をはぎ取る老婆という。奪衣婆が剥ぎ取った衣類は、懸《けん》衣翁《えおう》という老爺によって衣領樹《えりょうじゅ》に懸けられる。懸けられた衣の重さによって亡者の生前の業が解かり、その軽重によって、善人、罪の浅い者、罪の深い者に分けられる。善人は三途の川の中流に懸けられた橋を渡る。比較的罪の浅い者は、上流の浅瀬を、罪の深いものは、下流の強深瀬をわたらなければならない。既に死んでいるので溺れても死ねず、浮き上がれば矢に打たれる、沈めば川底には大蛇がとぐろを巻いている。ずっと責め苦を背負い続けなければならない。

3. 二人のしょうづかのばあさん

太宗寺の奪衣婆《だつえば》像は、一八七〇（明治三）年の作という。作者は不明。この作者は女性に恨みでもあったか、リアルで怖い。

このあたりの子供たちに、「しょうづかのばあさん（正塚婆・葬頭《そうづ》婆）」と呼ばれて、閻魔様とともに恐れられていたという。奪衣婆像の右手には、剥ぎ取った衣類が握られている。説明書きには、「衣類を剥ぐところから、内藤新宿の妓楼の商売神とされた」と書かれている。遊女の衣類を剥ぐということか。客の衣類を剥ぐということか。考え込んでしまった。どちらでもあったのだろう。その直截な信仰に、割り切れない気持だ。苦界に身を沈めた遊女たちの守り神であって欲しかった。

もう一人のしょうづかのばあさんこと奪衣婆像は、靖国通り沿い、成覚寺の隣にある正受院（一五九四年開基）境内のお堂に祀られている。正受院は、浄土真宗の寺。門を入ると右側にお堂があり、その両側に奉納子育老婆尊という白いのぼりが風になびいていた。しょうづかのばあさんは、ついに子育てまでするようになったかと感じ入ったが、こちらの奪衣婆の方は、太宗寺のよりずっと小さい。江戸時代から、「綿のおばば」とも呼ばれ、綿を羽織っている。疫病や咳がなおるとして、江戸時代末期には、江戸中から参拝が絶えなかったという。咳止めを祈願する人が、衣類の代わりに真綿を着せたという。また、真綿を奉納したことから、「裁縫の神」ともなり、正受院は針供養で有名な寺となった。毎年二月八日には、盛大に針供養が行われる。

奪衣婆は、「姥神《うばがみ》」、「老神」とも呼ばれ、鬼から神へと昇格したようである。かくして太宗寺の奪衣婆は妓楼の守り神となり、正受院の奪衣婆は病気を治す神、また裁縫の神、ついには子育ての神となって、庶民信仰の対象になった。が、もともとは、閻魔大王も奪衣婆も、この世で、悪いことをした人たちをこらしめる王であり婆である。着ていた衣服の軽重と罪の軽い重いが、どうリンクするのかわからないが、衣服の重い人たちは、この世で悪いことをし、たんまり金儲けをした人たちと思いたい。悪い人たちを懲らしめる奪衣婆に、庶民は親しみを持ち、信仰の対象にしたのだ。

二人の「しょうづかのばあさん」との出会いは、私を、いろいろな想念に導く。

太宗寺に祀られているしょうづかのばあさんは、年季が明けないうちに死んで、身ぐるみ剥されて俵につめられ、「投げ込み寺」に放り出された遊女たちの化身ではないか。亡者たちの身ぐるみを剥いで、自分たちを苦しめた悪人たちを、見極めたのではないか。遊女たちは、はじめ鬼ともなったが、やがて、神仏の心に近づき、妓楼の遊女たちを守ったのだ。また、正受院のしょうづかのばあさんには、有効な薬のなかった時代、流行り病に悩まされる庶民の切実な願いが込められているともいう。もっとも、中国にこの話の原典があって、奪衣婆も懸衣爺も、そこから来ているらしいが、形を変えて、日本の庶民の信仰の対象になった「しょうづかのばあさん」。全国各地に像が祀られているという。福岡市の海元寺。山形市の立石寺。九品仏で有名な世田谷浄真寺。しょうづかのばあさんは、鬼から神となり、庶民を守ったのだ。

芥川龍之介は、一高に通っていた頃、牧場を経営する父新原敏三とともに新宿二丁目あたりに住んでいた。太宗寺と正受院に祀られてあるしょうづかのばあさんや閻魔大王を、また成覚寺の「子供合埋碑」や「白糸塚」を、しばしば見に来ていたのではないか。芥川の小説は、古典や説話に題材を採って人間の宿業を描いたものが多い。小説『羅生門』は、私の好きな作品だが、そこに描かれている、痩せて白髪の猿のような老婆と、「しょうづかのばあさん」とが、私の心の中では重なるのだ。もっとも、『羅生門』の中では、下人に着物を剥ぎ取られるのは老婆の方だが。

4. 内藤新宿の由来

一六九八（元禄十一）年六月、内藤家屋敷地の一部と旗本屋敷地の一部を返上させて用地とし、新たに宿場駅が設けられた。宿場駅開設には、浅草の名主高松喜兵衛や浅草の商人たちの幕府への働きかけがあった。当時、日本橋から五街道の初めの宿は、東海道が品川宿、中山道が板橋宿、奥州街道・日光街道は千住宿で、いずれも日本橋から二里（約七・九キロ）の所にあった。しかし、甲州街道の最初の宿場高井戸までは四里あった。このため、荷物の運搬に負担がかかり、人の往来にも不便であった。

そこで、高松喜兵衛と商人たちは、運上金五千六百両を幕府へ上納し、高井戸宿と日本橋伝馬町の中間に宿場を設けたいと幕府に願い出た。幕府は新しい宿場を造ることを許可し、信州諏訪まで四十四宿、五街道二百余宿の最後の宿場として開かれた。内藤新宿という名称は、内藤家の屋敷があったということと、太宗寺の門前町が内藤宿と呼ばれていたことによるという。内藤宿に対して、新たに出来た宿場町ということで、内藤新宿となった。ここが、いわば新宿発祥の地と言える。

こうして、内藤新宿駅は江戸へ入る西門として開駅されたのである。ここまで書いて、ふと、高井戸宿駅のことが気になった。高井戸宿駅は一六〇二（慶長七）年に設けられ、その後上高井戸宿と下高井戸宿に分けられた。一六八〇（延宝八）年頃まで、旅籠は二十四軒あったが、内藤新宿駅が設置され、甲州街道二番目の宿となってからは、旅館は六軒となり、通行する大名も殆どなくなって、一八三九（天保十八）年には、本陣もなくなっていたという。内藤新宿駅が廃駅となった五十年余の間も、賑わいをみせたという記述は見当たらない。

内藤宿を中心として内藤新宿を造成した高松喜兵衛や浅草商人は、今でいえばデベロッパーということになろう。高松喜兵衛は、喜六と名前を改め、内藤新宿の名主となって、代々ここに住んだ。子孫は明治時代まで、新宿二丁目に住んだ。

かくして、品川、板橋、千住、内藤新宿という江戸四宿が出揃ったわけだが、これらの宿は、江戸庶民が日帰りで遊ぶことの出来る行楽地、繁華街、歓楽街として繁盛したのである。

内藤新宿は御府内に近い方から、一八五〇（嘉永三）年頃には、下宿、仲宿、上宿と呼ばれたが、上町の西のはずれが追分だった。追分の南に、玉川上水が流れていて、蛍の名所だった。

御府内とは、江戸時代、町奉行が支配した江戸の市域のことを言った。東は亀戸・小名木村あたり、西は角筈村・代々木あたり、南は上大崎村・南品川町付近、北は上尾久・下板橋付近の内側と、一八一八（文政元）年に定められた。普通、江戸（日本橋・府内）に近い方から上町（宿）、仲町（宿）、下町（宿）と呼ばれるが、内藤新宿は、どういうわけか、逆になっている。

5．内藤新宿遊郭街

江戸という都市への出入り口にある一番目の宿場は、旅発つ者の送別、もしくは到着の前祝をする場所という意味合いもあって、旅人たちが羽目を外す処であった。遊里が出来るのも自然の、いや人間の理であった。

内藤新宿には、様々な店が出来た。糠屋（馬の飼料を扱う店）、煙草屋、餅屋、水菓子屋、豆腐屋、酒屋、足袋屋、古着屋、股引《ももひき》屋、荒物屋、小道具屋、木材屋、手習師匠などがあった。手習師匠は習字を教える人。字の読み書きができないと宿場の仕事は、難しいこともあったろう。その中で、宿場で中心となったのは、旅館と茶屋であった。下町（宿）、仲町（宿）、上町（宿）に五十二軒の宿屋、茶屋が、均等に並んでいた。

開設以来二十年経った一七一八（享保三）年、幕府は内藤新宿駅の廃止を通達してきた。表向きは、「甲州への旅人が少ない」ということだったが、実のところは、風紀紊乱が目に余ったからだった。旗本の子弟と町場の若者の喧嘩があった。それに、宿場に必ず存在する飯盛女（食売女）と茶屋女。実際は身を売る女性たち。一六一七（元和三）年、幕府は遊郭の設置を認めた上で、遊郭以外での商売は禁止している。江戸では、吉原が唯一遊郭として認められた所だったが、いかに禁止しても、宿場、寺社前、港などでは、私娼と呼ばれる遊女がいたのである。岡場所と呼ばれた。内藤新宿をはじめ、江戸四宿も例外ではなかった。八代将軍吉宗と大岡越前守は、享保の改革を推進。その施策の一つとして、旅籠における飯盛女の数を大幅に減らし、売春を厳しく取り締まった。その流れで内藤新宿駅は、その必要なしと、取り潰しとなったのである。他の三宿は従来のままだった。内藤新宿は、浅草の商人たちの請願で造られたものだったから、廃止も容易だった。

しかし、廃駅から五十四年後の一七七二（明和九）年、田沼意次の時代、名主五代目高松喜六などが請願し、冥加金を収めることによって、内藤新宿駅が再開された。これにも、時代背景がある。内藤新宿が出来たのは元禄時代で、町人が金と実力を持っていた時代である。明和の時代も、元禄時代以上に町人が金と力を蓄えた時代である。田沼政治は、賄賂の政治といわれるが、商人の力を借りて、幕府の財政を立て直さなければならない時代だった。他にも、幕府が政策転換を迫られる理由があった。五街道は、前述したように、公用に造られたものだが、庶民の往来も自由だった。庶民からは伝馬や宿泊に金銭を取ったが、公用は、無賃が御定賃銭（一般庶民の二分の一）で受けなければならない。一六三五（寛永十二）年に始まる参勤交代をはじめとして、武家、公家、寺社など特権階級の通行が多くなると、伝馬や宿賃などの負担が多くなり、宿場町の財政を圧迫していった。幕府は助郷制度や市の開催、土地の貸与で使用料を取ることなどを許可し、宿場の困窮を減じる策を講じた。助郷制度とは、幕府などの御用で、宿場だけでは人馬が賄いきれない時、近隣の村々に人馬の提供を命じることである。

けれども、幕府のこの政策だけでは、根本的な解決にはならなかった。宿場の財政を立て直すためには、宿場の旅籠や茶屋の客や荷物を増やすしかなかった。一七六四（明和元）年、品川宿は八十六軒の旅籠があったが、飯盛女の定数を一挙に三倍に増やし、五百名とし、板橋宿では、七軒の旅館に対し飯盛女を百五十人まで、千住宿では、二十三軒の旅籠に対し百五十人まで許可した。結局、宿場を庶民の遊興の町として、飯盛女の売春を黙認する形となった。そんな気運の中、廃宿となっていた内藤新宿は再開され、百五十人までの飯盛女を置くことが許可された。これを、「明和の立返駅」と称した。

一六九八（元禄十一）年にはじめて駅が開設されてから一七一八（享保三）年の廃駅までの二十年間を「前新宿」、一七七二（明和九）年の駅再開後を「後新宿」と呼んだ。

6．投込み寺浄土宗成覚寺

内藤新宿に多くいた飯盛女は、人身売買で売られた女性たちだ。契約は年季奉公で、年季中に死ぬと、身ぐるみはぎ取られ、俵やむしろにくるまれて寺に投げ込まれたという。内藤新宿の飯盛女を弔った寺が新宿二丁目一五―一八、靖国通り沿いにある。浄土宗成覚寺。

境内が通りより少し低くなっていて、石段を下ると左側に、「子供　合埋碑」と彫られた大きな石塔が建っている。「新宿区指定有形文化財歴史資料　子供合埋碑」の説明板によれば、「江戸時代の内藤新宿にいた飯盛女（子供と呼ばれていた）達を弔うため、万延元年（一八六〇）十一月に旅籠屋中で造立した」ものという。

飯盛女の抱え主にも少しは情けがあるのだと、胸をなでおろしたが、投げ込まれた女の数は、二千とも三千ともいわれる。「子供合埋碑」に手を合わせながら、地下鉄三ノ輪駅近く、吉原の遊女が投げ込まれた浄閑寺を訪れた時のことを思いだしていた。安政の大地震の時に大勢の遊女が死んで、浄閑寺に投げ込まれた。逃亡を防ぐため、遊郭の門戸を開けず、火災により多数の遊女が死んだのだ。それ以来、死んで浄閑寺に投げ込まれた遊女は、三万を数えると言われる。金で縛られ、人間以下の扱いを受けて、若くして死んだ女性たち。殆どが、十代から二十代の女性たちだった。

人間の不条理か。時代の不条理か。

新宿成覚寺には、飯盛女の惣墓《そうばか》（子供合埋碑）の左隣奥に「白糸塚」と自然石に掘られた碑がある。鈴木主水《もんど》という妻子持ちの武士と心中した内藤新宿の遊女白糸の碑である。二人の悲恋は、人情本「白糸主水　阿屋女草《あやめぐさ》」（鶴亭秀賀著、一梅斎芳春画、一八五八年）に著され、一八五二（嘉永五）年、江戸三座の一つ市村座で、二代目坂東秀佳《しゅうか》が白糸役を演じ大当たりをとった。浮世絵師三代歌川豊国も、「橋下屋白糸・鈴木主水」を浮世絵（一八五二年）に描き、はやり唄にも唄われた。「鈴木主水という侍は、女房子供のあるその中で、今日も明日もと女郎買い」。世俗の噂話そのもののような唄で、いささか品がない。悲恋か女郎買いか、後世の私には分からないが。

一八五二年に坂東秀佳によって建てられたという碑には、「すゑの世も結ぶゑにしや糸柳　嘉永子《ね》のとし　坂東志うか」と彫られているというが、年を経て古びた碑は文字が読み取りにくい。

また、境内には江戸中期の戯作者・浮世絵師で、黄表紙という新しいジャンルを開拓した恋川春町の墓、暦学者塚本明毅《つかもとあきたけ》の墓碑もあった。塚本明毅は、江戸末期から明治期にかけての官僚で、暦学者でもあった。一八七二（明治五）年に太陽暦（グレゴリオ暦）への改暦を建議し採用され、この年の十二月三日を明治六（一八七三）年一月一日とした。

入口近く左側には石の台座、蓮華台に座した旭地蔵の石像がある。一八〇〇（寛政十二）年に建立された旭地蔵。もともと、旭町（現・新宿四丁目）の玉川北岸に建立されていたことからその名前が付けられた。一八七九（明治十二）年に道幅を拡げるため、成覚寺に移された。

説明板によれば、内藤新宿内で不慮の死を遂げた人たちを慰霊するために造られたものという。十八名の戒名のうち、七組の男女対の戒名が刻まれている。玉川上水で心中した男女のもので、不慮の死とは、心中のことかと納得した。

どこかで、旭地蔵の図を目にしたように思えた。家に帰って旭町の歴史を著した野村敏雄『新宿裏町三代記』のコピーを繰ってみる。「明治三十年頃の新宿追分附近図」（志村冨吉素描・喜多川周之作製）の中の雷電稲荷神社の北側、玉川上水の土手に旭地蔵の像が描かれていた。雷電稲荷神社は、紆余曲折の末、一九二八（昭和三）年に、花園神社に合祀されるのだが、旭地蔵はこれよりずっと以前の一八七九（明治十二）年に道路拡張のため、成覚寺に移されたと、どの文献にも書かれている。なぜ、一八九七（明治三十）年頃の地図に旭地蔵が描かれているのだろうか、あるいは追憶の風景なのか。また、雷電神稲荷神社は、花園神社に合祀されたというが、今でも、天龍寺のすぐ脇、甲州街道沿いに鎮座している。参道入口に、雷電神社と彫られた石柱。赤い小さな鳥居。参道の両脇には四匹の狐。なぜか金網の篭に入れられている。そして、向背を持つ小さな本殿の脇に、赤い布に弁財天と書かれたのぼりが立っていた。

雷電神社には古い言い伝えがある。源義家が奥州征伐に行く途中、このあたりで激しい雷雨にあって、小さな祠で雨宿りをしていたところ、白狐が現れ、義家の前で頭を下げると、雷雨はたちまち止み、義家は無事、奥州に出発したというものである。奥州征伐とは、安倍氏を討ちに行った時のことであろう。

「明治三十年頃の新宿追分附近図」には芥川龍之介の父が経営する「牛屋ノ原　耕牧舎」も描かれていて、牛が草を食んだり、寝そべっている様が、微笑を誘う。

成覚寺の本堂脇には、棕櫚の葉陰に、「南無阿彌陀佛薦東日本大震災物故者追善塔」と書かれた木碑がひっそりと建ち、境内には、数日前に降った雪が残っていた。二〇一六（平成二十八）年一月の訪問である。

7．天明狂歌と内藤新宿

内藤新宿は、遊女の悲話ばかりではなく、文化が花開いた所でもあった。江戸中期に流行った天明狂歌の中心地となり、狂歌を通じて文化活動の拠点となっていった。

内藤新宿の代表的狂歌師に平秩東作《へづつとうさく》がいる。天明期の狂歌壇の長老として活躍したが、内藤新宿の馬宿を営む家に生まれ、自らは煙草屋を営み、町政にも関わった。一七六九（明和六）年、四谷忍原町（現・新宿須賀町、左門町）の唐衣橘洲《からころもきっしゅう》邸で、江戸で初めての狂歌会が催された。このことは、大田南畝《おおたなんぽ》の「奴凧」にメモされている。

平秩東作や大田南畝（蜀山人・四方赤良《よものあから》）などが集い、これ以降、橘洲邸でたびたび狂歌会が開かれ、朱楽菅江《あけらかんこう》（幕臣、市谷二十騎町に住む）や元木網（京橋の風呂屋）などが参加する。新宿地域を中心にした天明狂歌は、江戸言葉で日常世界を詠んだのが、それまでの狂歌と違うところだった。古代にまで遡るといわれる狂歌の歴史の中で、独自の分野として発達したのが江戸時代で、特に、天明期の狂歌壇に吹いた新しい風は、社会現象ともなり、天明狂歌というひとつのジャンルを確立することにもなった。狂歌には、『古今和歌集』などの和歌を諧謔化した作品も多く見られた。

平秩東作
　鴫はみえねど西行の歌ゆへに
　　目にたつ沢の秋の夕くれ
朱楽菅江
　立てみし柱暦もねころんでよめるばかりに
　　年はくれにき
唐衣橘洲
　風鈴の音はりんきのつげ口か
　　わが軒の妻に秋のかよふを
四方赤良（大田南畝）
　かくばかりめでたくみゆる世中を
　　うらやましくやのぞく月影

宿屋飯盛《やどやのめしもり》（石川雅望）

まてしばし文かくまどのあかりさき

たつてくれるな恋すてふ名の

（『天明新鐫《しんせん》百人一首古今狂歌袋』宿屋飯盛撰、北尾正寅画、蔦屋重三郎刊、一七八七年）

（新宿歴史博物館編『新宿３００年・開館10周年記念特別展図録　内藤新宿―くらしが創る歴史と文化』より引用した。なお、読者が、読みやすいように狂歌の中のカタカナはひらがなに、濁点のないものは、濁点をつけた）

なお、大田南畝の筆による便々館湖鯉鮒《へんぺんかんこりふ》の狂歌碑が、西新宿青梅街道沿いの常圓寺に建っている。便々館湖鯉鮒は幕臣。はじめ朱楽菅江に学び、後に唐衣橘洲の門に入る。「三度たく米さへこはし柔かしおもふままにはならぬ世の中」が、常圓寺にある狂歌碑である。

常圓寺は、私がよく通った西新宿の酒場「みち草」の裏手にあった。裏窓を開けると、そこが常圓寺の墓地。墓地から吹く涼しい風に吹かれながら杯を重ねていると、鬼籍に入った先輩たちと一緒に飲んでいる気分になったものである。常圓寺は創建年代は不詳だが、一五八五（天正十三）年に幡ヶ谷から現在地に移されたという日蓮宗の寺。一九四五（昭和二十）年の戦災で堂宇・寺宝などが焼失したが、再興された。墓には、江戸時代からのご先祖様も眠っている。酒場「みち草」では、政治談議もあれば、恋の話も喧嘩も歌もあった。江戸の古老は、「もっと粋な飲み方をしな」などと思いながら見守っていたに違いない。みち草については後述する。

天明より少し時代が下って、一八〇八（文化五）年、石川雅望《いしかわまさもち》が、内藤新宿の門人たちと「五側《ごがわ》」という狂歌グループを発足させた。雅望は、浮世絵師石川雅信の五男。雅信は、紅摺絵《べにすりえ》が主流となる寛延―宝暦期（一七四八―一七六四）にその作風を完成させ、柔和な丸顔と豊満な肉体を持つ美人絵を紅摺絵で描き、紅摺絵期の代表的な浮世絵師である。五男雅望は、小伝馬町の旅籠屋を父から引き継ぎ、家業のかたわら、和学、漢学を修め国学者となる。また、大田南畝（四方赤良）に狂歌を学び、狂名は宿屋飯盛とした。やがて、成子村（新宿区北新宿）に隠居、一八〇七（文化四）年に内藤新宿へ転居、ここを拠点に狂歌活動を展開し、翌年、「五側」の結成を公表した。天明狂歌への復帰を目指し、化政期の関東狂歌壇の中心となった。また、和学研究に心血を注ぎ、『源氏物語』の注釈書『源註余滴』や『雅言集覧』をまとめ、中国白話小説などを和雅文に翻案した。「五側」の主なメンバーは、石川清澄（石川雅望の子、内藤新宿で紙屋を営む、雅望死後、五側を主宰）、宿屋飯盛（石川雅望のこと）、千代徳若《ちよのとくわか》（内藤新宿商家三河屋の五代目、五側の主要メンバー）、松千代女《まつのちよじょ》（内藤新宿新若松の女主人）、砧音成《きぬたのおとなり》（内藤新宿の商家）、上書此人《うわがきのこれひと》（内藤新宿の酒屋）、酒蔵人《さけのくらうど》（内藤新宿の商家）、山田早苗（四谷塩町の諸道具商山田六代目）、亀占正《かめのうらまさ》（四谷仲町の彫師）、桂家風などである。

狂歌に関する刊行物は、石川雅望が、絵師の北尾重政とともに、五側の有力狂歌師百人について肖像画と狂歌一首を載せ、紹介した『新撰狂歌百人一首』（一八〇九年）などをはじめとして、数多く出版された。

第二章　明治・大正・昭和の新宿

一・新宿御苑と遊郭街

明治政府は、一八七一（明治四）年、廃藩置県を行った。旧幕府の宿駅制は、幕府や藩の貨物や客を運ぶ制度であったから、幕藩体制の消滅とともに廃止となったが、一般民衆の往来や荷物の運搬には、何の変化もなかった。内藤新宿は、江戸時代と変わらず馬糞の匂いのする埃っぽい町で、遊里として賑わい、旅籠は飯盛女を抱えていた。「四谷新宿馬糞の中であやめさくとはしおらしや」と俗謡でうたわれた街道筋宿場町の風情は変わらなかった。あやめとは遊女のことである。

新政府は、一八七二（明治五）年十月、太政官布告で、僕婢娼妓の年季奉公を禁止し、娼妓解放と人身売買禁止を命じた。しかし、そんなお上の命令とは異なって、旧宿場町には、変らず遊里が存在し、妓楼が並んでいた。実際、娼妓、芸妓、飯盛女は、解放されても行き場所がなかった。政府が彼女たちの転職先を用意することはなかった。

一八七三（明治六）年十二月、政府は、免許地の貸座敷のみでの遊女商売を認めるとして、公娼制度を成立させた。以来、公娼制度は、一九五八（昭和三十三）年四月に、売春防止法が施行されるまで続き、大正初期には、甲州街道の大木戸から追分まで、一キロに渡り、妓楼五十三軒が町屋に挟まれて軒を連ねていた。「新宿一丁目の角から追分の日活館のあたりまで、大正八、九年まで宿場の名残りの女郎屋が両側に五十三軒も点在又は軒を連ねていた」と左門町に住んでいた男性は語っている。

新宿通り（青梅街道）には、明治維新以降も、依然として妓楼が軒を並べていて、遊郭街を形成していた。

近くの内藤家下屋敷跡地は、宮内庁管轄の植物御苑となっていて、日露戦争勝利の時には、凱旋将軍歓迎会がここで行われた。以来、新宿御苑と呼ばれた。大正天皇の時代からは、観桜会、観菊会も行われるようになった。新宿御苑は、外交官や日本の高官が集まるパレスガーデンとなった。

このように、甲州街道に市街地鉄道が通り、新宿御苑がパレスガーデンとなって、皇族をはじめ政府の高官がしばしば甲州街道を通って新宿御苑を訪れるようになると、甲州街道の両側に江戸時代の宿場以来の妓楼が点在する光景は、都市の有り様としても、パレスガーデンへのアクセス道路としても品性に欠けるということになった。

（戸沼幸市編著『新宿学』紀伊國屋書店、二〇一三年）

そして、一九一八（大正七）年、遊郭街の新宿二丁目への移転命令が出た。

明治維新時の東京は、下町は江戸の気風が色濃く残っており、日本橋・銀座は車夫がかけ声も高く走り回って活気に満ちていたが、丸の内は、閑散とした寂しい場所だった。

新宿・渋谷のあたりともなると「まったく武蔵野の農村であり、わずかに内藤新宿の廓《くるわ》に旅人あいての遊女たちが、けばけばしく化粧をしてたたずんでいたにすぎなかった」（色川大吉『日本の歴史21　近代国家の出発』中央公論社、一九六六年）と書かれ、田園風景の中、内藤新宿の廓の灯だけが、誘蛾灯のように、男を惹きつけたようである。東京全体も遊郭と男臭い町といわれた。男臭いというのは、明治初年の東京は、男性の人口が多かったからである。明治政府は、突貫工事で、東京を近代都市に造り上げようとしていた。そのため、建築土木関係の男たち・大工、人夫などが集まった。東京は、人力車夫と書生の街ともいわれた。全国から集まった書生のねらいは官吏となって出世することだった。また車夫は、維新政府の御用が多かったのだろう。

一八八三（明治十六）年頃の新宿の地図を見ると、新宿通り（その頃は青梅街道と呼ばれた）沿いの両側に家が連なっているが、他の場所は、前田侯爵鴨場、大村伯爵鴨場、花園神社、植物御苑（新宿御苑）、成子神社などが点在するくらいで、殆どが茶畑で、竹藪が少しある程度。新宿駅周辺が、豊多摩郡淀橋町となったのが一八九六（明治二十九）年。

二．旭町（内藤新宿南町、現・新宿四丁目）

1．旭町―林芙美子・菊岡久利

旭町（新宿四丁目）に私が興味を持ったのは、私の父が戦中、戦後にかけて勤務した花王石鹸長瀬商会の工場が、一八八九（明治二十二）年に、ここに初めて造られたという記述を目にしたことと、林芙美子の『放浪記』に旭町の木賃宿に宿泊したことが書かれていたことからだった。そして、この町に流れる歴史を知った。

ここは、江戸時代は天龍寺の門前町として栄え、特別な名称はなかった。明治になって一時、広島町という名称になったが、一八六九（明治二）年に内藤新宿南町という名称に改称された。旭町という名称になったのが一九二〇（大正九）年。内藤新宿が四谷区に編入された時である。この町名は、甲州街道沿いに流れる玉川上水の岸辺に建っていた旭地蔵に由来する。旭地蔵は、玉川上水での心中者の霊を慰めるために建立された。その後旭町は、一九五二（昭和二十七）年二月に新宿四丁目になった。

林芙美子の『放浪記』に描かれた旭町の様子である。

（十二月X日）

夜。

新宿の旭町の木賃宿へ泊った。石崖の下の雪どけで、道が餡このようにこねこねしている通りの旅人宿に、一泊三十銭で私は泥のような体を横たえることが出来た。三畳の部屋の豆ランプのついた、まるで明治時代にだってありはしないような部屋の中に、明日の日の約束されていない私は、捨てた島の男へ、たよりにもならない長い手紙を書いてみた。（略）

その芙美子の部屋へ、刑事に追われた娼婦が逃げ込む。芙美子まで、尋問を受ける。一幕がおり、伸々と手足をのばして、枕の下の財布を確かめる芙美子。

残金は六十五銭也。月が風に吹かれているようで、歪んだ高い窓から色々な光の虹が私には見えてくる。

（十二月X日）

朝、青梅街道の入口の飯屋へ行った。熱いお茶を呑んでいると、ドロドロに汚れた労働者が駆け込むように這入って来て

「姉さん！　十銭で何か食わしてくんないかな、十銭玉一つきしかないんだ。」大声で

いって正直に立っている。すると、十五、六の小娘が、「御飯に肉豆腐でいいですか。」といった。

労働者は急にニコニコしてバンコへ腰かけた。

大きな飯丼。葱と小間切れの肉豆腐。濁った味噌汁。これだけが十銭玉一つの栄養食だ。労働者は天真に大口をあけて飯を頬ばっている。


芙美子の前には、御飯にごった煮におしんこ。十二銭。

私は、十銭飯に、「吉野家」や「すきや」の牛丼を思い出していた。違うのは、今、吉野家で牛丼を食べる人々は、次の日も食べられるし、もっと高級な食堂にも行ける人たちだろう。しかし、この労働者は、次の日に十銭飯を食べられるという保証のないどん底の生活を送っていたのだ。林芙美子が旭町で見たものは、自分と同じ「貧しき人々の群れ」だった。芙美子は、大正末期の旭町を見たわけだが、戦後しばらくまで、旭町の実情は変わらなかった。

詩人菊岡久利は、「新宿旭町」という詩を書いている。

家々がたてる物音や
道行く寒い人々の履物までが

あわたゞしく十二月を告げる
木賃宿街のたそがれ
部屋賃に狂奔して歸つて見ると
相ひ宿の尺八屋は
わづかばかしの荷物を遺して
もう歸らなかつた
わびしさに宿を立ち出で
めし屋に來て見れば
界隈の浮浪者たちが
焼酎をやつてゐる
生活に錆び陽に焼け酒にやけた
赤い顔たちよ
彼等は満足氣に
失業トラックの話に耳を傾ける
━だからよ、もう民間にや
ガソリンが失くなるんだ」
屈託なげな一團を見てゐると

羨ましくなる
追ひ払はれても追ひ払はれても
彼等は陸橋の下なぞで焚火をし
そこら中で野宿するのだ

（『時の玩具』日本文學社、一九三八年）

詩人・作家として、多くの作品を遺した菊岡久利は、ムーラン・ルージュ新宿座の座付き作者でもあった。

2. 旭町ドヤ街の始まり—品川弥二郎と三島通庸《みしまみちかね》

内藤新宿南町（旭町）は、明治の初期まで、天龍寺の門前町として栄え、町屋が並ぶごく普通の町だった。当初は宿駅（内藤新宿）の歓楽街とは、あまり関係がなかったようだが、時代が下るにつれ、旅芸人や巡礼、ものまね、艶歌師など、芸人が多く住んでいたという。芸人たちは、内藤新宿の妓楼に出入りし、遊芸を披露していた。天龍寺は、敷地を町人たちに貸し付けて、その地代収入が寺の維持管理に使われたのだが、土地は次第に細分化されていったようである。その歴史的背景が、明治になってからのこの町の行方に影響しているかもしれない。日雇い労働者など、細民と呼ばれる人々が多く住み、木賃宿が並ぶ貧民窟と化した直接の原因は、一八八七（明治二十）年、三島通庸警視総監が発令した、警察令による「宿屋営業取締規則」だった。警視庁が、宿屋を旅人宿、下宿、木賃宿の三つに分け、このうちの木賃宿の営業区域を東京府内二十六か所に限定し、指定地以外での営業を禁止する、というものだった。

新宿警察署管内では、四か所が指定された。南豊島郡内藤新宿南町、東多摩郡下高井戸村、東多摩郡中野村字上宿、荏原郡瀬田ヶ谷村の四か所である。東多摩郡下高井戸村は現在の杉並区下高井戸、中野村は中野区中野、荏原郡瀬田ヶ谷村は現在の世田谷区世田谷。東京市の至る所にあった木賃宿は、相次ぐ警視庁令で、当時は、郊外や場末といわれたこれらの場所に放逐されたのである。それを断行したのが、三島通庸警視総監であり、品川弥二郎内務大臣である。三島は、薩摩藩士の長男。県令（県知事）を歴任し、数々の公共事業（道路整備など）を成し遂げた人物だが、酒田（鶴岡）県令時代には、農民を弾圧し、福島県令時代には、福島の自由民権運動を激しく抑圧した男。品川弥二郎は、長州藩士の長男。この人も強権政治家として知られる。二人とも、戊辰戦争の指揮をとり、東北征圧に関わった人物で、私が以前にお目にかかった人物である。お目にかかったといっても、資料上のことである。品川弥二郎は、三井財閥のことを調べている時に出会った。吉田松陰松下村塾の門下生だった品川弥二郎は、松陰の意志を継いで、京都に尊攘堂を建立した。尊攘堂は、勤王の志士たちの霊を祀り、その遺品や松下村塾の資料を集めて公開したものである。その資料の中に、三井十一家の一家松阪三井家の七代高敏がその碑文を書いて、吉野山如意輪寺に建立した「楠左衛門尉髻塚碑《くすのきさえもんのじょうもとどりつかひ》」の拓本が収められていた。その事を調べているうちに尊攘堂を建立した品川弥二郎の名前を知ったのである。

　楠左衛門髻塚碑には、南北朝時代、楠木正行・正時兄弟が一族郎党とともに、後醍醐天皇亡き後の南朝の中心人物北畠親房の主戦論に呼応して兵を挙げるが、敗北して自害するという故事に基づき、「国が揺れている今こそ、天皇に尽くす時である。よしんば敗れても、楠左衛門のように後世に名を遺す」という、「尊王攘夷」運動を展開した勤王の志士たちへの檄文が彫られている。文をつくったのが森田益。京都の医師の家に生まれた森田は、尊王攘夷運動に関わる。書を書いたのが三井高敏。石板に掘ったのが廣羣鶴《こうぐんかく》。新字で書くと広群鶴は、江戸・東京一の名石工で、御碑銘彫刻師でもある。

　品川弥二郎との出会いを説明する文が長くなったが、弥二郎は、社会的事業を行った一方、流血の選挙戦を起こした人物でもある。

　一八九〇（明治二十三）年七月一日、第一回衆議院議員の総選挙が行われ、十一月二十五日、第一回議会が招集された。立憲自由党百三十名、立憲改進党四十一名、準与党大成会七十九名、国民自由党五名、無所属四十五名。民党と呼ばれた立憲自由党と立憲改進党が、百七十一名と多数を占めた。立憲自由党は、政府側の切り崩しによって分裂するも、星了によって、立て直しが図られた。第二回議会は、一八九一（明治二十四）年十一月から持たれるが、民党による海軍腐敗批判で、大混乱に陥り、十二月二十五日、解散、選挙となった。この選挙戦に干渉したのが、山県有朋をバックにした品川弥二郎だった。吏党と呼ばれた政府側に与し、民党側を圧迫した。この選挙戦で殺された者は二十五名、重傷者は四百名に及んだ。しかしこれほどの圧迫を加えたにも拘わらず、政府側議席数百二、三十に対し、民党側（自由・改進党など）百六、七十名と、政府側は敗北したのである。

三島通庸は、警視総監時代に武道を奨励した人物として、柔道家の本を書く時にお目にかかった。新興勢力の講道館柔道をなかなか認めなかった人物で、会津にも強い敵意を抱き、会津出身の西郷四郎（姿三四郎のモデルといわれる）を嫌った。二人とも、時代の勝ち組だろうが、敵対するものや、弱い立場の人に対する容赦ない圧力は、権力を手にした者の癖か。その人自身の持つ資質か。この二人に、木賃宿で暮らす貧しい人々への温情などないだろう。

話は横道に逸れるが、三島通庸の孫娘梅子は、赤い貴族といわれ、築地小劇場を創設した伯爵土方与志（久敬）に嫁ぎ、日本初の舞台衣装家として活躍した。与志は、小林多喜二の「蟹工船」などを舞台上演した。与志の次男で「青年劇場」の制作局長・顧問だった土方与平氏とは、一時期親しく行き来した。子供同士が、学校時代の友人という縁である。

品川弥二郎、三島通庸、それに当時の東京府知事渡辺洪基《わたなべひろもと》。渡辺は、目障りな貧民を、どこか特定の場所へ移住させてしまえと提言した人物。宿屋取締規則が実施されたのは、次の知事高崎五六の時だが、強権政治家たちによって、木賃宿は内藤新宿南町に集められた。一九三二（昭和七）年頃には、三十軒、一軒平均三十室以上の部屋があった。木賃宿の語源は江戸時代以前に遡る。江戸時代以前の街道筋で、燃料代程度、または、相応の宿賃で旅人を宿泊させた。木賃宿は、棒端（鼻）と称された宿場町のはずれにあった。「木」とは、「薪」のことである。木銭宿ともいう。商人宿、職人宿などが含まれる場合もある。やどを逆さに読んだドヤという言葉が出来たのは明治末頃である。また、シマとも呼ばれた。内藤新宿南町（旭町）の貧民屈と呼ばれるあたりは、五八、五九、六〇番地であった。

木賃宿の滞在者の多くは、日雇い人夫、テキヤ、行商人、虚無僧、もらいや、えんやこら、新内流し、声色屋、軽子（たちんぼ、おっかけ）などだった。軽子は、港などで荷物を運び、坂道で荷車を押したりして僅かな駄賃をもらう人。また、「ため（溜）」、すなわち淀橋浄水場の建設時に集められた人たちもいた。極貧長屋に住み、あるいは木賃宿に泊まって、賃労働に出かけた。

旭町出身の作家野村敏雄は、旭町（当時は内藤新宿南町）が、棄民の受け皿になった経緯を著書『新宿裏町三代記』、『新宿うら町おもてまち　しみじみ歴史散歩』で詳しく記した。その中で、旭町細民街を視察に来た政府のおえらいさんが、「おどろいたよ、帝都の恥部だね」といった言葉を受け、「私の町をシマに変えたのは、時の内務大臣や警視総監や東京府知事たちで、この人たちが最初に恥部の核を町へもちこみ、それがさまざまな条件と見合って「帝都の恥部」に孵化したのである。このことは単に私の町だけの問題ではない。当時木賃宿営業地に指定された他の町も、多かれ少なかれ、理由なきスラム差別をうける運命を、このとき負わされたといっていい。」と書く。

作家北村透谷は、「時勢に感あり」という短文の冒頭で、「君知らずや、人は魚の如し、暗らきに棲《す》み、暗らきに迷うて、寒むく、食少なく世を送る者なり。家なく、助けなく、暴風暴雨に悩められ、辛じて五十年の歳月を踏み超ゆるなり（略）」と書き、「家なく、食なき茅の家の住民、恨み日に切なり、彼等知らざれば天を恨み、地を罵る、志しある者、少しく戒しむる所あれ。」という文で括っている。明日の生活も覚作ない人々を知って、文学者も政治家も僧侶も、己を顧みよと、熱っぽく書く。自由民権運動に参加して挫折した透谷は、キリスト教徒としての洗礼を受ける。この文は、若く純粋な透谷の心情だったろう。

その旭町を斜めに横切る明治通りが新宿から渋谷までの間を通ったのは一九三〇（昭和五年）年のことである。四角い旭町を対角線で分断し、三角の町が明治通りを隔てて二つできた。道路建設のために、町内面積の一割を削り取った。木賃宿や長屋は取り払われ、立退料ももらえない住民たちは、行き場を失う。

一九三五（昭和十）年頃の新宿盛り場地図がある（新宿歴史博物館制作）。そこには、新宿駅東口の角筈一丁目、新宿三丁目、旭町などの店や住戸が詳細に記載されていて興味深い。旭町を分断する形で、ほぼ北東から南西方向に幅二十四メートルの明治通りが通り、町の北側を通る甲州街道と交差している。町中は、明治通りの東側に天龍寺の敷地が拡がり、それを囲むように住宅や旅館、また、長屋と思われる建物がある。特に旅館（木賃宿）は、第一さがみやから第五さがみや、それに別館さがみ屋という名称の旅館をはじめ、ざっと数えて二十七軒、それに、第二小平ハウス、翠荘、新荘ハウスなどという長屋が、明治通りを挟んだ両側の旭町のあちこちにあった。それらは、娼婦が客を連れ込む宿でもあった。草野心平が開いた居酒屋「火の車」で、三年間板前をしていた橋本千代吉は、旭町の広場で自前のおでんの屋台を開いたのだが、その時のことを著書『火の車板前帖』で、「客もいろいろと多彩で面白かったが、なんといってもパンパンと呼ばれた夜の天使たちにはなじみも多かった。彼女らは武蔵野館から甲州街道あたりをぶらぶらしながら客を拾っては、契約している近所の旅館へくわえ込むのである」と書いている。

3. 徳永恕《ゆき》と旭町二葉園

旭町には、家族で食卓を囲むといった家庭の匂いがない。小さな食堂、たばこや、酒屋、床屋、湯屋などが点在しているが、八百屋、魚屋など食材を売る店が、殆ど見当たらないのである。その日暮らしの独り者が多く住んでいたことを、地図は表している。

そんな中、天龍寺の北側に、二葉保育園と書かれた場所があった。木賃宿街に保育園があるのを奇異に感じたが、ここでは、母親も働かないと生活が成り立たないので、そのための公立の保育園かと、私は漠然と考えていた。しかし、二葉保育園は、野口幽香と森島美根という二人の女性によって創立された由緒ある幼稚園（保育園）の分園である。

一九〇〇（明治三十三）年、華族女学校附属幼稚園に勤務していた二人は、通勤途中で目にした貧しい家庭の子供たちも保育したいという思いから、麹町の借家で二葉幼稚園を創立し、当初は六人ばかりの子供たちが集まった。一九〇六（明治三十九）年、二葉幼稚園は、明治時代の三大貧民屈の一つ四谷区鮫河橋（新宿区若葉）近くの元鮫河橋六六に移転する。二百名以上の子供が入園し、名称も、幼稚園から保育園とした。一九一六（大正五）年、内藤新宿南町四番地（旭町）に分園を開園し、ここの代表を徳永恕《ゆき》が務めた。旭町には小学校がなく、多くの少年少女が浮浪していた。恕は、少年たちを就学させるため、一九一九（大正八）年に小学部を開設した。一九二三（大正十二）年の関東大震災で、二葉保育園旭町分園は焼失するが、恕は、被災者救済に全力を注いだ。分園は直ちに再建され、一九二四（大正十三）年には、旭町にも「母の家」が造られた。一九三一（昭和六）年、野口幽香の跡を継いで、二代目二葉保育園の園長となった恕は、スラムや木賃宿に住む人々のために、五銭食堂を開いた。隣接する府立第六中学校（現・都立新宿高校）夜間部の生徒のための弁当作りも行った。一九四五（昭和二十）年三月十日の空襲で、深川にあった「母の家」は焼失、その後、鮫河橋の本園も空襲で焼失した。唯一残ったのが旭町分園だった。鮫河橋の本園は再建されるが、恕は旭町を拠点に、戦災孤児、浮浪児、捨て子、戦災母子の保護に奔走した。また、新宿南元町の保育園、児童養護施設、デイケア、乳児院などの創設に力を注いだ。恕は、幼い頃から、困っている人々の役に立つ仕事に就きたいという願いがあり、生きている限りは彼らの役に立ちたいと、旭町分園を離れなかった。一九七三（昭和四十八）年死亡。享年八十五。

東京府立第三高女（現・都立竹早高等学校）で同じクラスだった山川菊枝は、頼もしい存在の恕のことを、同級生はみな「お父さん」と呼んでいた、と述懐している。

徳永恕の慈愛に満ちた写真の顔から再び目を移して地図を見ると、旭町の東隣が府立第六中学校。第六中学と甲州街道を挟んで北側に、京王電車四谷新宿駅のホームがある。当時、京王線は、ここから発着していた。

4．旭町花王石鹸

東京近郊の農村といった風情の新宿地区も、明治政府の近代化の一端を少しは担ったようである。市谷加賀町に、大日本印刷の工場が出来たのが、一八八六（明治十九）年。大日本印刷（その頃秀英社といった）は、現在の銀座四丁目に本社を設立した。新宿西口の方では、一九〇二（明治三十五）年、十二社《じゅうにそう》に六桜社（現・コニカミノルタ）、一九一〇（明治四十三）年には、東京地方専売局淀橋工場が開設された。敷地面積一万四千坪、千五百人の従業員の大半は若い女工。エプロン姿がまぶしかった。この工場が出来てから、新宿駅も、朝夕の乗降客が多くなった。浄水場裏にガスタンクができたのは一九一二（明治四十五）年。二つの巨大タンクは、皇居外堀以西の市民にガスを供給した。浄水場と煙草工場の間に青物市場と精華学院と工学院があった。専売局は、一九三六（昭和十一）年に、本所横川町に移転する。その跡地が西口広場となった。今のバスターミナルのあるあたりである。ここは、江戸時代、松平摂津守の下屋敷のあった所。明治になって岩倉具視の別邸華龍園となった。

一八八七（明治二十）年、眞崎仁六により内藤新宿の渋谷川沿いに、眞崎鉛筆製作所（後の三菱鉛筆）が設立され、鉛筆製造を始めた。内藤多武峰神社に行く途中に、この記念碑が建っている。

一八八九（明治二十二）年、旭町（新宿四丁目）に花王石鹸の工場が設立され、一八九〇（明治二十三）年、ここで製造された桐箱入りの高級石鹸が花王石鹸というネーミングで発売された。その後、神楽坂にも花王石鹸の工場が設立された。

花王石鹸の創立は、一八八七（明治二十）年と古いが、私の父は、一九三八（昭和十三）年に花王石鹸に入社した。

旭町には、明治時代花王石鹸の工場があり、村田亀太郎という化粧石鹸技師がいた。化粧石鹸とは、洗顔用の石鹸のことである。

（略）、町内の天龍寺に隣接する五軒長屋を借りて、牛込神楽坂の長瀬商店が化粧石鹸の工場をつくった。後の「花王石鹸」である。日清戦争を挟んで業績を伸ばした長瀬は、千駄ヶ谷に新工場の建設を計画するが、敷地が御料地に近いというので、煙突を立てる許可がどうしても下りず、やむなく計画を変更して向島に移転している。

（野村敏雄『新宿うら町おもてまち　しみじみ歴史散歩』朝日新聞社、一九九三年）

このあたりのことを、手元にある『年表花王90年のあゆみ』（花王石鹸株式会社、一九八〇年）では、一八八九年、村田亀太郎という人物が、新宿旭町に石鹸工場を造ったのを、翌一八九〇年に、「長瀬商会」が専属工場としたと書かれている。

日本で初めて、石鹸製造に成功したのは、堤磯右衛門という男で、一八七三（明治六）年のことである。磯右衛門は、徳川幕府の勘定奉行小栗上野介の進言で幕末に造られた横須賀製鉄所（横須賀造船所、後の横須賀海軍工廠）で、幕府のお雇い外国人と接触し、石鹸の製法工程を習得していったという。一八七四（明治七）年に、横浜市南区万世町に堤石鹸製造所を創設。磯右衛門の石鹸事業の業績は、順調に伸びていった。各地からの技術研究生に技術指導をし、初期の石鹸製造に大きな役割を果たした。村田亀太郎は、堤石鹸製造所で石鹸の製法を学び、日本の石鹸製造の草分けとされる鳴春舎（本所）でも、石鹸製造技術を習得した。その後、独立して旭町の天龍寺の側に一戸を構える。六畳一間の住居兼工場である。

亀太郎は、天龍寺の鐘の音を聞きながら、石鹸造りに精を出し、それを荷車に載せ、日本橋や浅草に売りに行く。その帰り道に本所の鳴春舎で石鹸の切り屑を買入れ、それを再製した。鳴春舎は一八七六（明治九）年に、徳島出身の堀江小十郎が創立した石鹸製造会社で中之郷村（本所）にあった。鳴春舎には、後のライオン石鹸の創業者小林富次郎も入社していた。

亀太郎の旭町村田石鹸工場は、一八九〇（明治二十三）年二月に、牛込神楽坂の長瀬商店（後の花王石鹸）に買収される。長瀬商店は、亀太郎の石鹸を買い入れていたが、亀太郎を工場長として、新しい優良化粧石鹸の開発に乗り出したのである。初代長瀬富郎は、旭町の長屋を一棟借り受け、五軒分の壁をぶち抜いて石鹸工場に改造して、職人を雇い、長瀬石鹸新宿工場を立ち上げた。亀太郎は、工場長として、職人の先頭に立って働いた。

そして、同年十月に売り出されたのが、「花王石鹸」（桐箱三個入り三十五銭）の第一号である。旭町天龍寺の山は、国産化粧石鹸発祥の地であった。今は、そのあたりは有料駐車場となっているという。

5. 新宿四丁目と天龍寺

旭町、現在の新宿四丁目探索と天龍寺訪問を思い立ったのは、梅雨入り前のさわやかな快晴の日。新宿駅南口の改札を出ると、一昔前とは様変わりしていて、一瞬方向が分らなくなった。無事、甲州街道に出て新宿三丁目方面に歩き、明治通りとの交差点を明治通り沿いに代々木の方に歩いた。と、すぐ左側に、前述した雷電神社の鳥居。雷電神社は、もともと天龍寺の鎮守だったたが、明治維新の廃仏毀釈で、寺領から分離されて、町有となったという。その頃は、四百坪あったというが、今は、猫の額ほどの社地である。さらに歩くと、天龍寺の山門。がっしりとした檜造りの立派な門は、古びているが風格がある。門は閉じられていたが、境内に入る道が横にあり、正面の寺務所に寄る。出てきた女性に、「パンフレットを下さい」というと、「墓地のですか」と訊く。「いいえ、この寺の由来や歴史のことが書いてあるパンフレットです」というと、一枚のリーフレットを渡された。墓地の分譲もしているようだ。

リーフレットによると、この寺は、もと遠州倉見領西郷村（現・静岡県掛川市）にあって、法泉寺といった。開基は、徳川家康の側室・於愛の方とその実父戸塚五郎太夫忠春。戸塚忠春は、今川義元・武田晴信軍と北条氏康軍とが戦った刈屋川の合戦で今川軍に属し討死。娘の於愛の方（西郷局・宝台院）は、家康の侍女となった。その後側室となり、二代将軍秀忠と忠吉を生む。一五九〇（天正十八）年、家康東国入国の時、法泉寺を江戸牛込納戸町に移し、寺の名前を天龍川にちなんで、天龍寺と改めた。上野の寛永寺は、江戸城の鬼門守護の役割を果たしたのに対し、天龍寺は裏鬼門守護の役割を帯びた。このように、将軍家と縁が深かったので、寺地も三万六千坪余を拝領し、十万石待遇の格式を得た。この曹洞宗の寺が、於愛の方とその父忠春の菩提寺となった。

一六八三（天和三）年一月、天和の大火で類焼し、現在地に移った。その後再び火災で焼失するが、一八〇九（文化六）年、二十二世住職が江戸城に登城して、将軍家斉の武運長久を祈願した。それ以来、寺は往時の隆盛を取り戻した。玉川上水の堀端に、寺侍、駕籠かき、草履とり、庭番など四十六軒が軒を連ねていたという。

境内を入ると正面に拝殿（正殿）。右側に古びた鐘楼がある。「天龍寺の時の鐘」と呼ばれるもので、説明板によれば、一七〇〇（元禄十三）年、常陸笠間藩主牧野成貞より寄進されたもので、現在の鐘は、改鋳を重ねて三代目という。寛永寺、市谷亀岡八幡宮の鐘とともに、江戸三名鐘といわれた。やわらかで、かつ張りのある音色であるという。「夏の夕方は、上水の向こう側にある合歓の木のうす桃色の花が、その鐘の音でゆれて花を閉じる」（前出『新宿うら町おもてまち　しみじみ歴史散歩』）といわれた。

江戸時代、幕府公認の「時の鐘」は、日本橋本石町、浅草弁天山、上野大仏下、本所横川町、芝切通し、市谷亀岡八幡、目黒不動、赤坂田町、そして四谷天龍寺と九か所あった。この「時の鐘」は、朝夕二回、同時に鳴らされた。しかし四谷は江戸市中より遠くで、武士が江戸城に登城するのに時間がかかり、武家屋敷も多かったので、早めの登城を促すため三十分早く鳴らされたという。「追い出しの鐘」とも呼ばれた。宿場の妓楼で遊女と遊んでいた男たちにとっては、うらめしい鐘であった。「後朝《きぬぎぬ》の別れ」を早められたのだから。

天龍寺の時の鐘の説明板とともに、やぐら時計の説明板が立っていた。それによれば、やぐら時計は、「時の鐘とともに、牧野備後守貞長が寄進したもので、この時計をもとに鐘を撞いたという。制作時期は不明であるが、天龍寺に寄進されたのは、現在の鐘と同じ明和四年（一七六七）と考えられる。…」とある。一瞬、時の鐘を寄進したのは牧野成貞ではなかったか、年代も違うと思ったが、明和四年に改鋳した三代目の鐘を寄進したのが、牧野備後守貞長であったから、この時にやぐら時計も一緒に寄進したのだと納得した。やぐら時計の写真が説明板に載っていた。細長い台形の本体の中に振り子のようなものがぶら下がっている。その上に、時を知らせるための鐘が取り付けてある。文字盤は、明治になって二十四時間割に改められた。オランダ製とも伝えられ、オランダ時計ともいわれた。

境内から見回すと、鐘楼の後ろは墓地。墓地や境内を見下ろすように、周りを中層のビルが取り囲む。ビル街の天龍寺は、窮屈そうで、於愛の方も忠春も、冥府で苦笑していることだろう。境内を出て、右に歩くと細い道が一条。そこを入るとすぐに、年配の女性と会った。「ここは、昔の旭町ですか?」と尋ねると、「そうですよ」と笑顔が返ってきた。通りを歩くと、右側に「さがみ」と書かれた三階建てのビジネスホテル。その向こうに旅館やまと。こちらは、瓦屋根二階建ての和風旅館。ほんの少し、旭町旅館街の面影を残す。

明治通りを挟んで旭町の両側には、戦後すぐから売春防止法が施行される一九五八(昭和三十三)年まで青線があった。そして、彼女たちの仕事場ともなった旭町旅館街は、壁一枚で、三畳、四畳半に仕切られて、一泊四十円だった。

若い女性が二人、地図を片手に歩いている。「このあたりかしら」「そうね、でもなんだか怖そうな所ね」などという会話が聞こえてくる。宿泊先を探しているのだろう。「怖そうな所」という言葉は、ほんのちょっと残る昔の雰囲気を、敏感に感じとったからだろうか。

三. 耕牧舎と新宿二丁目遊郭街

1．耕牧舎と芥川龍之介

一九一八（大正七）年、内藤新宿遊郭街の新宿二丁目への移転命令が出された。新宿二丁目には、新原敏三が経営していた「耕牧舎」の跡地があった。耕牧舎は、乳牛を飼育し、牛乳やバターを販売する会社であった。現在の新宿二丁目から靖国通りに面して、都営新宿線新宿三丁目駅を中心にとして、一帯に六千坪ほどの牧場を所有し、その中に六百坪ほどの牛舎があった。新原敏三一家が本所小泉町から転居してきたのは、一九一〇（明治四十三）年のことである。

耕牧舎は一八八〇（明治十三）年、渋沢栄一や、三井の大番頭で、後に三井物産初代社長となる益田孝らが、箱根仙石原で始めた会社で、初めは綿羊を飼育して、羊毛の生産を目的とした。三井財閥も経営に参画していた。しかし、箱根が羊の飼育に不向きだったため、牛馬の飼育へ転換し、牛乳、バターを生産することに切り替えた。耕牧舎は、東京根岸（第二牧場）と京橋入船町に支社を増設。東京両支社（後に本店となる）の管理・運営を任せられたのが新原敏三である。周防国（山口県）出身の新原は、長幕戦争に参戦し負傷する。一八七五（明治八）年に上京、下総の御料牧場で修行し、技術を習得して耕牧舎東京両支社の管理・運営を任された。その後、新宿の耕牧舎へ赴任、経営を担当した。新宿耕牧舎は、三井農場とも呼ばれた。

私の学生時代、「大月牛乳」というラベルの牛乳があった。このブランドは耕牧舎を起源としている。

新原敏三は、芥川龍之介の実父だった。当時、龍之介は一高の学生で、耕牧舎の一画にある家で、四年ほど学生生活を送る。芥川は父のことを掌篇「点鬼簿」中で書いている。「僕の母は狂人だった」という、ショッキングな書きだしで始まる「点鬼簿」に、芥川は実の父親のことをこう書く。

僕の父は牛乳屋であり、小さい成功者の一人らしかつた。僕に當時新らしかつた果物や飲料を教へたのは悉く僕の父である。バナナ、アイスクリイム、パイナアップル、ラム酒、―まだその外にもあつたかも知れない。僕は當時新宿にあった牧場の外の槲《かし》の葉かげにラム酒を飲んだことを覺へている。ラム酒は非常にアルコオル分の少ない橙黄色《とうこうしょく》を帯びた飲料だつた。

（現代日本文学全集26『芥川龍之介集』筑摩書房、一九五三年）

新宿耕牧舎は、臭気がひどかった。周りは茶畑も多かったが、甲州街道沿いは、追分付近まで妓楼を中心とした町屋として、発展していった。

臭気も迷惑だが、牧場そのものが、周囲の雰囲気とそぐわなかった。郊外へ移るようとの、警視庁からの命令もあって、廃業となった。一九一三（大正二）年のことである。耕牧舎の跡地は、「牛屋の原」と呼ばれ、子供たちの恰好の遊び場だった。また、盆踊りや消防の出初め式など、いろいろなイベントに使用された。

2. 新宿二丁目

内藤新宿にあった貸座敷（遊郭）は、移転命令によって、すべて、新宿二丁目に移った。一九一七、八（大正六、七）年のことである。それから数年後の一九二一（大正十）年、新宿大火によって、貸座敷すべてが焼失した。一年後には再建され、新たな新宿遊郭が誕生した。関東大震災の被災も免れ、被災した旧江戸市内にあった吉原、洲崎、玉の井、亀戸などの客が新宿遊郭に流れ、黄金時代を迎える。二丁目といえば、新宿遊郭を指し、独特の街並みを形成していった。

新しい遊郭からはもう明治の面影はみられなかった。同時に街道筋の新宿通りからも宿場の名残が消えていった。二丁目へ移転した（後の）貸座敷は、病院になったり家具屋になったり、あるいはどこかの社員寮や寄宿舎になったり、取り壊されて映画館が建ったりした。

そして二丁目の原っぱへまとめられた遊郭は、不夜城の吉原のごとくその一郭が一大歓楽境と化し、吉原といえば遊里を指すように、〈二丁目〉といえば新宿遊郭をあらわすようにさえなった。

しかし色街も建物も新しくはなったが、あの狭斜の巷の異様な外観と雰囲気は明治の昔と本質は少しも変りはしなかった。

（野村敏雄『新宿裏町三代記』青蛙房、一九八二年）

一九四五（昭和二十）年八月十五日、終戦。一九四六（昭和二十一）年一月七日には連合国軍総司令部から「公娼制度廃止に関する覚書」が出され、明治以来の「娼妓取締規則」などの法規が廃止された。しかし、警視庁は、娼妓が集まる場所を指定し、特殊飲食店として風俗営業の許可を出した。女性の自由意志による売春が、暗に認められたのである。この地域を赤線で囲んだので、赤線と呼ばれた。一方、公認されない私娼地域を青線と呼んだ。青線も、その後、非公式だが認められることになる。新宿二丁目は、公式に認められた場所で、赤線だった。女の私には縁のない所だが、廃止されたのは一九五八（昭和三十三）年。私は高校生だった。同世代の男性たちは、大人になる前に廃止されたから行けなかった、残念だったなどと、冗談半分に言う。

3. 矯風会

私は、売春防止法で行き場のなくなった女性たちを受け入れたある施設に、ささやかな寄付を続けている。

千葉県の海沿いにあるその施設は、一九六五（昭和四十）年、婦人保護長期入所施設、即ち短期的な支援では社会復帰が困難な女性たちが、安心して長期間生活することが可能なコロニー作りを、コンセプトとして設立された。今、老いた元娼妓たちが、静かな余生を送っていることだろう。今は、ドメスティックバイオレンスから逃れてきた女性や、アルコール依存症、精神障害などで生活困難な独り身の女性たちも身を寄せているという。

また、私の住まいから歩いて七、八分の新宿区百人町二―二三―五に、明治時代に矢嶋楫子らが創設した矯風会（日本キリスト教婦人矯風会）の施設が建っている。矯風会は、一八八六（明治十九）年に設立された。その始まりは、一八七〇年代のアメリカでの禁酒運動を展開した「女性キリスト者禁酒同盟」の日本支部として組織されたものである。初期は禁酒・禁煙、廃娼、婦人参政権獲得の活動に重きを置き、矢嶋楫子は初代会長となった。婦人救済に力を入れ、大久保百人町に、娼妓をやめた女性を受け入れる慈愛館を創設、職業紹介、教育、人生相談、医療を行った。

矢嶋楫子（幼名・勝）は、一八三三（天保四）年に、肥後国益城郡（現・熊本県上益城郡）の惣庄屋（熊本藩の藩士とも）の家に生まれる。姉に熊本女学校（後の熊本フェイス学院高等学校、二〇一一年開新高等学校と合併し廃校）の校長となった竹崎順子、漢学者徳富一敬の妻となった徳富久子がいる。久子は、徳富蘇峰、蘆花の母。

楫子は郷里で結婚するが、酒を飲んで刃物を投げつけるような夫の元から子連れで出奔、姉たちの家を転々とした。時代は江戸から明治へ。新政府の役人となった兄を頼って上京。その時、楫子は四十歳に手の届く年齢となっていた。築地の教員伝習所に通い、明治に新設された小学校の訓導となった。その後、宣教師マリア・ツルーの導きのもと、クリスチャンとなる。東京での、妻子ある男性との道ならぬ恋、出産という経験が、彼女をキリスト教に近づけたともいわれる。

一八八〇（明治十三）年、櫻井ちかが創立した櫻井女学校（角筈村）の校主代理となり、一八九〇（明治二十三）年、女子学院（櫻井女学校と頌栄女学校が合併し女子学院となる）の院長を歴任。

一九〇六（明治三十九）年、国際禁酒連盟世界大会への出席のため、ボストンに渡った時、楫子は七十三歳になっていた。一九一一（明治四十四）年、公娼制度を廃止する目的で、「廓清会」を結成、廃娼とともに、一夫一婦制の実質化などの運動を本格化させていった。階級社会、農村の貧困などといった社会構造そのものが、女性問題の根本にあるという視点は楫子にはなかったというが、「矯風会」の活動は、フェミニズム運動の嚆矢ともいうべきものだった。一九二五（大正十四）年、矢嶋楫子は、矯風会館（慈愛館の後身）の一室で、九十二歳の生涯を終えた。

大久保駅北口すぐ、線路沿いの道際に矯風会館の建物がある。明治時代からの建物は、何回も改築されているのだろう。白亜四階建てのこじんまりした外観は、質素ながら古びていない。その前に佇み、ここに保護された女性たち、そして、その女性たちのために人生を賭けた矢嶋楫子、徳富蘇峰・蘆花兄弟の姪で、後に矯風会会頭に就任した久布白落実や、大東女学校（現・大東学園高等学校）を設立した守屋東、日本最初の女性医師荻野吟子、廃娼運動を展開したガントレット恒など、女性にとって厳しい時代を意志的に生きた先人たちを想っていた。

東大教授であった経済学者大内力は、大久保百人町の住人だったが、「私の子供の頃は矯風会などという名前は有名ではなく、一般に「婦人ホーム」と呼ばれていた」（「百人町界隈」、前出『地図で見る新宿区の移り変わり――淀橋・大久保編』所収）と書く。そして、夏目漱石の小説『三四郎』の中に、明治末期の大久保が登場するという。三四郎が同郷の先輩で理科大学（東大理学部）の教師をしている野々宮さんを大久保に訪ねる場面である。「大久保の停車場を下りて、仲百人の通りを戸山学校の方へ行かずに、踏切からすぐ横へ折れると、殆ど三尺許りの細い路になる。それを爪先上りにだらだらと上ると、疎らな孟宗竹がある。其藪の手前と先に一軒ずつ人が住んでいる。野々宮の家は其手前の分であった」。この野々宮を訪ねる道筋（踏切からすぐ横に折れた、三尺ばかりの細い路）に矯風会があったという。「仲百人の通り」は、今の大久保通りである。大内力は、やはり東大教授で、安田講堂紛争の時、「東大を滅ぼしてはならない」と発言した父大内兵衛の時代から百人町に住んだ。

私が訪ねた時、矯風会の掲示版には、東京都交響楽団演奏会のポスターが貼ってあって、切符の売り上げの一部を矯風会に寄付していることが書かれていた。

矯風会は、現在、女性のためのシェルター、「女性の家ＨＥＬＰ・ステップハウス」を開設し、また、戦争や女性への暴力、慰安婦問題などに取り組んでいる。

四．新宿駅周辺

1．新宿駅周辺

新宿は、明治維新を機に繁華街への道を歩むのだが、明治初期は、四谷から新宿追分に至る内藤新宿が中心であり、現在の新宿駅周辺には、江戸市街の近郊農村の風景が広がっていた。一八七八（明治十一）年、新宿の一部が東京市（四谷区）へと組みこまれた。一八八五（明治十八）年には、日本鉄道（現・山手線）の赤羽―品川間の新宿停車場（現・新宿駅）が、角筈村の畑の中に開設された（現在のルミネウエストの位置）。当初、栃木県などからの薪炭を運ぶ貨物駅として創設されたもので、乗降客は、五、六人という日もあった。停車場付近の線路沿いには、薪炭を商う家が二十数軒、石炭を扱う店が十軒ほどあった。紀伊國屋書店を創設した田辺茂一の家も、父親の代は炭問屋で、現在の紀伊國屋書店の所に店を構えていた。豪壮な家で、門からずっと広い庭が続き、その奥に店があった。石材を扱う店や材木問屋、運送屋なども点在していたが、薪炭問屋が一番金持ちだった。この頃の新宿駅には、栃木、山梨、群馬などの薪炭の産地から薪炭を満載した貨物列車が、連日入ってきた。すなわち、この頃の新宿駅は、薪炭をはじめとして、物流の拠点として機能していたのである。それゆえ、関東大震災の時、新宿停車場付近では、置かれていた薪炭に火がついて、延々と燃え続けたという。

一八八九（明治二十二）年には、甲武鉄道（後の中央線）新宿—立川間が開通、その年の八月には、立川—八王子間、一八九五（明治二十八）年には飯田町まで線路が伸びた。また、一九〇三（明治三十六）年に、甲州街道の追分—四谷見附（半蔵門）間に市電が通った。こうして、新宿駅は、東京西郊への起点駅として、都心と郊外を結ぶ役割を果たすことになる。それに従って、追分の遊郭街とは別に、駅前の商空間が生まれてくるのだが、明治期は、駅前に飲食店、旅館などが散在する程度だった。

2. 中村屋

一八八五（明治十八）年創業の「高野商店」（現在の新宿高野）が芝大門から越してきた

のは、明治三十年代。創業時は繭仲買が本業だったが、新宿に進出した頃から果実類を本業とした。その頃の高野商店は、戸板の上に栗、みかん、ぶどう、芋などを並べて売っていて、八百屋風であったという。当時の少年たちは「みかんや」と呼んでいた。そのうちにバナナなど高級果物を売るようになった。

中村屋は、一九〇一（明治三十四）年、相馬愛蔵・黒光夫妻が本郷東大前のパン屋を買い取って開業したのが始まりである。独創的な新製品の考案により発展し、一九〇七（明治四十）年には、新宿追分に支店を開業した。その二年後、新宿東口近くの現在地に移転し、本店とした。

中村屋といえば相馬黒光と連想するほど、私の記憶に深く沈潜している女性の名前である。母から、自立した勁い明治の女性として繰り返し語られたからだろう。岡山美作で生まれ、姫路で女学校時代を過ごした母は、自立を目指し家出上京したが、職業に就くこともなく結婚し、結局自立できなかった。その母の憧れの女性だった。黒光は、仙台伊達藩の漢学者の家系の出で、明治女学校の自由な雰囲気の中で学び、自由闊達な思考を持つ女性に成長した。愛蔵と結婚し、愛蔵の故郷信州で過ごすが、やはり、都会こそ、彼女の自己実現の場だった。また、愛蔵も、妻の活動を援護する懐の深い男だった。明治も末、食文化の変化もあり、黒光夫妻は、パンに着目し、本郷のパン屋を買い取って商売を始め、その後新開地新宿に進出したのである。明治の新宿といえば、馬糞と泥濘のみすぼらしい場末の町だった。そこに店を開いたのは、「その土地には興隆の機運が眼にみえぬうちに萌していた」（相馬愛蔵『一商人として』岩波書店、一九三八年）ことを見抜いた愛蔵と黒光の眼力だろう。

紀伊國屋書店の田辺茂一の回想によれば、その頃の中村屋は、相馬愛蔵・黒光夫妻の他には、小僧さんが二人きり。電話もなかった。（前出『わが町・新宿』）

大正デモクラシーの時代には、中村屋は、日本近代芸術、文化の発信地ともなった。さまざまな芸術家、学者が出入りするようになる。愛蔵の同郷で彫刻家の萩原守衛（碌山）、高村光太郎、画家の中村彝、戸張孤雁、中村不折、国木田独歩、島村抱月や秋田雨雀、松井須磨子、水谷八重子、夏川静江、佐々木高丸、木下尚江、神近市子、内村鑑三、会津八一、頭山満など、美術、文学、演劇、学者と、幅広い人材が集まった。中村屋の包装紙は中村不折が書いたものという。私の父と母は、少し遅れた世代だったから、直接相馬夫妻との交流はないが、神近市子、佐々木高丸、秋田雨雀などとは、交流があった。

ロシアの盲目の詩人ワシリー・エロシェンコや、日本に亡命したインド独立の志士ラス・ビバリ・ボースを匿った。ボースは、インドのカリーを中村屋に伝授した。エロシェンコはロシアからインドに渡ったがボルシェヴィキの疑いでインドを追われた。その上、一九二一（大正十）年、危険人物として日本からも追放となる。一方、ボースは、黒光の長女俊子と結婚した。また、一九四三（昭和十六）年に来日したインドの独立運動家スパス・チャンドラー・ボースも中村屋を訪問した。

相馬夫妻は社会貢献にも力を入れ、普選運動の市川房枝に土地を贈り、下高井戸の老人ホーム浴風園に私財を投じた。

中村屋は、食事や喫茶に頻繁に通った所。カリー、ボルシチ、肉まん、あんまん、ピロシキ、サモサ、ワッフル、ロシアチョコレート、ロシア紅茶…。特にサモサが好きだった。いつのまにかメニューから消えてしまったが、今も懐かしく思い出す味である。黒糖のかりん糖や月餅をおみやげに買った。特に中村屋のカリー（カレーとはいわない）は、今でも缶詰を買って帰り、家で昔と変わらない味を楽しんでいる。また、相馬黒光の名前から採った「黒光」という黒い煎餅があった。小さな丸い形をした煎餅で、法事の志などによく使われた。今、「こがねはずみ」と称される、小さい丸い煎餅の前身が「黒光」という。もっとも、色は普通の煎餅の色である。

私にとって中村屋は、父や母、夫、娘、友人、恋人、様々な人たちとの思い出が漂う場所だ。ジャムを入れて飲むロシア紅茶を前にして、何時間も語り合ったことを今でも思い出す。近年建て直して、昔の面影がすっかりなくなってしまい、少し足が遠のいた。

中村屋、相馬黒光、萩原守衛の連想から、信州安曇野にある碌山美術館に出かけたのは三年ほど前。

教会を象ったレンガ造りの碌山館は、闊葉樹の林の中、秋の冷気を纏ってひっそりと建っていた。展示室には、相馬黒光をモデルにしたといわれる「女」や、愛した人妻袈裟御前の夫を殺そうとして、誤って当の人妻を殺してしまい、出家したという僧「文覚」などの彫刻が展示されていた。

「女」は、両手を後ろで結び、膝を折り、上半身を真っすぐに立て、天に顔を向けている裸像。アンビシャスガールといわれた黒光の強い意志と力を感じた。そして、その黒光を愛した碌山の苦悩が思われて息苦しくなったのを思い出す。


高野、中村屋は、このように明治期に新宿駅前に開店したのだが、食べ物屋は、寿司屋一軒、そば屋二軒、中華料理屋が一軒あったのみ。つまり新宿駅前には、めぼしいものは何もなかったのである。

当時の新宿の中心は、やはり、甲州街道と青梅街道の分かれる追分付近から四谷寄りで、今の歌舞伎町一帯も、大村伯爵の鴨場で、鬱蒼とした森が広がるばかりだった。新宿二丁目の北裏一帯は、新宿将軍と呼ばれた浜野茂邸であった。通りに面した所まで笹薮が生い茂っていた。

大正期になると、大村の山（森）と呼ばれた今の歌舞伎町には、一九一九（大正八）年、府立第五高等女学校が開校し、翌々年には、西武鉄道軌道線、淀橋—荻窪線が開通した。これが後の都電杉並線である。この線は、一九六三（昭和三十八）年に廃止されるのだが、それまで、新宿へ出る時には、利用することが多かった。家から新宿へ行く時は、東高円寺、学校帰りの時は、荻窪駅北口から乗車。新宿へは、大体、映画鑑賞が目的だった。遠い微かな記憶の風景では、沿線に、しもたや風の商店が立ち並んでいた。ガタゴトと走る、のんびりとした懐かしい電車である。地下鉄丸の内線が開通し、路線が競合したので廃止となったが、私の青春時代の思い出は、まだ高架にならない時代の中央線と都電杉並線だった。

3. 二幸

新宿は、昭和に入って次第に、国鉄や私鉄のターミナルとなっていった。一九二七（昭和二）年、小田原急行鉄道が、新宿―小田原間を全線電化で開業し、一九二六（昭和元）年には、京王電気軌道が、新宿追分から東八王子間の直通運転を開始。それらの沿線には、新興住宅地として、新たな住宅街が形成されつつあった。それとともに、新宿駅東口は、郊外の人々の娯楽や買物の町として、映画館や劇場、デパートなどが集積し、繁華街が形成されていった。映画館や劇場では、一九二〇（大正九）年、武蔵野館が新宿通り沿いに開館した。また、一九二九（昭和四）年には、歌舞伎を中心に、新派や新国劇を上演する新歌舞伎座が角筈に開館。一九三一（昭和六）年には、ムーラン・ルージュ新宿座が開館。デパートでは、一九二三（大正十二）年十月、三越が新宿追分に分店を開店した。これは、関東大震災後、食料品などを提供するために東京市内八ヵ所（小石川、青山、新宿、本郷、銀座、牛込、浅草、上野）に開店した店の一つで、三越マーケットと呼ばれた。一九二五（大正十四）年には、新宿東口中西運送店の跡地に新宿分店「三越食料品部」を置いた。五階建ての建物である。こちらは、一九二七（昭和二）年に「二幸商会」となり、一九八〇（昭和五十五）年には「アルタ」となった。現在は、五階にあった「スタジオアルタ」は閉じ、このビル内には、雑貨や日用品を売るショップが軒を並べている。

「二幸」は、食料品専門のデパートとして三越の食料品部が独立したものだが、私の友人の父親が一時社長を務めていた。三越に納める漬物の工場を営んでいて抜擢されたという。二幸という名前は、「海の幸　山の幸」の二つの幸から名付けられたもので、「うまいものはなんでも二幸」というのがキャッチコピーで、〇の中に「幸」と書かれたロゴマークを覚えている。

私は、折々に食料品を買いに立ち寄った。一階に栄寿司というスタンド寿司屋があった。立ち食いの寿司屋で、昼時はサラリーマンが数個つまんで、昼飯代わりにしていたという。栄寿司は、現在チェーン展開をしている寿司屋である。私がよく覚えているのは、飴売り場だ。回転する台の上に種類別に様々な飴が積まれていて、好きな飴を取って、測ってもらい、重さで値段を払う。二、三階はレストランだった。食券を自動販売機で買うのも、当時としては珍しかった。二階が、レストラン「グリル」。一九六五（昭和四十）年頃売り出したカレーが評判だった。現在、「昔ながらの東京・洋食カレー」として二幸のカレーがレトルトで売り出されている。私はカレーより中華丼が好きだった。いろいろな具が入っていて楽しかった。最上階には、当時としては珍しくフルコースを出すレストランがあった。

二幸前は、待ち合わせのメッカで、夕暮れ時は、待ち合わせの人でごった返していた。私も、友人たちとの待ち合わせは、二幸前が多かった。

一九六四（昭和三十九）年五月に新宿ステーションビルが誕生し、地下二階が食品売り場となった。地上階には、書店や食堂が入り、客足がステーションビルに流れ、一九六六（昭和四十一）年、二幸は閉店してしまった。

4．デパートの進出と地元商店街

一九二五（大正十四）年一月、新宿追分の角に呉服店ほていやが開店。

一九二七（昭和二）年、紀伊國屋書店開店。一九二八（昭和三）年、京王電車発着のビル（社屋）に松屋デパートが開店。一九三〇（昭和五）年、新宿三越が、現在ビックロがある所に地上八階、地下三階の新三越を開店した（二〇一三年に閉店）。一九三三（昭和八）年、伊勢丹が、新宿追分の角（現在地）に開店。伊勢丹の創業は古く、一八八六（明治十九）年、神田旅籠町に呉服店として創業したのが始まりである。伊勢丹はアイスケート場を併設して話題を呼んだ。一九三五（昭和十）年、伊勢丹は隣接するほていやを合併。

デパートの進出に町も賑わってゆくのだが、古くから商売をしてきた地元の商店は、危機感を募らせたようである。昭和恐慌といわれた一九二九（昭和四）年から一九三三（昭和八）年にかけて、三越、伊勢丹が開店するのだが、大資本に押しつぶされた横丁や裏道の商店街の店主たちの嘆きを、萩原朔太郎もたまたま入った新宿の居酒屋で耳にしている。侘しくなって、酒も飲まずに店を出たと、随筆評論集『廊下と室房』（第一書房、一九三六年）の中の「悲しい新宿」で書いている。

こういうこともあった。一九三二（昭和七）年、一人の男が脇差と「決意書」を持って、日本橋三越本店に乗り込んだ。「決意書」を広げ、その前で割腹自殺をしたのである。そこには百貨店は、中小商工業者ルンペンの製造所なり、百貨店を許可せざること、百貨店の建築を中止すること。新宿地下街絶対反対などを掲げ、右小売業者の声なり、と書かれていた。男は四谷新花会副会長中村宗郎。男の法要は「新宿商店会連合団体」の主催で太宗寺に於いて行われた。

私は、この話を読んで、現在のチェーンのスーパーやコンビニの進出と、地元の商店街とのことを思っていた。私の住んでいる北新宿周辺でも、新しくスーパーやコンビニができるたびに、古くからあった店が櫛の歯の抜けるようになくなって行く。私が引っ越してきた十六年前から変わらず残っているのは、大久保通り沿いでは喫茶・洋菓子トリアノン、喫茶店ルノアール、和菓子屋三原家、お茶葉を売る店、米屋、豆腐屋、小さな靴屋、洋服の仕立屋。そして、大久保通りから少し入った横丁に酒屋、蕎麦屋、古びた喫茶店などが、ひっそりと店を開いている。

5. 萩原朔太郎と新宿

昭和初期ともなると、新宿にはデパートが進出し、映画館や劇場が立ち並ぶ繁華街となっていくのだが、どこか野暮臭い田舎の町の風情が残っていたのだろう。前出の『廊下と室房』で、萩原朔太郎は書く。

> 新宿を初めて見た時、田圃の中に建設された、一夜作りの大都会を見るような気がした。周囲は真闇の田舎道で、田圃の中に蛙が鳴いている。そんな荒涼とした曠野の中に、五階七階のビルディングがそびえ立って、悲しい田舎の花火のように、赤や青のネオンサインが点って居る。そうして真黒の群衆が、十万とも数知れずに押し合いながら、お玉杓子のように行列して居る。悲しい市街の風景である。（略）
>
> 新宿の数多いビルディングは、何かの張子細工のように見えるし、アスファルトの街路の上を無限に続く肥料車が行列している。歩いている人間まで田舎臭く薄ぎたない。新宿ほどにも人出が多くて、新宿ほど非近代的な所はなかろう（略）

朔太郎の感慨は、あながち見当外れではないだろう。今でも、ごった煮のような街、洗練されない街という印象を持つ。だが、その人間臭さが私は好きだ。

朔太郎は、「悲しい田舎の花火」、「悲しい市街の風景」と書き、この文の最後を「何という悲しい景色だろう。」というフレーズで括っている。その間、「悲しくなった」、「悲しくなって」という言葉が出てくる。「悲しい新宿」という標題だから仕方がないかもしれないが、四百字詰め原稿用紙にして三枚あまりの短文に、「悲しい」が五回も登場するのはどうだろう。新宿の風景があまりにも悲しくて、「悲しい」という形容詞しか思い浮かばなかったのだろうか。田舎も市街も、朔太郎にとって、悲しい場所としか映らないのだろうか。「悲しい田舎の花火」という言葉の他に、「田舎めいた侘びしい旋律」、「田舎臭い百姓歌」、「田舎者の煤ぼけた様子」と、田舎は彼にとって否定的なイメージしかない。

また、五階、七階のビルがそびえ立つ新宿の通りを歩いている「お玉杓子のような」群衆に対する想像力は沸かなかったのだろうか。何とも悲しいエッセイである。朔太郎の文に少し失望したが、田辺茂一のエッセイ『わが町・新宿』によれば、三越裏の天ぷら屋「天兼」で飲んでいる朔太郎に、しばしば出会ったそうである。いつも独りだったという。彼は実のところ新宿を愛していたのかも知れない。

天兼は現在、西新宿一丁目、小田急ハルクビルの一階で営業している。一九〇三（明治三十六）年、初代石鍋兼吉が、四谷伊賀町で、屋台の天ぷら屋を開いたのが始まりで、以来百十余年の歴史を持つ。大正時代に、三越裏に引っ越したが、戦火で店はあとかたもなくなった。ヤミ市で、コロッケを売ることから再出発が始まった。客の後援もあり、一九四九（昭和二十四）年に角筈一丁目に店を構えた。私は、常連というほどではないが、三代目が営む天兼にしばしば足を運んだ。当時、おかみさんが天兼を切り盛りし、ご主人が、支店の「天秀」を任されていた。私には、天秀の方が馴染みが深かった。私が通った酒場、西新宿「みち草」の入っていた松田ビルの隣にあった天秀の天ぷらの折を、みち草の常連客は、ママさんへのみやげにぶら下げてくる。私たちもお相伴に預かった。

久しぶりに天兼に足を運んだ。天秀の方は、ご主人は亡くなり、息子が跡を継いでいる。天兼の方も、おかみさんが店に顔を出すのは水曜日だけ。我々がカウンターに並んだ時、まだ口開けだったので、客は私と連れの二人。おかみさんが変わらずの若さで応対してくれる。みち草の話になった。「お店辞められて、八、九年になるかしら。和子ママはお元気？」と訊く。「ええ、お元気ですけど、すっかり外に出て来なくなって」と答えると、「そうね、私も週一回しかお店に出ないけど、やはり出るのが面倒になるわね」という返事が返って来た。三越裏に店があった頃のことは、「私は直接知らないけど、萩原朔太郎さんや河盛好蔵さん、田辺茂一さんもよくいらしてくださったって父が言っていたわ」という。

自宅から新宿駅への行き帰りに、大久保駅から電車に乗ることもあるが、バスを利用することが多い。その帰りに通るのが、小田急ハルクの前の道だが、天兼と並んで、一九四八（昭和二十三）年創業の「時屋」という、どら焼きが有名な和菓子屋、「ピース」という一九五五（昭和三十）年創業の喫茶店がある。昭和の雰囲気が漂うレトロな一画だ。

第三章　角筈と淀橋

窓の外に屹立する高層ビル群のあたり、今は西新宿・新宿という名称になっているが、一昔前まで、角筈・淀橋といった。高層ビル群を眺めながら、角筈の歴史や淀橋浄水場の歴史を辿ってみようと思ったのは、私の中で、自然の成り行きだった。

一．角筈と女性独立の歴史

1．角筈・地名の由来

角筈という地名は、戦国時代からあったという。北条氏の家臣綾部荘四郎の領地だった。江戸時代には角筈村と呼ばれ、明治維新まで幕府の直轄地で、一部が、旗本・同心・寺の領地だった。

明治時代に淀橋町字角筈となり、昭和には淀橋区角筈一丁目、二丁目、三丁目となり、戦後の一九四七（昭和二十二）年に、新宿区角筈一丁目—三丁目となる。様々な地名の変遷を経て、現在は角筈一丁目、二丁目が歌舞伎町一丁目と新宿に包括され、三丁目が西新宿七丁目に包括されている。地名の由来については諸説あるが、この地を開拓した渡辺与兵衛の髪の束ね方が、角にも矢筈にもみえたことから、与兵衛を「角髪」「矢筈」とあだ名し、これが転じて「角筈」となった、という伝承を、新宿区教育委員会は有力な説としている。角筈村一帯の庄屋だった渡辺家は、紀州から熊野権現を奉戴して、この地に移住したという言い伝えがある。実際渡辺家には、熊野十二社権現に関する文書をはじめ、多くの古文書が残されているという。

2. 日本女子独立学校（精華学園）・櫻井女学校（女子学院）・角筈女子工芸学校

新宿一帯は、江戸時代まで、大名屋敷が多くあった所で、四十三ほどの大名の下屋敷、中屋敷、抱屋敷があった。その跡地は、明治政府が接収した土地以外は、東京府へ移管された。新宿区内の大名屋敷の跡地はさまざまに利用された。信濃高遠藩の内藤駿河守頼寧の中屋敷跡地は、一八七二（明治五）年に農事試験場、その後、新宿植物御苑となり、一九〇六（明治三十九）年には新宿御苑となり、戦後は一般開放された。尾張徳川家の中屋敷、下屋敷は、陸軍経理学校、陸軍士官学校など軍関係の建物が建ち、その他は、前田侯爵、一条侯爵、小笠原子爵、内藤子爵など華族の邸宅や、公園、学校、官吏、資産家などの用地となった。ゴールデン街や歌舞伎町などは、旗本屋敷があった所である。

淀橋浄水場もその一つで、『新宿学』の新宿区内の大名屋敷の配置図を見ると、西新宿では、上野館林藩六万石の大名秋元但馬守志朝の抱屋敷跡地（西新宿二丁目）のあたりが、淀橋浄水場になっている。美濃高須藩（尾張藩支藩）松平摂津守義比の下屋敷の跡地（西新宿一丁目）は、明治から昭和にかけて、専売局工場や女子独立学校（後の精華学園）、女子学院、東京女子大学、東京英語学校（後の日本中学校、現在の日本学園中学校・高等学校）、工学院などの敷地建物となった。松平摂津守の屋敷地は広く、現在の小田急デパートのあたりは、「ツノカミ山」という子供の遊び場があった。松平家の築山の名残という。上屋敷は荒木町にあり、「津の守坂」という地名として残っている。

女子独立学校は、一八八九（明治二十二）年に、クリスチャンだった加藤俊子らによって角筈村に開校された学校で、「精神ありて資金貧しき女子を教へて独立自修の途を立てさす」ことを目的とした。加藤俊子は、一八三九（天保九）年に新潟市で生まれる。夫とは死別し、第一回総選挙で代議士となった長男と上京。女子伝道学校に学んで信仰を深めた。米国の宣教師マリア・ツルーが櫻井女学校に別科・職業婦人学校を開設した時、請われて取締役となった。その後、この学校を独立した学校として経営する決意を固め、女子独立学校として開校した。女子独立学校は、加藤俊子の死去で、内村鑑三が校長になった。校名を角筈女学校と変更したが、経営は思わしくなく休校となった。その後、文部省に勤務する勝田孫弥が経営を引き継ぎ、一九〇二（明治三十五）年に、精華学園女学校としてスタートさせた。妻の馨子《けいこ》は学監として就任。「女性が社会的に独立した人格として存在するように学び育てる」という精神を受け継いだ。一九〇八（明治四十一）年に精華高等女学校と改称し、翌年、廃校になった明治女学校の生徒を受け入れる。一九四一（昭和十六）年、勝田孫弥が亡くなり、馨子が校長に就任した。戦後は、精華学園女子中学校・高等学校となる。一九六九（昭和四十四）年、西新宿の開発に伴い、柏木町に移転。一九七三（昭和四十六）年には、千葉県市原市に移転、東海大学と提携し、一九七五（昭和五十）年、東海精華女子高等学校となる。一九八六（昭和六十一）年、男女共学となり、東海大学付属望洋高等学校、二〇一六（平成二十八）年に、東海大学付属市原望洋高等学校と、名称が目まぐるしく変わった。戦後の精華学園女子中学・高校の名前は私も記憶している。芸能人が多く出た学校だからだ。美空ひばり、吉永小百合、星由里子、中尾ミエ、落合恵子など。現在の地番で西新宿一丁目六番、小田急ハルク斜め前あたりがその跡地である。

角筈村には、女子学院（現在、新宿西口駅前朝日生命ビルが建つあたり）もあった。女子学院は、明治初期に設立された原女学校（前身は築地居留地に建てられたA六番女学校）が、新栄女学校（前身は築地居留地に建てられたB六番女学校）や櫻井女学校と一八九〇（明治二十三）年に合併して創立された。櫻井女学校は、櫻井ちかが麹町に設立した学校だった。一八五五（安政二）年に、東京日本橋で生まれた櫻井ちかは、海軍士官櫻井昭悳と結婚。横浜の共立女学校で学び、キリスト教の洗礼を受けた。一八七六（明治九）年、私財を投じて麹町に、英女学家塾を開設した。一八七九（明治十二）年、小学校・貧学校、幼稚園を併設し、櫻井女学校と改称した。その後、海軍を退職した夫昭悳は牧師となり函館に赴任。ちかもこれに同行することになり、櫻井女学校の校長は矢嶋楫子が引き継いた。一八九〇（明治二十三）年、櫻井女学校との合併で創立された女子学院でも、引き続き矢嶋楫子が校長を務める。一九二〇（大正九）年には、高等科を東京女子大学に統合した。一九四五（昭和二十）年、空襲で焼失し、現在地である千代田区一番町へ移った。中学・高校の一貫教育を目指し、東京大学合格率の高い女子御三家（女子学院、桜蔭、雙葉）の一つといわれる名門校で、卒業生に吉行和子、荒木道子、宮崎恭子などの女優、膳場貴子、馬場典子、徳島えりかなどのアナウンサー、登山家の今井通子、三井財閥令嬢で女子プロゴルファーの草分け的存在の三井栄子がいる。

角筈女子工芸学校は、婦人解放運動、社会主義運動に身を投じた福田英子が創立した学校である。福田英子は、岡山藩の武士の家に、一八六五（慶応元）年に生まれた。十八歳の時、大阪事件に関与して投獄される。大阪事件とは、自由民権運動の中で過激派が朝鮮に政変を起こし、そこから日本国内を改革しようと企てた事件である。

福田英子は、出獄後上京、獄中で親しくなった大井憲太郎と内縁関係になり、一子を儲けるが、「萬朝報」記者の福田友作と結婚し、三人の子供に恵まれる。しかし、夫は病死（一九〇〇年）、夫の書生だった石川三四郎と恋愛関係となった。その間、東京神田錦町に女子実業学校を開校するも、上手くいかなかった。英子がこの地（角筈五十人町

七三八、現・西新宿七丁目二―五、新宿第一富士ビル）へ、夫と子供三人と移り住んだのは、一八九八（明治三十一）年頃のことである。その後、一九〇一（明治三十四）年九月二十三日に角筈女子工芸学校を開校した。夫の死を乗り越えての学校創立である。女子独立学校や女子学院が学問を学ぶ所とすれば、こちらは、豊かでない家庭の女子に生計の道を開くための職業学校だった。小学校を卒業した飴屋や酒屋の子供たちが来ていたという。生徒たちのつくった刺繍、ハンカチなどを、ホテルや横浜の商館に展示した。しかし、資金も乏しく、商品の販路もつかめず、学校経営は困難となり、二年ほどで閉校となった。

3. マリア・ツルーと衛生園・東京女子大学

矢嶋楫子、内村鑑三が校長を務めた女子学院の創立には、アメリカ人女性マリア・ツルーの尽力があった。ツルーは新栄女学校で教鞭を採り、櫻井女学校の運営にも参画していた。

マリア・ツルーは、一八四〇（天保十一）年、ニューヨーク州の信仰深厚い家庭に育った。十九世紀の半ば、奴隷解放運動の影響を受けて、男性と対等に働ける場を求めて宣教師を目指す女性が多くいた。マリアもその一人だった。一八六五（慶応元）年、長老教会の牧師アルバート・ツルーと結婚するが、夫の死後は、女性連合外国伝道協会に入り、中国へ赴任した。一八七四（明治七）年に、横浜の日本婦女英学校（一八七五年に共立女学校となる、現在横浜共立学園中学校・高等学校）に着任、その教え子には、角筈に衛生園を経営した岡見京子がいた。ツルーは二度の帰国後、一八九二（明治二十五）年に再来日し、翌九三年末、かねて取得していた角筈の五百坪の敷地に、建坪百五十坪の衛生園を完成させた。アメリカ・フィラデルフィアの大富豪モリスの資金援助があったという。衛生園は、女性の病前病後の休養のための施設であった。一階に教室、診療所、薬局、食堂、サンルーム、二階に十三の個室を持つ洋館である。しかし、内務省の認可は下りなかった。一八九六（明治二十九）年、ツルーは衛生園で亡くなり、青山墓地に葬られた。享年五十五。多くの人たちに見送られての旅立ちだった。ツルーが亡くなった一年後、後を継いだ医師岡見京子の努力で、衛生園は赤坂病院分院として認可が下りた。赤坂病院は、キリスト教徒のホイットニー院長が経営していた病院だった。一八九八（明治三十一）年、岡見京子は、衛生園に看護婦養成所を創設。矯風会慈愛館で暮らす女性たちも入学してきたが、女性の地位の低かった当時には、十分な理解を得られず、一九〇六（明治三十九）年に閉鎖された。

その跡地に、一九一八（大正七）年、専門学校令に基づき、新渡戸稲造が初代校長となった東京女子大学が開校された。この年に東洋英和女学校高等科を合併、翌年には前述したように、女子学院高等科を合併した。一九二四（大正十三）年、東京女子大学は、豊多摩郡井荻村（現・杉並区善福寺）へ移った。

4. 日本中学（日本学園中学・高校）と工学院（工学院大学）

女子校ではないが、一九一六（大正五）年、麹町にあった日本中学校が、松平家から用地を買い取り移転してきた。現在の西新宿一丁目あたり。日本中学校（現・日本学園中学校・高等学校）は、一八八五（明治十八）年、神田に設立された東京英語学校が前身である。東京大学予備門の進学予備校で、多くの人材を輩出した学校である。政治家では吉田茂、加藤勘十、陸軍大将の荒木貞夫、画家の横山大観、文士では佐佐木信綱、吉井勇、評論家の長谷川如是閑、岩波書店の創始者岩波茂雄、漫画家の岡部冬彦、コメディアンの荒井注（元ドリフターズ）など、枚挙に暇がない。日本中学校は、一九三六（昭和十一）年、世田谷松原に移った。

現在西新宿一丁目にある工学院大学は、一八八八（明治二十一）年に、東京帝国大学初代総長渡辺洪基によって、築地に工手学校として創立された。関東大震災で被災し新宿に移り、日本中学校に間借りして授業を続けたが、日本中学が世田谷に移った後は、その校舎をそのまま使用し、新宿を本拠として今に至っている。

一九四五（昭和二十）年五月の空襲で、女子学院の建物など、殆どが焼失した。精華学園の焼けた校舎のみが、茫々たる焼け野原に建っていた。

これらの、女性のための学校や施設があったあたり、現在は、西口広場、新宿エルタワー、モード学園、新宿明治安田生命ビル、郵便局などになっている。所用や会合でよく訪れる場所だが、高層ビルと電器製品や薬の量販店が建ち並ぶ繁華な佇まいに、女性たちの苦闘の歴史を忍ばせるものは何もない。せめて、記念碑でもと思う。

但馬豊岡藩の京極飛騨守高厚の屋敷跡地（西新宿二丁目）は、新宿中央公園となり、越前鯖江藩の間部下総守詮勝の屋敷跡地（西新宿一丁目）は京王新宿駅と道路、尾張犬山藩の成瀬隼人正正住《なるせはやとのしょうまさずみ》の下屋敷跡地（西新宿一丁目）は、現在、新宿駅東口、東口広場となっている。大勢の若者の待ち合わせ場所となっている東口には、新宿ライオンズクラブが寄贈したライオン像。黄金色に塗られているが、鼻のあたりが黒ずんで、少し草臥れているようだ。また、馬水槽が、東口の広場、駅から出て右側にあり、その側の花壇の中に西條八十の詩碑が建っている。馬水槽は、東京上水道建設に尽力した中島鋭治博士が、一九〇一（明治三十四）年、欧米諸国の上水道を視察した際に、ロンドン水槽協会から贈られたもの。有楽町の東京市庁舎の前にあったものを、一九六四（昭和三十九）年、新宿民衆駅完成を記念して現在地に移設したもので、現在では世界に三つしかない貴重なものである。馬が飲む水はライオンの口から出ていて、下に犬や猫の飲み口があり、裏には人間用の飲み口が造られている。やはり、馬は大切な動力だったのだ。赤大理石で出来た豪華なものだが、足を留める人は殆どいない。見慣れているのか、関心がないのか。西條八十の詩碑は、空に向かうオブジェの下にあり、「むさし野なりしこの里の　昔のすがた

偲ばせて　小畦の花のむれと咲く　ビルのネオンの赤き花」という詩が刻まれている。西條八十は新宿牛込生まれ、柏木（北新宿）に長年住んだ。こちらも、雑踏の中、足を留める人は、殆どいない。

二．淀橋と淀橋浄水場

1．淀橋・地名の由来

淀橋という地名の由来には諸説がある。成子村（現・北新宿）と中野村（現・中野区）の間を流れる神田川に架かる橋を餘戸、あるいは四所橋と呼びこれから転じたもの。三代将軍家光が橋の袂で休んでいた折、川が淀んでいたことからつけられたもの。八代将軍吉宗が、山城国（現・京都）淀の景色に似ていると言ったことからつけたもの。

『江戸名所図会』（淀橋）には、神田上水が描かれ、その上流に淀橋水車が描かれている。神田川も、淀橋も住まいのすぐ近くである。今、水車はあるはずもないが、『江戸名所図会』に触発されて書く手を止めた。神田川の川辺を歩くことにした。

外に出ると、空は厚い雲に覆われているが、まだ雨は落ちていない。大久保通りを下ると、神田川にかかる末広橋。橋を渡ると中野区である。新宿区側の神田川沿いを税務署通りの方へ歩く。川岸に桜並木が続く。花の季節には、花見を楽しんだが、今はみっしりとした葉陰が、空を覆いつくすほどだ。ゆっくりと、そして確実に季節は移って行く。せせらぎの音が、時に高く時に低く耳に届く。瀬音は、ここが、都会の真ん中であることを、一瞬忘れさせる。末広橋、伏見橋、栄橋、淀橋。淀橋まで、七、八分の道程だろうか。橋の標柱に書かれたひらがなの表記は、〝ばし〟ではなく、みな〝はし〟である。玉川上水を造った大久保主水忠行の「主水」を、〝モント〟と読ませたように、川の水が濁ってはいけないという理由からだろう。淀橋と書かれた石柱の上に二重丸のしるし。かつて、このあたりにあった水車を表しているという。淀橋の袂に、淀橋の説明板が立っている。淀橋という名前の由来について諸説を前述したが、この説明板は、そのどれとも違っている。

淀橋の由来

淀橋の名は、江戸三代将軍家光が名付けたといわれます。昔は、「姿見ずの橋」とか「いとま乞いの橋」といわれていたとい、ます。このあたりで、中野長者といわれた鈴木九郎が、自分の財産を地中に隠す際他人に知られることを恐れ、手伝った人を殺して神田川になげこみました。九郎が橋を渡るときには見えた人が橋を帰るときには姿が見えなかったことからその名がついたといわれます。江戸時代はじめ鷹狩の為、この地を訪れた将軍家光は、「よくないはなしだ、景色が淀川を思い出させるので淀橋と改めるよう」と命じ、これ以降、その名が定まったそうです。

どこかが同じで、どこか違う言い伝え。さまざまなバージョンがあるのだろう。

2.淀橋浄水場と田山花袋『時は過ぎゆく』

淀橋町には、淀橋浄水場があった。その側を、何回か通った思い出はあるのだが、なぜそこに行ったのか、浄水場のまわりが、どんなふうになっていたのか、記憶はあいまいだ。ただ、石垣の上に土手があり、その向こうの異界、異空間に怖れに似た感情を持ったことは覚えている。何かが隠されている秘密の空間、入ってはいけない場所。その微かだが、点のように心に残った記憶。淀橋浄水場という五文字は、特別な意味が付加されて私の心に沈殿している。しかし、地元の子供たちにとっては、格好の遊び場だったようだ。数人で徒党を組んで忍び込み、浄水池で水遊びをしたという。職員に見つかり、大目玉をくらうのだが、懲りもせず翌日にまた侵入する。

もう一つ、浄水場との関わりは、両親が、戦前に関わった全日本無産者芸術連盟（通称ナップ）の本部が、淀橋浄水場の土手の側にあったことである。そこで、様々な議論が交わされたことだろう。若き日の父や母を駆り立てた夢がそこにあったのだと、少し感傷的な気分になる。

淀橋浄水場の建設予定地であった館林藩秋元家の屋敷跡地の総面積は、約八万九千平米（約二万七千坪）。浄水場総面積は、約三四万平米だから、周辺の農地や屋敷地も買収して造られたのである。秋元家の屋敷地は、明治になって、秋元家の元藩士岡谷繁実の屋敷になっていった。屋敷地は、甲州街道に面した表門から北に、しゃもじの形をした土地だった。その土地は一部を残して、浄水場用地として売り払われた。淀橋浄水場の建設と並行して、道路整備も進み、日清・日露戦争後は宅地化が進み、家が建てられていった。農家は、地代で生活する地主へと転換していった。また、景勝地十二社池は、明治になると、東京有数の花街となった。最盛期の昭和十年代には、料亭・茶屋が六十軒あったといわれる。

時々、新宿中央公園を散策し、正月には熊野神社（一四〇三年創建）に初詣に参る。そのついでに十二社の淀んだ小さな池のあたりを歩くが、池が埋め立てられて衰退の一途を辿ったという花街の風情が、狭い道路や木造家屋に残っている。熊野神社の氏子は、旧角筈村区域の人々。現在は、西新宿・東新宿の一部・歌舞伎町。これに対し、新宿三丁目の交差点あたりから東北方向の内藤新宿町が花園神社（一六四八年創建）の氏子である。

西新宿と淀橋浄水場を題材として、祖先が代々館林秋元藩の藩士であった自然主義の作家田山花袋は、『時は過ぎゆく』という短編小説を書いた。花袋は内藤町に住み、古文書を筆写するために、角筈村にある旧秋元家抱屋敷に通っていた。『時は過ぎゆく』では、主人公良太が花袋の分身。一部を紹介すると、良太は主家の淀橋にある下屋敷が、明治になって住む人もなく荒れ放題になっているのを、整備して管理する役目を仰せつかり、妻とともに主家の藩のあった田舎から移り住む。

邸の前の街道は、江戸の四街道の一つで、交通上も最も往來の頻繁な道路であつたが、都會の外れの宿場からもうかれ是一里近くも隔つてゐるので、人家なども疎らに、畠や林や草藪がその間を縫ふやうにして雜つてゐた。其處等に住んでゐる百姓達は、何百年も祖先傳來つづいて土着してゐるやうな人達ばかりで、都會の市場に持出す野菜だの、甘藷《いも》だのを作つていて、それでその日その日の生計を立ててゐた。

しかし、この土地にも、時代の風は吹く。雨が降ると泥濘の海と化し、歩くのも容易でなかった街道は、修繕されて歩きやすくなった。疎らだった人家も、ぎっしりと軒から軒へと続くようになった。そして、良太が住んでいる主家の下屋敷あたりに、水溜め（浄水場）が作られることになった。妻のおかねとその話になった。

「本當かしら?」

「本當らしいな…。まだきまつた譯でもないらしが、兎に角、この裏あたりに大きな水溜《みずたまり》が出来るらしいな。」（略）

地所の賈買が濟むと、時を移さず、淨水池の大工事が始められた。初めは畠の茶の樹や、野菜物や、樹木や、竹藪や、さういふものの取片附けの爲に、良太は忙しい月日を送つたが、それが略〻《ほぼ》濟むと、市廳からは、市長や助役や技師や屬員が澤山にやつて來て、先づ最初に、空地のところどころに土木の小屋掛けをした。

種々なものの取片附をしたあとの廣い地面は、荒漠としてさびしいものであつた。良太の整理した六萬餘坪、それにその他の農家の持つてゐる十萬餘坪、それが唯一目に見渡されて、其間に通じてゐる道路を人々の通つて行つてゐるのが小さく手に取るやうに見えた。廣い地平線の上には、秋の色ある雲がふうはりと浮んだ。（略）

良太と、良太にここの管理を勧めた勤王家の旦那は、残った土地に住む。良太の所に、浄水場建設にまつわる、いろいろな噂が流れて来る。

平凡なさびしい場末町は、俄かに巴渦《うづ》を巻いたやうな賑やかさと活氣とを見せて來てゐた。それは丁度淀んだ静かな淵に急に石を放り込んだやうなものであつた。今まで聞いたことのない噂がそれからそれへと傳つて行つた。あるだるまを二人の土方で張り合つて、一人の土方が一人を死ぬほどなぐつたといふ噂をするものもあれば、通りの裏の貧乏者の娘をある土方が盗み出して、向うの裏の方に隠して置いたなどと話してきかせるものもあつた。ある監督は、ある家の女房と出來て、亭主の眼を忍んで、夜遅く小屋の中で媾曳《あひびき》した。（略）

垣の傍にある奥の裏門から、一番近いところにある小屋掛の中には、新しいパナマ帽を冠つた技師だのリンネルの白い洋服を着た技手などが五六人常に出入した。さういふ人達は、請負の土方の親分の更に上に立つてゐるやうな人で、其處にはテイブルが置いてあつたり、測量機械が置いてあつたり、インキ壺に並んで設計圖がひろげてあつたりした。暑い夏は既に來てゐた。工事まだ三分の一も終らないけれども、それでも元の林であり畠であり茶畠であつたさまは、もうすつかり跡も形もなくなつて了つて、驚くべき大工事の光景《ありさま》が歴々《ありあり》とその前に展げられてゐた。赤い白いしるしの旗などが處々に立つて、掘り上げた土は、山をなして到るところに積まれた。夏の日がジリ〳〵と堪へ難く木蔭のない小屋掛けの上に照つた。（略）

田山花袋の小説は、当時の浄水場建設の様子を活写していて、大変興味深い。ここで、明治政府が淀橋浄水場を造成するにいたった経緯については、順次公文書的に簡潔に記す。

3. 玉川上水

江戸時代には、六つの主要な上水道があった。神田上水、玉川上水、本所上水（亀有上水）、青山上水、三田上水（三田用水）、千川上水である。

一五九〇（天正十八）年、徳川家康は江戸入りをするのだが、その頃の江戸の海岸線は今より遥かに西にあり、日本橋、新橋、日比谷、田町あたりだった。江戸城は、北条氏の家臣江戸衆遠山氏の城だった所で、みすぼらしい城だったという。家康は、江戸城の修理、造築を行い、それと同時に、城下、東南側の湿地の埋め立ても行った。これが、今の日本橋、京橋、銀座などである。この埋め立て工事では、各大名に千石につき一人の割合で人夫を出させ、工事に当たらせた。尾張町（銀座五―六丁目）、加賀町（銀座西七丁目）などの地名は、この時の諸藩の分担地域から来ている。

しかし、埋め立て地は、井戸を掘っても海水が混じり、良質な水が得られなかった。そこで、大久保藤五郎忠行に命じて、上水道を造らせた。小石川目白台下の河川を神田方面に通したのが小石川上水で、これが後に神田上水となった。大久保忠行は、その功績によって、家康から、主水という名前を賜った。モンドと濁らずモントと読むことを命じられた。上水が濁ってはいけないという配慮からだった。竣工の年次については諸説があって定かではないが、寛永年間（一六二九年頃）に完成したのではないかという。六つの上水道のうち、江戸全期を通して使用されたのが、神田上水と玉川上水である。

神田上水は、井の頭池を水源として、下流に向かって行く途中で善福寺池を水源とする善福寺川、妙正寺池を水源とする妙正寺川と合流し、淀橋で、玉川上水からの助水を受けて、目白下大洗堰（関口大洗堰）に達し、そこから江戸市中に給水した。玉川上水のように掘削したものではなく、自然河川を上水に利用したものである。

玉川上水の方は、多摩の羽村から四谷まで、全長四十三キロメートル。羽村取水堰で、多摩川から取水し、武蔵野台地を東に流れ、四谷大木戸に敷設された水番所を経て、江戸市中へ分配された。

庄右衛門、清右衛門兄弟に工事実施の命が下ったのが、一六五三（承応二）年一月で、同年十一月には、完成したという。兄弟は、その功によって、玉川の姓を賜った。

両上水とも、水量と水質の管理は厳重に行われた。高札には、「水浴びをしてはならない、魚鳥を採ってはならない、塵芥を捨ててはならない、物を洗ってはならない」などの禁止事項が掲げられた。また、各番所に番人を置いて、毎日、水量と水質の検査を行った。

この上水道は、江戸城はもちろんのこと、武家屋敷、寺社には給水されたが、町屋の生活用水として使用することは考えられていなかった。街路には水道は引いたが、幕府としては、防火用水として引いたのであって、町屋での使用を認めたのではなかったという。しかし、自家まで引いて使用している図が、東京都水道歴史博物館に展示されていたから、実際には、町屋でも使用されていたのだろう。

4. 淀橋浄水場の完成と移転

玉川上水と神田上水による給水は明治期に入っても続いた。江戸時代にも、上水を支配する役職は、道奉行、普請奉行、作業奉行と変わっていくが、管理はきちんと行われていた。明治期になって、管理は国の市政裁判所から東京府、また国の民部省土木司、大蔵省、工部省へと移り、その後東京府と、二転三転した。施策も安定せず、玉川上水に船を通すことまで行われた。水は汚れ、生活汚水や塵芥、糞尿が流入したりした。玉川上水は、自殺の名所となり、水死体も流れているという有様だった。玉川、神田上水や、上水井戸の水質改善は、新政府の急務となった。一八七六（明治九）年、政府は東京府に水道改正委員を設置させた。一八八六（明治十九）年、東京ではコレラが大流行。新聞は、上水改良と下水網の整備を訴えた。一八九〇（明治二十三）年、市区改正委員会から提出された「東京水道改良設計書」は、政府の許可を得た。しかし、巨額の費用を要する浄水場建設に、反対する市民が多くあった。新しい水道技術に対する不信もあって、中止論は根強かった。各区有志の中止建議の署名は、一万八四二九名に及ぶ。一八九一（明治二十四）年、紆余曲折の末、東京府庁内に、水道改良事務所が設置され、浄水工場を設置する場所は、淀橋町と決まった。土地買収は難航するものの、買収完了前の一八九二（明治二十五）年十二月には、新水路工事が着工された。その後も不祥事が続いた。不合格とされた鉄管を納入した不正事件、また、外国製鉄管の納入を主張する渋沢栄一総代表が、兜橋で暴漢に襲撃されるという事件もおきた。鉄管納入不正事件は、「鉄管に不正は漏れて水道に、汚名流せし人もありけり」と揶揄された。

一八九八（明治三十一）年十二月一日、淀橋浄水場は竣工。しかし、井戸水が豊富だった山手の住民にとっては水はタダだったために、料金を支払っての水道加入には抵抗があった。浄水場の中に資料館や公園を造り、水道の安全性や仕組みをPRし、徐々に水道加入は増えていった。浄水場入口の並木道の写真（『新宿の百年』）を見るとまるで公園のように整えられている。水道事業への並々ならぬ意気込みが感じられる。

しかし、東京市外豊多摩郡淀橋町に造られた淀橋浄水場の給水は、東京市内であって、地元の淀橋町への給水はなかった。地元の陳情もあって、一九二七（昭和二）年、竣工から三十年近く経って、やっと淀橋町全域へ水が行き渡った。

一九二一（大正十）年十二月八日に発生した地震によって、和田堀から淀橋浄水場まで送水するための新水路の一部が決壊、東京市全市にわたって断水が続いた。新水路の決壊によって、付近一帯は、洪水に見舞われた。さらに、一九二三（大正十二）年九月一日の関東大震災で、堤が崩壊、一部は決壊、全水路に亀裂が生じた。淀橋浄水場に原水を送る新水路は、その機能を失い、平常の状態に戻るには三か月以上を要した。このため、導水路を暗渠にする計画が進められ、導水管埋設工事が竣工、通水したのは、一九三七（昭和十二）年のことである。

この工事で、従来の水路は必要でなくなり、盛り土を除去し、道路として使用することになった。現在の都庁（第二本庁舎）の南側から中野、杉並方面（和泉給水所）へ向かう道路は、そのように水路の跡地に造られたので、水道道路と呼ばれた。正式には、東京都道四三一号角筈和泉町線という名称である。和泉給水所が、旧玉川上水と新水路の分岐点となった。

水道道路と呼ばれる道路は、あちこちにある。杉並区宮前四丁目に私の通った高校がある。その前の道が水道道路と呼ばれていた。私が通っていた頃は、校舎の前に原っぱが広がり、シロツメクサの花が一面に咲いていた。付近には田畑や養鶏所があり、授業中にその臭気が漂ってきた。私は劣等生だったので、学校の授業は面白くなく、早引けして遊びに行ったこともあった。水道道路を渡り、北へ向かうと中央線西荻窪駅である。そこから、新宿へ映画を見に行くか、吉祥寺の井の頭公園へボートを漕ぎに行く。ともかく、勉強をしたという記憶はあまりない。淀橋浄水場から繋がる水道道路は、私の苦い青春を思い出させたが、もともとは、村山貯水池の原水を境浄水場から和田堀給水所まで送る水路があったことから名付けられた。水路は一九二四（大正十三）年に造られたが、埋め立てられて道路となったのだった。今は井の頭通りという名称である。

淀橋浄水場の移転の要望が地元民によって出されたのは、大正末期頃からだった。東口は私鉄線の開駅もあり、繁華街として発展しているのに比べ、浄水場と専売局の工場、それに学校と民家があるだけの西口の発展は望めなかった。一九三二（昭和七）年、東京市議会に東京市第二水道拡張計画案が提出された。淀橋浄水場を東村山市へ移転させ、土地の売却で得た収入を、浄水場を造る時の費用として発行した市債の償還費に充てるというものだった。しかし、太平洋戦争の戦局の悪化で、移転は戦後に持ち越された。

戦後の一九六〇（昭和三十五）年に移転先の東村山市で東村山浄水場が竣工、通水した後は、段階的に廃止へ向けての作業が始まり、一九六五（昭和四十）年三月三十一日、淀橋浄水場は廃止となった。

その跡地には、新宿副都心計画の第一号として、一九七一（昭和四十六）年、京王プラザホテルが建った。京王プラザホテルに次いで一九七四（昭和四十九）年には新宿住友ビル（通称三角ビル）が竣工した。その敷地の北西角に、淀橋浄水場のモニュメントとして、浄水場で使用された止水バルブの蝶型弁が置かれている。側の壁面には「東京水道発祥の地」のプレートがはめ込まれている。

第四章　関東大震災から昭和　戦前戦後の新宿

新宿では明治末から大正時代前半期にかけて、日本の近代化を実質的に推し進める中間層が次第にその顧客層となりつつあった。この層は、郊外に家を構えて都心に通勤するタイプである。

（新宿大通商店街振興会「新宿大通りの歴史」第三章）

この中間層は、都心に通勤するホワイトカラーのサラリーマンが多数を占めた。このように、新宿駅は、国鉄（現・ＪＲ）や京王線、小田急線、西武新宿線などの沿線の人々の利用するターミナル駅として発展し、デパート、映画館や喫茶店、バーなどが開業して、盛り場として賑わいを見せた。

前述したように、現在のＪＲ中央線の前身は甲武鉄道で、一八八九（明治二十二）年四月に新宿―立川間、八月に立川―八王子間が開通している。一九〇四（明治三十七）年には御茶ノ水まで線路が延び、一九〇六（明治三十九）年に国有化された。京王線が開業したのが、一九一三（大正二）年、駅は新宿追分（新宿三丁目）にあった。西口に起点を移したのは一九四五（昭和二十）年七月のことである。京王線が細切れのように路線を延ばしていったのに対し、小田急線は、一九二七（昭和二）年四月一日に、小田原まで、一挙に路線を開通させた。西武新宿線の前身は川越鉄道。東村山駅から現在の高田馬場駅まで開通したのが一九二八（昭和三）年、新宿駅まで開通したのが一九五二（昭和二十七）年三月。名称はいろいろ変わったが、この時に西武新宿線と改称された。丸ノ内線が霞ヶ関から新宿まで開通したのが一九五九（昭和三十四）年。

一・関東大震災前後の新宿

1. 父上野壮夫上京

一九二二（大正十二）年、私の父上野壮夫は、中学（旧制）四年の秋、茨城県筑波山の麓の作岡村という小さな村から文学を志して上京。当時流行りのダダイズム、アナーキズムの芸術運動に憧れていた。

当初、下宿したのは、王子にある姉の嫁ぎ先。花火工場を経営していた。しかし、そこもすぐに出奔し、村山知義や壺井繁治などが住んでいる淀橋区上落合に移る。そして、ダダイズム、アナーキズムの詩人たちとの交流を持つ。彼らが集まる場所の主な場所は白山上の南天堂。東中野や上落合にもたまり場があった。東中野駅近くのバー「ユーカリ」、吉行エイスケと妻あぐりが経営するバー「あざみ」や純喫茶「異人館」、また中井駅近くには前述したバー「ワゴン」。文字通り、四、五人も入ればいっぱいになった。林芙美子は、「落合町山川記」の中で、「駅（中井駅）の前は、廣々としてゐて、白い自働電話があり、自働電話の前には、前大詩人の奥さんであつた人が、ワゴンと云ふ小さなカフェーを開いてゐる」と書く。常連には、檀一雄、草野心平、萩原恭次郎、岡本潤、壺井繁治、辻潤、片岡鉄平、林芙美子、平林たい子などがいた。また、東中野には、フレンチレストラン「モナミ」があった。銀座七丁目に一九二七（昭和二）年開店した「モナミ」本店の支店として、新宿店とともに開業されたものである。東中野のモナミの開業年は定かではないが、帝国ホテルを設計したフランク・ロイド・ライトの設計によるという。東中野駅西口北側にあった。金持ちの豪邸をレストランに改装したもので、大正モダンの雰囲気が漂う瀟洒な建物だった。戦前、このあたりに住む貧しい文士たちには縁がなかったのか、彼らの書いたものには、あまり登場してこない。下落合に住む軍人やブルジョア階級が利用していたのだろう。戦後になって、岡本太郎らによって表舞台に登場し始める。「モナミ」は、太郎の母岡本かの子の知り合いが経営していたという。一九四七（昭和二十二）年、岡本太郎、花田清輝らが、アヴァンギャルド芸術を提唱して結成した「夜の会」（後に世紀の会）は、その会合に東中野モナミを利用した。安く利用できる喫茶部もあり、終日利用することもあった。「夜の会」の公開討論会もあり、椎名麟三、埴谷雄高、梅崎春生、野間宏、安部公房なども参加した。その他、作家たちの出版記念会や芥川賞受賞記念会などが開かれた。父と日本プロレタリア作家同盟の盟友だった平林彪吾の子息松元眞氏が、一九五五（昭和三十）年、結婚式を挙げたのもモナミだった。父や母はもちろん、高見順、新田潤など、かつての同人誌「人民文庫」の仲間たちが出席した。私たち姉妹が兄とも思った松元氏は、二〇一四（平成二十六）年三月一日に亡くなった。また、酒場「みち草」十五周年の会も、一九六三（昭和三十八）年四月十八日に、モナミで開かれている。モナミが閉店したのは、このすぐ後の頃だろう。時代は下るが、新宿歌舞伎町に、モナミという店名の派手なネオンのパチンコ屋があった。経営者は、全くちがうのだろうが。

2. 関東大震災と人心の動揺

父上野壮夫が、上京して一年後の一九二三（大正十二）年九月一日、関東大震災発生。激しい揺れに、中央気象台の地震計の針は全部飛んだ。家屋の倒壊もひどかったが、火災による被害は目を覆うものがあった。神田、日本橋、京橋、浅草、本所、深川の下町一帯では、各所から火の手があがった。折からの強い南風で、瞬く間に延焼し、多くの死傷者を出した。新宿地域は、旭町の豆腐屋から出火し、町内の一部を焼き、多摩川上水を越えて、新宿二丁目、三丁目まで燃えた。新宿駅周辺の薪炭屋も燃えた。建物の倒壊は、四谷（当時四谷区）、牛込地区（当時牛込区）などに被害が出た。四谷は、江戸以前、「潮踏の里」と呼ばれていた。海水がこのあたりまで来ていたことから名付けられたという。江戸時代には、「潮踏の道」とも呼ばれた。武蔵野いちめんに生い茂る尾花が、秋の朝露を受けて風で波立つさまが、あたかも潮が満ちて来る海原のようであったからその名が付けられたといわれる。四谷という地名の由来については、千日谷、茗荷谷、千駄ヶ谷、大上谷という四つの谷が集まった所だから、四谷と呼ばれたという説や、現在の四谷四丁目交差点付近は、左右とも谷で、一筋の道に旅人の休む茶屋が四軒あった所から四谷と呼ばれたという説など、諸説ある。谷があった所から想像するに、地盤が弱かったのだろう。牛込地区も被害が大きかった。牛込改代町、牛込揚場町、牛込東五軒町など。牛込地名は、昔、この一帯に多くの牛が放牧されたことから、この地名が付けられたという。「込」には、多く集まるという意味がある。

四谷・牛込地区に比べ、新宿の西の地区、豊多摩郡の市町村は被害が少なかった。武蔵野台地の強固な地盤に守られた。そして、大きな被害が出た下町や中心部から移って来た人々によって、新宿やそれに続く西郊は、住宅地として開けてゆくのである。

関東大震災は、人心にも大きな影響を与える。地震と猛火に脅かされ、食料不足、水不足など、飢えと不安の中、「社会主義者や朝鮮人が放火した」「朝鮮人が井戸へ毒を入れた」などという流言蜚語があっという間に人々の間に広まった。「朝鮮人は隊を組み暴動を起こそうとしている」「社会主義者やソ連が裏で糸を引いている」などなど。冷静に考えれば、通信網も途絶えた震災の混乱の中、朝鮮の人や社会主義者だけが、連絡を取り合うことなど不可能に近い。このようなデマの中、多くの朝鮮人が暴行を受け、殺された。新宿では、国粋会に属する地元の顔役たちが、日本刀や仕込み杖で、朝鮮人を追いかけまわした。血を滴らせながら連れて行かれる男もいた。厳戒令が敷かれ、軍隊が出動し、玉川上水に架かった橋などを通行止めにして、銃剣で通行人を検問した。いつの時代でも、災害時や非常時には、こういうことが起こり得ると思うと、人間の性《さが》に暗たんたる気持ちを抱く。

淀橋町柏木や百人町（柏木三四二、柏木三〇八、百人町二一二）に住んだ大杉栄は、伊藤野枝と六歳になる甥とともに連行され、憲兵大尉甘粕正彦によって殺害された。大杉栄の旧居は、私の今住んでいる所に近い。また、一九四四（昭和十九）年に俳優座を創設した千田是也（本名伊藤圀夫）も朝鮮人に間違われ、千駄ヶ谷で自警団につかまり、暴行を受けた。後に「千駄ヶ谷のコリアン」をもじって俳優名を千田是也とした。父の戦前、戦後を通しての友人だった。私の姉も、その縁で、高校を卒業すると、俳優座養成所のオーディションを受けた。審査員は、東山千栄子、三島雅夫など錚々たる人たち。千田是也はあいにく地方巡業でその場にいなかった。受験生には、冨士眞奈美、加藤剛など。洗練された美女美男たち。おじけづいた姉は、せりふもろくに言えずに見事に落ちた。受かっていたら、私は大女優の妹になっていたかもしれない。姉は、晩年になって、友人たちと素人の劇団を立ち上げ、若い頃の夢を追っている。

その頃、ダダイズム、アナーキズム、マルキシズムの間をうろうろしていた私の父も、あやうく殺されそうになった。左翼の若者の間で流行った長髪と、袖口に刺繍のあるルパシカ風のシャツに目をつけられた。

父は震災が発生した直後、長姉の嫁ぎ先である王子の家に向かっていた。安否を気遣ってのことである。途中、手に竹槍を持った二十人くらいの男たちに突然取り囲まれた。彼らは自警団と称した。「貴様、その恰好はなんだ。朝鮮人だな」と言ってつめよる。弁明してその場を逃れようとしたが、執拗に後をつけてくる。姉の家に逃げ込んだものの、男たちは家を取り囲み、「朝鮮人を出せ」と口々に叫び、戸を叩いてきた。姉が出て行って、あの男は間違いなく私の弟だと説明し、男たちはやっと引き上げたという。

面構へは—。
坂井徳三に言はせると牛！
藤枝丈夫に言はせるとメリケン・ジャップ二世。
村山籌子さんの評価によれば「アジアの嵐」に出て来るティムエル
どちらにしても日本人ではない
だから震災の時にころされはぐったのも
故なきにもあらず、です。

その時のことを叙した父の詩である。（書誌事項不明）

3．詩人たちと喫茶店ドム

関東大震災で父は東京での生活が成り立たなくなり、一時郷里へ帰った。一九二四（大正十三）年三月、再び上京、旧制早稲田高等学院文科へ入学。ロシア語・ロシア文学を学んだ。高田馬場には、ドムという喫茶店があり、文科の学生のたまり場だった。ドムは、ロシア語のドム（ДОМ・家）からその名前を採った。ガラス張りで天井の高い、ハイカラな喫茶店だった。佐伯孝夫、三好十郎、秋田雨雀、宮津博などが常連だった。みな、文学への志を持つ、夢多き青年たちだった。詩の展覧会と称して、自分の書いた詩を持ち寄り、ドムの壁に貼り付けて、お互いに批評しあう。父は、いつも高い評価を得た。ある日、三好十郎に声をかけられる。「おい、上野、一緒に詩の雑誌をやらないか」。三好は早稲田で英文学を学んでいた。後に、劇作家として名を成す。佐伯孝夫は仏文出身、後に、流行歌の作詞を手掛け、数々のヒット曲を生み出す。「有楽町で逢いましょう」「東京ナイト・クラブ」「潮来笠」「いつでも夢を」など。後に劇作家、演出家となる宮津博もドムにはよく顔をだしていた。「文学青年のたまり場でね、秋田雨雀にも、ここで会った」という。日本児童文学者協会の会長を務めた秋田雨雀は、父や宮津博よりはかなり年配だが、宮津にとってまばゆい先輩だった。私は晩年の宮津氏と、西新宿にあった酒場「みち草」で知り合った。父の名前も顔も知っていたが、深い交流はなかったという。

宮津博は、一九二八（昭和三）年の東京童話劇協会（後の劇団東童）創設に加わり、後、主宰する。『ピーターパン』『風の又三郎』『青い鳥』などを劇化し上演した。東童出身の俳優には、淡島千景や旺なつき、声優の納谷悟朗などがいた。納谷悟朗は、『ルパン三世』の銭形警部の声、『戦艦ヤマト』の沖田十三艦長や、洋画では、チャールトン・ヘストンやロバート・テイラーなど、有名男優の吹き替えをした。声優と言われるのを嫌い、声優も俳優であるという自負を持っていた。弟の納谷六朗も俳優、声優、演出家。私の高校の先輩でもある。宮津博は、一九三五（昭和十）年、草野心平、中原中也、逸見猶吉、岡崎清一郎、尾形亀之助、高橋新吉、菱山修三、土方定一が創刊した詩誌「歴程」の同人でもあった。

みち草で初めて会った時、「上野壮夫の娘か」としみじみとした面持ちで、私の顔に視線を当てていたのが印象的だった。その時に、自らも関わったプロレタリア芸術運動に触れ、「それは、大きな時代の流れでした。文学とは何か、芸術とは何かと立ち止まったり、逡巡したりする暇のないほど激しい流れでした。左右分裂の危機に見舞われない芸術団体、学術団体はないといっても過言ではなかった時代です」と言われた言葉が今も心に残る。社会主義思想が色褪せた今から見れば、様々な批判や解釈があるプロレタリア芸術運動だろうが、一九一七（大正六）年のロシア革命、一九一八（大正七）年の第一次世界大戦終結後の階級格差の増大など、当時の時代背景や流れを抜きにしては語れないだろう。

宮津氏は、あちこちと飲む場所をかえる梯子酒をする人で、時々お相伴した。みち草と同じビルにあった「鬼の棲家」、「火の子」、ゴールデン街にある「わ羅治」などが行きつけの店だった。

ドムから話が飛んだが、父が文学的出発をしたのは、大正末期から昭和初期。まだ、大正デモクラシーの残滓が残っていた。

4. 詩誌「赤と黒」と「アクション」

一九二三（大正十二）年、アナーキスト詩誌「赤と黒」が創刊された。同人は壺井繁治、萩原恭次郎、岡本潤、川崎長太郎の四人で、後に小野十三郎、林政雄が参加する。創刊号に、壺井繁治が「詩とは爆弾である！　詩とは牢獄の固き壁と扉に爆弾を投ずる黒き犯人である」との宣言を掲げた。この「黒き犯人」たちは、「詩壇のテロリスト」と呼ばれた。また、「否定せよ！　否定せよ！　否定せよ！　われわれの全力を否定に傾注せよ！」、「破壊がなければ創造もない」と、既成文壇の打破を謳い、新しい芸術観を説く彼らのアジテーションが、十七歳の父には新鮮だった。「暴風のごとく襲ってきたダダ的風潮」（高見順『昭和文学盛衰史』角川文庫、一九六七年）の中で、父の東京での生活、そして文学的出発が始まったのである。

父がダダイズム、アナーキズムの詩人たちと詩誌「アクション」を発刊するのが一九二六（大正十五）年。同人は、三好十郎、坂井徳三、壺井繁治、菅原芳助、近藤栄、上田進、海保俊郎ら。高橋新吉も詩を寄せた。菅原芳助（狭間二郎、詩人・洋画家）の息子が俳優の菅原文太。ロシア文学者上田進は父と早稲田露文の同期で秋田雨雀の娘婿。

父たちが「アクション」を発刊した同時期、林芙美子は、壺井繁治、萩原恭次郎、高橋新吉、岡本潤などのダダ、アナの詩人たちと知り合う。芙美子はこれらの詩人たちのことを、「高橋新吉はいい詩人だな。岡本潤も素敵にいい詩人だな。壺井繁治が黒いルパシカ姿で、うなぎの寝床のような下宿住まい。これも善良ムヒな人。蜂みたいなだんだらジャケツを着た萩原恭次郎はフランス風の情熱の詩人。そしてみんなムルイに貧しいのは、私と御同様…。」（前出『放浪記』）と記している。

芙美子が、画学生の手塚緑敏と同棲したのもこの頃である。芙美子の『放浪記』の時代は、ここで終わる。

ダダ、アナの詩人たちの一部は、その後、コミュニズムへと傾斜していく。当時、マルクス・ボーイという言葉が流行ったが、父もその一人だった。

当時、ロシアの女性革命家で、政治家、作家でもあるアレクサンドラ・コロンタイの小説『紅い恋』がマルクス、エンゲルスの『資本論』とともに、若者たちの心を捉えた。私の母も、フェミニストでもあったコロンタイの唱える女性解放のための「自由恋愛」に憧れた一人である。英米文学者で、京都帝大で教鞭を執った厨川白村も「自由恋愛」を唱えた。「自由恋愛」の思想は当時の流行りであった。

一九二九（昭和四）年、西條八十作詞、中山晋平作曲の映画主題歌「東京行進曲」が流行った。四番の、

シネマ見ましょかお茶のみましょか
いっそ小田急で逃げましょか
かわる新宿あの武蔵野の
月もデパートの屋根に出る。

という歌詞のフレーズ「かわる新宿あの武蔵野の／月もデパートの上に出る」は、当初「長い髪してマルクス・ボーイ／今日も抱える紅い恋」と歌われたのである。コロンタイは、当時の先進的な女性の憧れだった。

芸術・文学の革新運動（ダダイズム）は、文学・芸術を通した社会改革運動へと転換していくのだが、政治運動と表裏一体となった運動の命運は明らかだった。

「日本のプロレタリア文学運動が、それに先行するヒューマニズム、或いは民衆芸術運

動から一線を画し、自らの運動をきわだって明らかにしていったのは一九二六年頃であった。（略）」（堀田昇一「『戦旗』の歴史的意義」「本の手帖」No.70、一九六七年）

コミュニズムへと突き進んだ運動は、官憲の激しい弾圧を受けた。作家小林多喜二の拷問死はその象徴的なものだった。

一九三四（昭和九）年、日本プロレタリア作家同盟解散。

父の生活者としての時間が始まる。

一九四三（昭和十八）年十二月、私たち一家は、満州奉天（現・瀋陽）に赴く。父の満州花王石鹸奉天工場の責任者としての赴任に伴ってのことである。そして、満州で終戦を迎える。

二．終戦前後の新宿

1．新宿への空襲

一九四五（昭和二十）年になると、日本本土への空襲は激烈さを増した。新宿地区（四谷・牛込・淀橋三地区）では、二月十七日に淀橋地区、三月三十一日に牛込、四谷、四月一日、四日に淀橋、十三日に四谷、淀橋と空襲を受け、被害は日を追うごとに増していった。三月十日の「下町の大空襲」では、あまり被害はなかったが、五月二十五日の爆撃では、大きな被害を受けた。私たちがかつて住んだ上落合地区は、この時の空襲で、殆どが焼失した。下・中落合も被害にあったが、上落合ほどではなかった。中落合には、キリスト教系の聖母病院があった。ここには、戦時下、アメリカ、イギリス、フランスなどの宣教師とその家族が収容されていた。この病院があるので、空爆はないと思っていたが、B29の絨毯爆撃で、焼夷弾がばらばらと落ちて来た時もあった。終戦後の八月二十八日、聖母病院めがけて、救援物資が投下された。病院ではシーツで星条旗を作って掲げ、屋上にPW（戦争捕虜）と書いた。それで、物資の投下が実現したのだ。タバコ、缶詰、チョコレートなどだった。

新宿駅周辺は、新宿二丁目の一部が残っただけで、見渡す限りの焼け野原、瓦礫が散乱する無残な姿と化した。伊勢丹、三越、二幸、新宿日活、新宿駅など、鉄筋コンクリートの建物がぼろ布を纏った巨人のように、屹立しているのみであった。新宿地区での死傷者は、約六千七百人。焦土の中で敗戦を迎えた。

新宿だけではない。東京の主だった所は、殆ど廃墟と化した。中央線沿線も例外ではなかった。

昭和二十年十月二十日
（略）中央線は新宿駅から先へ行くのは今年初めてだ。焼けている。焼け野原の連続だ。家のあった頃は隠されていた土地の起伏が、電車の窓から、はっきりと見渡され、ここらがまだ住宅地化されなかった頃の姿に再び戻っている。ここらに人家がのびて来たのは、震災後のことだったが、その急速な市街化も、一夜にしてもとの姿に還元せしめられたわけだ。ここが市街地となるのはいつのことか。高円寺を降りると、駅前は焼跡であった。

（高見順『敗戦日記』文藝春秋、一九八一年）

2．美しき国ありて

私たち一家が、満州を引き揚げて日本の土を踏んだのが、一九四六（昭和二十一）年十一月。満州奉天から葫蘆島までの列車の旅は困難を極めた。奉天の駅からやっと乗った列車は無蓋車。振り落とされないように、四方に荷物を置いた。私は転んで額に怪我をして高熱を出した。「あなたは中国に置いてこなければならないような状態だったのよ」と後に母は口癖のように言った。その時の傷が今も残る。葫蘆島から博多までの船ではひどく酔った。博多港に着く直前、ぼろきれに包まれた幼児の亡骸が海に流された。

日本では、引き揚げも一段落したあとだったから、比較的スムーズな行程だった。博多から門司まで列車、門司から下関まで関門連絡船に乗り、下関から上野まで一昼夜の道程だった。引き揚げ列車だから、降りる人のない駅には停まらなかった。上野駅の駅の地下道を歩いていると、行きあった進駐軍の兵士は、汚い身なりの一家を指さしてあざ笑った。その時のことは、今でも忘れないと姉は言う。よほど、屈辱的だったのだろう。上野から常磐線に乗り、茨城県筑波郡作岡村大字安食（現・つくば市）の父の実家を目指した。故郷の家に着いてからしばらくして、父と母は、戦前に住んだ上落合二丁目に足を運んだ。だが、そこには、青々とした麦畑が広がるばかりだった。借家ではあったが、家のなくなった寂寥感は忘れることができないと母は口癖のように言った。父は、視野に拡がる故国の焦土に、一つの時代の終わりを思い、一つの時代の始まりを願ったに違いない。

美しき国ありて

美しき国ありて
　われを呼び
美しき人ありて
　われを招くといふ

ふるさとの焦土に立てば
雲ひとつ西にかがよひ
行き暮れて暗き廃園

いやはての心の歳月の
街ゆけば風荒れたちて
花さうび　黒く枯れたり
なんの華ぞ　ひたぶるに尋ね迷ひし
さもあらばあれ
美しき国　われを呼び
美しき人　われを招くといふを

一九五三（昭和二十八）年九月に、大木惇夫とともに創刊した詩誌「詩の座」に掲載された父の詩である。

文学への志を胸に上京してから、どれほどの月日が経ったのだろう。長くもあったようだし、あっという間に過ぎてしまったように思える。あの頃とは、自分も、この東京も何もかも変ってしまった。廃墟のような東京。逝ってしまった夢。すべてはこの瓦礫のようにこなごなに砕けて、もう取り戻せないものなのか。いや、そうではあるまい。まだやり直しはきく。

戦後の混乱と疲弊が充分に収まらない一九四七（昭和二十二）年三月十五日、四谷、牛込、淀橋が統合され、新宿区となる。

私たち一家が、中野区江古田から杉並区高円寺南四丁目に移り住んだのが、一九四九（昭和二十四）年一月。私は杉並区立第三小学校の二年に転入した。霜解けの校庭を下駄で歩き、教室に入ったのが記憶に残っている。泥が下駄の歯につき、難儀した。担任は怖そうな男の先生で、軍隊帰りだった。

高見順が書いているように、高円寺には戦災の焼け跡が残り、強制疎開で打ち壊された家々の瓦礫の山があちこちにあった。八十坪の土地を地主から買い、バラックのような家を建てた。その家の前には、茫々の野原が広がり、青梅街道にあった蚕糸試験場までもが見渡せた。ここで、私たち一家四人の戦後が始まった。

3. 光は新宿より―尾津組ヤミ市・露店

戦争は終わった。東京は、百二十二回に及ぶ空襲で十万もの死者を出した。負傷者は七万余り、二百九十万に及ぶ都民が家を失った。戦火で両親を失った戦災孤児たちは、浮浪児と呼ばれた。かっぱらい、少女売春。大人も働くに職なく、食糧難が人々を苦しめた。政治家たちが支配体制の温存に狂奔し、資本家が手に入れた軍需物資の横流しと闇売りに熱中して生産を怠っている間、日本国民の多くが餓死の危険にさらされた。幣原内閣の大蔵大臣渋沢敬三は、このままでは、翌年には、多くの人々が餓死するだろうと懸念を表明した。一九四五（昭和二十）年十一月、生鮮食料品の公定価格が撤廃された。そのため、食料品価格は暴騰、食糧問題は、一層深刻になっていった。食糧の配給も、一九四六（昭和二十一）年になるとさらに悪化した。遅配がはじまり、代用食さえ間に合わなかった。配給制度は殆ど崩壊していた。国民の体重は、戦前の一割がた減ったという。

私たち一家が日本の土を踏んだのは、一九四六年十一月だったから、地獄のような食糧危機は、体験しなかったが、代用食といわれたさつまいも、馬鈴薯、豆かす、とうもろこしを主食として食べた。戦後すぐに、中野区江古田に家を借りて住んだのだが、付近には農家が点在して、田園風景が拡がっていた。その農家の人から食糧を得るために、母が着物や帯を渡していたことが、記憶の風景の中にある。

人々が、手っ取り早く食料を手に入れることができたのは、ヤミ市である。ヤミ市は、戦後すぐに駅を中心とした繁華街に出現した。東京では、浅草、銀座、新橋、池袋、新宿、神田、上野、蒲田、大森、錦糸町、五反田、大井町…。大阪、名古屋をはじめ、主要都市には、あちこちにヤミ市が出現した。警視庁の調べでは、一九四五年十一月当時の露店数は、浅草五百、新宿六百、銀座四百五十、上野三百で、東京全体で、三千以上と推定されるが、実際には、ずっと多かったに違いないし、その後も、爆発的に数を伸ばしていった。人々は生きるために、非合法と知りながら、ヤミ市をさまよい、食料や日用品を手に入れたのである。

そこは、いのちの街だった。今そこは、いのちの生の姿で、よろばいながらしかも殺気にみちていた。焼け残ったビルが脚元を露出して荒れた肌をさらしていた。駅の正面に高くはめ込まれた大時計は、傷痕にうなだれて針をとめたままだった。焼けあとの空地から舗道へかけて、葦簀張りの店が同じ格好で並び、スフの下着や、鍋や下駄や、食べものを売っている。男たちは戦闘帽のまま、肩から袋を下げて歩いていた。うす汚れた白と褐色の雑闘の中に、もんぺの女たちもその色にとけて、何かの風呂敷包みをかい込んで歩いた。みんな同じような顔をしていた。同じような顔で混じり込んでいながら、誰も、すれちがう相手を見もしなかった。どの顔も、地べたに坐ることに慣れた顔だった。空だけは、秋の澄んだ色に展がっていた。その下で街は、いのちにうごめいていた。

佐多稲子『風になじんだ歌』の冒頭の一節である。終戦後の新宿東口風景を描いたものである。この小説のモデルは、新宿東口の焼け跡に、いち早く飲み屋「五十鈴」を開いた藤田けいという。

　私には、ヤミ市に行った記憶はないが、新宿青梅街道のガード脇や街かどで、アコーディオンを弾いて、なにがしかのお金をもらう傷痍軍人の姿は、何度も見た記憶がある。殆どの人が、片手や片足がなかった。眼帯をしている男もいた。私は、小学校に入るか入らないくらいの時だったから、何か恐ろしいものを見たような気分になって、足早に通り過ぎた。今思えば、戦争のために、生活の術も何もかも失った人たちだ。中には傷痍軍人を装った偽物もいたという。みな日々生きるのに必死だった。

　新宿東口のヤミ市の一角に、野原組が一九四八（昭和二十三）年一月から四月にかけて建てたのがハモニカ横丁である。固定式屋台が三十三軒あり、殆どが飲み屋だった。父にとっては、戦後の飲み屋遍歴の始まりの場所であった。また、前述したように安田組の西口マーケット、現在の小田急デパートがあるあたりに、線路沿いに木造二階建ての店や露店が並んでいた。ラッキーストリートと称され、その一部が思い出横丁、やきとり横丁として残り、今も健在である。

　戦後新宿の復興は、闇市・露店から始まったといってよい。戦後すぐの新宿駅周辺は、闇市・露店で埋め尽くされ、その数一時、二千近くに及んだという。闇市と露店は、どう違うのか。闇市は、仮設であるが店構えができている。露店は屋台の上、また路上での販売ということになる。

「光は新宿より」というキャッチコピーを掲げ、最も早く闇市開設を敢行したのは、関東尾津組・組長尾津喜之助だった。尾津は、終戦三日後の八月十八日、都内主要各紙に広告を掲載した。

転換工場ならびに企業家に急告！
平和産業への転換は勿論、其の出来上がり製品は当方自発の〝適正価格〟の大量引受けに応ず、希望者は見本及び工場原価見積書を持参至急来談あれ
淀橋区角筈一の八五四（瓜生邸跡）新宿マーケット関東尾津組
（猪野健治『やくざ親分伝』より引用）

新宿駅東口前は、三井銀行新宿支店と二幸の建物が残るのみで、一面瓦礫だらけの焼け野原だった。尾津喜之助は、現在の新宿駅中央口から三越にかけて、あっという間に三十二軒（コマ）のマーケットを造った。板張の囲で仕切り、天井はよしず張りだった。そこは、戦前には十二軒の商店が並んでいた民有地だったから、不法占拠だった。三十二コマのうち十二コマを、八月二十日には開店させた（橋本健二・初田香成編著『盛り場はヤミ市から生まれた』青弓社、二〇一三年）。終戦から五日後のことである。そして、新宿駅

構内や電柱に宣伝ビラを掲示した。

終戦ラッパの響きと共に、街を明るく便利にすべく、翌二十六日より、〝買ふ身になって売る露店〟建設を志し、新宿駅頭に平和の新発足を致すことになりました。然乍ら物資不足の折柄、何卒皆様の〝露店〟として、よりよき御指導御鞭撻を賜ります様、切に懇願申上げて、帝都復興に魁ける露店再開のご挨拶に替へます

新宿露店代表　関東尾津組

（前出『やくざ親分伝』より引用）

八月二十六日、「光は新宿より」のスローガンを掲げた新宿マーケットが、現在の中央口から三越裏にかけて、開店した。ヤミ（闇）市が「光は…」と謳うのは、アイロニーだが、闇市はその後、新聞などの表記で、ヤミ市と変化したことに見られるように、戦後の極端な物資不足の時代、庶民にとって一条の光だったのだ。

尾津組は、この新宿マーケットだけではなく、東口から新宿二丁目に至る新宿通りの両側の歩道に並ぶ露店も管理していた。晴天の日には、五百を超える露店が並んだ。畳二枚ぐらいのゴザの上に品物を並べて売る店が殆どだった。露店商は、素人が八十パーセント

近くを占め、戦災者が最も多かった。その他、失業者、戦災遺族、復員軍人、戦没軍人遺族、商業者、工業者などがいた。これらの人々は、新たな商店主に育っていった。

尾津喜之助は、露店市場を管理する東京露店商同業組合の理事長となった。一九四五（昭和二十）年十月のことである。尾津は時の人になった。尾津喜之助は、一八九八（明治三十一）年、東京・本所桐生町生まれ。一九一八（大正七）年にテント張りの大道寿司屋を開店し、安い寿司で人気を得て儲け、露天商へ進出した。太平洋戦争も終わりの頃には組員百五十名を抱え、新宿一のテキヤとなって君臨し、日本のアル・カポネといわれた。

戦後も、尾津の威力は絶大だったが、尾津の露店商同業組合に入らなかった集団がある。華僑と在日韓国・朝鮮の人たちである。彼らは、戦勝国の連合国国民待遇を受けていて、治外法権的存在だった。ヤミ市を取り仕切るテキヤと、しばしば衝突を起こした。

それでも、闇のマーケットや露店は品物を求める人々でごった返した。その中には、ヨレヨレの兵隊服を纏った復員兵、特攻隊の生き残り、予科練くずれ…。戦争に心を引き裂かれた男たちの姿があった。あの戦争は何だったのか。自分たちは何のために戦ったのか。「国破れて山河あり」の山河は、ここにはなく、秩序は破壊され、社会機構も機能しない。彼らは、日々の糧を求めて、また心の拠り所を求めてヤミ市をさまよった。それでも、新宿駅からは富士山が見通せた。晴れて空気が澄んでいる日の、白雪を戴いた富士の姿は、戦場で心身ともに傷ついた男たちや、戦禍で家や身内を失った人々の心を、どれほど癒したことだろう。丹沢や秩父の山々も見渡せた。「国破れて山河」は、やはりあった。

そんな自然のゆるぎなさとは別に、巷は、日々目まぐるしく変わって行く。ヤミ市の隆盛を尻目に、時の幣原内閣は、食糧対策と悪性インフレ対策に懸命だった。一九四六（昭和二十一）年二月十七日、食糧緊急措置令を発布し、主食の供出を割当し、完納しない農家に対し収用令を発動して強制買い上げを強行した。しかし、そんな強権発動も効果はなかった。米の多くがヤミ米として売り出されており、農村自体も食糧不足だったのである。同じ二月十七日、政府は、金融緊急措置令を発令し、新円切替えを行った。新しい紙幣を発行し、一人につき百円だけ旧紙幣と交換し、その他の旧紙幣は、強制的に銀行や郵便局に預金させ、引き出しに制限を付けたのである。これに、実質的な影響を受けるのは、二、三パーセントの金持ちで、庶民にはあまり影響がなかった。これに怒ったのが、現金商売の露店商たちだった。尾津喜之助は、大蔵省に焼き討ちをかけると気炎をあげた。それを伝え聞いた大蔵大臣渋沢敬三は、「会おうじゃないか」と言った。

佐竹（大蔵大臣秘書官）が新宿の裏の方に尾津を迎えに行くと、焼け跡にたむろしていた人相の悪い連中が、尾津のところに案内していった。佐竹は尾津を車に乗せ大蔵省に連れていったが、いざというときの用心のため、敬三が尾津に会う部屋の外に、柔道五段の警官を待機させ、何かあったらいつでも飛び込めるようにさせた。ところが、部屋の雰囲気は終始おだやかなものだった。

〈尾津は大臣の話を聞いて、喜んで納得しているし、大臣もにこにことして、まことに悠揚迫らない。ドスをぶちこんで大蔵省を焼き討ちするという相手に、おれは云うよという大臣の態度、さすが渋沢先生だと思いました〉

（佐野眞一『旅する巨人　宮本常一と渋沢敬三』文藝春秋、一九九六年）

その後、敬三はマスク姿で変装し、おしのびで、闇市を回ったという。

渋沢敬三は渋沢栄一の孫。栄一は、明治・大正期に、第一銀行他、数々の企業の設立創立に関わり、日本資本主義の父と称された。孫の敬三は、日銀総裁、大蔵大臣などを歴任した。渋沢敬三に直接会ったことはないが、私が一九七九（昭和五十四）年から勤務した財団法人民族学振興会の前身、日本民族学協会の会長・理事長を、亡くなる一九六三（昭和三十八）年まで務めていた。一九四四（昭和十九）年から協会の事務を担当していた杉山みつゑ氏（作家若林つや）は、渋沢敬三の人となりを、昔語りのように話してくれた。彼女が親しみを込めて「シブサワサン」と呼ぶ渋沢敬三は、悠揚迫らざる雰囲気があり、どのような人にも同じ目線で接し、庶民的な飾らない人柄だったという。事務職員にも気さくに話しかけ、協会に来る時は、いつもみやげを持参したという。

渋沢敬三会長が亡くなると、日本民族学協会は改組され、財団法人民族学振興会となった。その振興会も、一九九九（平成十一）年十月に、解散となった。私は、この組織に二十年勤務した。大蔵大臣渋沢敬三から話が飛んだが、私の心に、大変親しい人である。

4. 和田組・安田組・野原組マーケット

「武蔵野館」（映画館）の西側から南口前にかけて、和田組のマーケットがあった。戦前は資材置き場や倉庫が並んでいた所で、一九四四（昭和十九）年まで、マキノキネマ直営の「新宿劇場」もあった。終戦時は都有地となっていた。ここに造られた和田組のマーケットには、約四百軒の店が入った。和田マーケットは、尾津と兄弟分の飯島一家内山二代目和田薫が仕切った。この後、飲食店街に変わり、青線地帯となっていった。朝鮮戦争中の一九五二（昭和二十七）年の頃には、米兵相手の娼婦が五百人近くいたといわれる。

先に書いた西口の安田組マーケットは、早野会初代分家安田組組長安田朝信が淀橋警察署に呼び出されて、「都民の極端な物資窮乏を解消するための応急処置として、適当な管理者を定めて露店を開かせるという意見が、警視庁や都の当局者の間で決まったのでその役を引き受けてくれ」と伝えられ、開いたものだった。安田が、西口前をショバとして要求すると、淀橋警察署の安方四郎（この男は戦前から安田と面識があった）は、都や小田急、営団地下鉄などの土地所有者に掛け合って、一時的に土地を貸すことを承諾させたという。安田は、ここにヤミ市ラッキーストリートを開設した。三百六十店舗が入った。

少し遅れて東口に作られたのが、野原組のマーケットだった。一九四七（昭和二十二）年九月から翌年四月にかけて建設された。東口駅前に鉤の手状に並んだマーケットと聚楽付近から高野フルーツパーラーの裏側にかけて並んだマーケットがあった。鉤の手状に並んだ屋台がハモニカ横丁である。菓子屋あり、炭屋あり、飲み屋が並んでいた。後に、私がなじみとなる酒場「みち草」は、一九五四（昭和二十九）年までここにあった。

一九四五（昭和二十）年十月二十二日の朝日新聞の記事がある。「大都市の異景　闇の大市」として、「これは戦後異風景のひとつである。どこから運ばれるのか、果物、握り飯、団子、饅頭、汁粉、ラジオ、鍋釜など、あらゆる必需品が十円単位の高値で売られている。物が集まると人が群がる」。また、二十五日の朝日新聞は、「売っている闇商品の大部分は飲食物。うち約六割が甘藷で五切れ前後が五円。みかん十個十円。柿三個十円。羽二重餅となると二つで十円。握り飯は三個十円。蒸しパン一個五円。闇街頭に共通していることは女子供がふえつつあることだ。婆さんや未成年者だと警察官も手心を加えてくれるだろうと、情けを逆用したもので、実際は親玉も現場に出張。運んできた闇商品は、二、三時間で売れてしまい、一人で六百円から千円を売り上げ、三百円から五百円の利益を得ているといわれる」と書く。

5．ヤミ市移転命令

一九四七（昭和二十二）年頃まで、テキヤの支配で成り立っていたヤミ市は、GHQの方針もあり取り締まりが強化されていった。戦災復興土地区画整理事業も本格化。四七年六月、尾津喜之助は、新宿マーケットが建つ土地の地主や借地人から土地の返還を求められた。その際に地主らを脅したとして逮捕され、収監された。その後、尾津組は解散、尾津組商事へと改組される。一九四八（昭和二十三）年頃から土地は徐々に地主に返還されていった。尾津逮捕を皮切りに、西口のマーケットを仕切っていた安田組安田朝信も恐喝の疑いで逮捕された。テキヤ組織は解散となって、表舞台からは消えてゆく。しかし、一九五二（昭和二十七）年に釈放された尾津喜之助は、尾津商事を創立し、疎開空地となっていたかつての都有地を払い下げてもらい、新たに竜宮マートを開設した。このマーケットは、駅前広場の工事が開始される一九六〇（昭和三十五）年頃まで存続した。和田組マーケットは、一九五〇（昭和二十五）年、二組に分けて移転することになった。一組一八四軒は、新宿東口協同組合を結成し、隣接する土地にマーケットを建設して移転した。もう一組の大半は、戦前には新宿市場があった三光町に集団移転した。三光町には、新宿二丁目で営業していた露店商の集団も移転してきて、四本の通りを挟んだマーケットを建設し、入居した。これが現在のゴールデン街である。

公道上の露店は、GHQの方針によって撤去されることになったが、ちなみに戦前の東京市の分類では（東京市役所『露店商に関する調査』一九三二年）、露店商を縁日商人と平日《ひらび》商人とに分けている。縁日商人はさらに、古店《コミセ》、三寸、コロビに分けられる。古店は、神社や寺の縁日や祭典の日に境内に店を出して、飴やせんべいや雑貨などを売っていた古い歴史を持つ露店。三寸やコロビはこれから派生した。三寸は、台の上に商品を並べて売る者を指す。二尺三寸の高さの台で、三寸という呼び名はここから来ている。コロビは口上商人のこと。この他、植木商などがいた。平日商人は、常設の露店を出している露店商。戦前から存在した。（前出『盛り場はヤミ市から生まれた』）

新宿露店商は七百軒ほどあったが、四百の露店商が新宿商業協同組合を結成し、伊勢丹西にある都有地を払い下げてもらい、地下一階、地上三階の建物を造り共同経営で、「新宿サービスセンター」をオープンさせた。一九五一（昭和二十六）年十二月のことである。しかし、他のデパートとの競合で上手く行かず、一九五五（昭和三十）年、「丸物百貨店」に買収された。

丸物デパートの上階には、ストリップ劇場の「新宿フランス座」（新宿ミュージックホール）があった。そのことが、一般の買い物客を遠ざけて売り上げが低迷し、一九六五（昭和四十）年に閉店。伊勢丹に売り渡された。かつてのショッピングセンターの建物は取り壊わされ、一九六六（昭和四十一）年に、男の新館をオープンした。同年、近くに伊勢丹会館も開設された。

東口に最後まで残ったのが、野原組マーケットだった。これも、一九五九（昭和三十四）年末、撤去が開始された。また、西口の安田組が建設したマーケットでは、営団の所有地で営業する店舗は百七十軒あったが、一九五六（昭和三十一）年、営団地下鉄が立ち退きを要請した。みな立ち退かなかったため、営団によって訴訟が起こされ、建築主の安田組が裁判で負けて手を引いた時、百八軒が残っていた。残ったマーケット営業者は、「新宿西口共同組合」を結成、その後法人格を得て「新宿西口事業協同組合」となり、営団用地の北二百五十坪を借りて、「新宿西口会館」を建設し、一九六三（昭和三十八）年に竣工した。地上八階地下二階のビルで、百十人の株主は、地下二階から地上四階までのフロアに入り、五階以上にテナントを入れた。「西口会館」は、一九八六（昭和六十一）年に「パレットビル」と名称を変更した。二〇〇〇（平成十二）年に建て替えられ、ユニクロの店舗がある「新宿パレットビル」となった。ユニクロは、営団地下鉄のコンコースに直結している。上の方の階は、チェーン店の居酒屋などが入っていて、私が所属する同人誌「文芸復興」の合評会は、その居酒屋の一つで開かれるのが恒例である。

さらに、小田急は都に対し、西口広場前の都有地の払い下げを申請する。一九六一（昭和三十六）年のことである。一九六五（昭和四十）年、新宿西口広場が竣工し、ここに残っていた安田組マーケットの一部の店が、同時に完成した小田急エースに入った。

現在、唯一、ヤミ市の面影を残しているのが、「思い出横丁」である。ここは、営業者がそれぞれ地権者から土地を買い、土地の所有者となったので、整理されることなく現在まで続いているからである。

6．思い出横丁

思い出横丁の一番線路寄りの道筋に、行き付けの店が二、三軒ある。新宿駅から青梅街道に向かって歩きパレットビルを右に曲がると、突きあたりがペットショップ。一九五四（昭和二十九）年から営業している。左の角が但馬屋珈琲店。一九六四（昭和三十九）年創業。時々立ち寄る。そこを左に曲がるとすぐに、バー「みのる」。石段を下りると、コの字型のカウンターがあり、飲み物は、サントリーの角瓶が主。はしご酒の二軒目か三軒目に立ち寄る。以前は、初老の男三人で接客していたが、今は男性二人と若い女性が一人。次が、「あがっしゃい」、その次がやきとりの「（第二）宝来屋」、一九四七（昭和二十二）年創業。次の「トロ函」は、思い出横丁には珍しい、海の幸の店。その隣の「鳥園」は一九四七年開店。次の「きくや」も、一九四八（昭和二十三）年の創業。次が「大黒屋」。ここは、一九五二（昭和二十七）年頃から営業している。今は、二代目の智子さんが店を仕切る。智子さんのご主人が先代の息子さん。「大黒屋」より青梅街道ガードより隣が「安兵衛」。一九五〇（昭和二十五）年創業。先代は、二〇一五（平成二十七）年春に亡くなったが、私の母と同じ岡山美作の出身。今は、三代目が継いでいる。しめのラーメンは、青梅街道に近い「岐阜屋」。火事になったが、建て直して営業している。いつも満杯。ここで、面白い体験をした。姉と二人、ビールにラーメンというメニューで、カウンターに座っていた。隣に若い男女。さんざん飲み食いし、さて勘定という段になって金がない。店主と喧嘩になった。姉が、七千円ほどの代金を建て替えた。二人は、返しますからと何度も頭をさげて出ていったがそれきりだ。こちらも返ってくるとは思っていなかった。線路際から二番目中通りにある「寿司辰」という寿司屋はなつかしい。明治大学仏文教授小川茂久さん、小副川明さんに連れられてよく立ち寄った。店主は、駒澤大学卒業の村上健二さん。祖父が創業した店を継いだ。他にも横丁で、店を二軒経営している。

「みち草」で知り合ったブツブン（仏文）三羽烏、小川茂久、渋澤孝輔、小副川明の三教授とは、飲み仲間であり、旅仲間だった。モキューさんの愛称で親しまれた小川氏が来ると、ちょっと二枚目の寿司辰の店主は、相好を崩す。値段も安かった気がする。ここで腹ごしらえをしてのモキューさんの梯子酒は半端ではなかった。神田駿河台下「あくね」や「かんとりい」から始まり、新宿西口のみち草、「まつりか」。歌舞伎町「よしだ」、「あづま」、また、みち草に戻る。みち草では、ギター流しのマレンコフの伴奏で、「東京ラプソディ」を唄った。

夜更けにひととき寄せて

なまめく新宿駅の

唄にあわせ、そこにいた全員が肩を組んで、いつのまにかラインダンスをおどっていた。「あのこはダンサーかダンサーか」、タッタ、タッタ、ソレと右足を揃えて上げる。「気にかかるあの指輪」、タッタッタ、ソレ、今度は左足。最後は小川さんも加わり、総勢十名ばかりのタッタッタッタ、ソレ、ドンドンは、階下の店にとって迷惑だったにちがいない。

楽し都　恋の都
夢のパラダイスよ　花の新宿（東京）

小川さんの美声は朗々と響いた。東京は神田の生まれ、ちゃきちゃきの江戸っ子の小川さんは、一九九八（平成十）年二月二十八日、癌で亡くなった。享年七十一。その同じ二月八日には、渋澤孝輔氏が亡くなっていた。後を追うようにという言葉が囁かれた。一番若い小副川氏は、それ以来ぷっつりと酒場に姿を見せなくなった。

古賀政男作曲、門田ゆたか作詞「東京ラプソディ」は、藤山一郎が歌って大ヒットした。一九三六（昭和十二）年頃である。その後、映画「東京ラプソディ」が制作された。原作佐伯孝夫、脚本氷見隆二、監督伏水修、撮影三村明、音楽古賀政男、主演藤山一郎、椿澄枝、伊達里子。「東京ラプソディ」には、後日談がある。古賀政男は、戦時中河口湖に疎開して、終戦後もそこに留まっていた。ある日、アメリカ兵がジープ二台に分乗してやってきた。戦犯として捕らえられるのではないか、古賀は蒼白になった。戦時中、「山内中尉の母」（一九三七年）、「軍国の母」（同年）、「そうだその意気」（一九四一年）など、戦争賛美の歌を作曲したことが頭を過った。しかし、降りてきた将校たちは、笑顔で「ミスター・コガ」と握手を求めてきた。日本に進駐するにあたり、彼らは、米国陸軍で日本語教育を受けていた。その教材として使われたのが、映画「東京ラプソディ」で、彼らはその主題歌を歌って、日本語を覚えた。作曲者に会いたいと、東京から河口湖までジープを飛ばしてきたのだという。

戦時中は、北原白秋、佐藤惣之助、西條八十、佐伯孝夫、みな戦意高揚の詩（歌詞）を書いている。恋の歌などもってのほかで、渡辺はま子が歌ってヒットした「忘れちゃいやヨ」（一九三六年）は、「あたかも娼婦の媚態を見るが如き」として発禁となった。銃後を守る母子が歌う軍国歌謡が奨励された時代だった。

思い出横丁の寿司辰から話が横道に逸れたが、寿司辰は今も健在である。もう一軒、なつかしい店は「カブト」。ウナギを焼き鳥のような小さい形の串焼きにしていて、酒のつまみに良い。今は亡き松元眞氏と何回か通った。

思い出横丁より駅に近い線路沿い、西口から東口に抜ける地下通路の右側、小高くなった細い路に、七福小路という横丁があったのが、私の遠い記憶の中にある。ここに軒を連ねていたのは、ラッキーストリートの生き残りの店であったろうか。ロシアバーがあった。私は入ったことがないが、「コーシカ」という店で、ママはロシア人だった。

このように、ヤミ市を出発点として、戦後の都市形成をしていった新宿駅周辺は、その後大きな変貌を遂げる。西新宿は高層ビル群が立ち並び、東口前も整備された。南口については、近年、バスタ新宿が完成し、長距離バスの発着ビルとなった。私などは、その様変わりに、戸惑うばかりである。思い出横丁も、存亡の危機を迎えた時代があった。「思い出横丁が消える　再開発ビルに」という見出しで、「一九九九（平成十一）年十一月二十四日に二十八店舗が全半焼したことがきっかけとなって、再開発の話が進み、地権者と共同地権者八十人のうち、六十二人が賛成した」という内容の記事が、毎日新聞の二〇〇三（平成十五）年四月六日付夕刊に掲載されている。しかし、結局は、現状のままでという結論になった。また貸しなどの店が多く、なかなか元の貸主がわからないという店もあり、ビルが建つ間、他で営業するということも出来ないということもあって、なかなか意見がまとまらなかったという。私などは、心底ほっとしたものである。今も思い出横丁は、昭和の面影を残して、のんべいを誘う。

事物の変容は人の世の常だが、人の心の不易も同じくある。我々が、思い出横丁やゴールデン街で寛ぐのも、表通りにはもうなくなった記憶の中の風景を、そこに見出すからかも知れない。

7．ハモニカ横丁──「みちくさ」

ハモニカ横丁は、新宿駅東口、尾津組の竜宮マートと高野フルーツパーラーの間にあった。野原組のショバで、一九四八（昭和二十三）年に造られた。間口二メートル、奥行き三メートルほどの小さな店が、入口を開け放して逆L字型に並んでいた。その様が、ハモニカの吹き出し口に似ていたことから、ハモニカ横丁と名付けられた。佐々木克明「新宿を歩く」（「新評」一九八〇年六月号）によると、十二軒ほどの家が入口を竜宮マートの方に向けて軒を並べ、逆L字形の横に十軒ほどの店が連なっていた。また、小路を挟んで、高野フルーツ裏にもL字型に並んだ飲み屋があった。こちらは、和田組の仕切っていた場所で、「ととや」「よしだ」「奴」「馬上盃」「ペチカ」「魔子」などの店があった。

ハモニカ横丁には、「ノアノア」「みちくさ」「みどり」「ノラ」「ナルシス」「清子の店」「龍」「コスモス」「小茶」「呉竹」などがあった。新宿通りから一番目の店は、炭を扱う店であったという。みな、屋台まがいの飲み屋で、酒の燗をつけるには、炭に火を起こすことから始めなければならない。割りばしと新聞紙に火をつけ、その上に炭をのせて火を起こした。炭は必需品だった。はじめのうち、ガスは引かれておらず、水道は共同で一つあるきりだった。それも一九五五（昭和三十）年頃までには、ガスが入り、水道も各店にひかれた。

みちくさのおかみ、小林梅さんは、横浜の出身。父親は旅回りの水芸人だった。十二人兄弟姉妹の七番目。上は全部男で、はじめての女の子ということで、皆にかわいがられて育った。下に男女合わせて五人生まれるが、兄弟姉妹の中でも気性の強さ、頭の良さは抜きんでていた。大勢の男の子を引き連れて遊び廻る。浜の番長だった。「ピンクローズのお梅」と呼ばれた。「バラと梅」とは、女冥利に尽きる呼び名だが、梅さんは目の大きな、人目を惹く美少女で、「かんかん虫」と呼ばれる船で働く人夫や、近所の悪童を集めて遊ぶ。蜘蛛同士を戦わせる「ぽんち」と呼ばれる遊び、メンコ、ベーゴマ。遊び相手は男ばかりだったが、文学少女でもあった。

横浜で、バーを営んでいた時に知り合ったのが、生涯の夫となる小林直太朗だった。直太朗は、横浜のノザワヤの宣伝部長で、真木《まき》珧《よう》というペンネームで小説も書いていた。作家美川きよの夫だった。美川きよは「三田文学」に「デリケート時代」(一九二六年)を発表し文学的出発をした。今は、知る人は少ないが、一時名を成した女流作家だった。同じ「三田文学」の小島政二郎と同棲生活を送るが、その後小林直太朗と結婚。三人の子供を儲ける。しかし、きよは洋画家鳥海青児と結ばれ、直太朗と離婚。直太朗は二人の子供を連れて梅さんと再婚した。

「みちくさ」は、梅さんが、一九四八（昭和二十三）年四月十八日に、ハモニカ横丁に店を開いたのが始まりである。一九四六（昭和二十一）年四月十八日、高円寺のバラックで喫茶店兼飲み屋を開いていた時に、ふらりと入って来たのが田村泰次郎と新居格。それから、井伏鱒二などが来るようになった。新居格は、大正から昭和にかけて活躍した評論家。一九四七（昭和二十二）年の公選で杉並区の区長になった人物だが、一年余りで辞職した。また、作家浅見淵は、「ぼくは終戦の年の冬、〝みちくさ〟が高円寺の焼け跡にバラック建ての自宅を逸早く建て、その座敷の炬燵で酒を飲ましだした時分に、外村繁に連れて行かれて初めて彼女を知ったのであるが、新宿が復興し出すと、これまた逸早くハモニカ横丁に進出するに到ったのである」（『昭和文壇側面史』講談社、一九六八年）と書いている。

みちくさの次に「龍」が店を開いた。文壇の連中が一番多く集まったのが龍で、次がみちくさという。

店の権利金は五万円。ショバ代は一日二百八十円。白髪頭のヤクザの爺さんが、毎日集金に来る。休んでもショバ代二百八十円。カストリ酒一杯四十円の時代。生前のお梅さんから聞いた話である。

8. 「みちくさ」と「阿佐ヶ谷会」

梅さんは、井伏鱒二と顔なじみになって、ハモニカ横丁に店を出すようになったのだが、その縁で中央線文士の集まり、阿佐ヶ谷会のメンバーがみちくさに訪れるようになった。阿佐ヶ谷会は、一九三八（昭和十三）年頃に、文士仲間で始めた阿佐ヶ谷将棋会と古美術愛好会がそのルーツである。焼き芋屋が内職で始めた碁会所で打っていたが、一時中断、一九三三（昭和八）年、阿佐ヶ谷駅北口からすぐの「ピノチオ」という中華料理屋で再開された。それが、文芸の懇話会となったのが、一九四〇（昭和十五）年。将棋会、文芸懇話会といっても、酒を飲むのが最終目的だった。一九四四（昭和十九）年頃まで続いた。しかし、厳しい戦時下、井伏鱒二は、初め山梨県甲運村、その後生家がある広島に疎開した。中村地平は宮崎県へ帰郷。小田嶽夫は新潟県高田に疎開。太宰治も甲府に疎開した後、津軽へ帰っている。村上菊一郎には召集令状が届き、木山捷平は満州へ。会員の多くが東京から遠ざかった。

会は、早くも終戦の翌年から再開された。みな、阿佐ヶ谷会で、会うことを楽しみにしていたのだ。特に、太宰治や亀井勝一郎は、会のある日は、朝から落ち着かなかったという。

戦後の阿佐ヶ谷会の料理や酒の段取りをしたのが、ハモニカ横丁みちくさの小林梅、龍の木村美弥、よしだの吉田千代の三女史だった。阿佐ヶ谷会のメンバーは、青柳瑞穂、秋沢三郎、浅見淵、井伏鱒二、伊藤整、伊馬春部、巖谷大四、印南寛、臼井吉見、小田嶽夫、亀井勝一郎、河盛好蔵、上林暁、河上徹太郎、木山捷平、新庄嘉章、島村利正、田川博一、太宰治、瀧井孝作、田畑修一郎、外村繁、中島健蔵、中野好夫、中村地平、原二郎、火野葦平、平島秀隆、古谷綱武、三好達治、村上菊一郎、安成二郎…。入会時期も人によって異なり、途中、多少の出入りがあった。太宰は、『斜陽』を完成した頃から阿佐ヶ谷会には出席しなくなり、一九四八（昭和二十三）年六月十三日に、玉川上水に入水自殺した。阿佐ヶ谷会は、一九七二（昭和四十七）年十一月に解散となった。

昭和三十年代の阿佐ヶ谷会名簿を見ると、筑摩書房を創設した古田晁、河出書房編集局長中村正幸、アサヒグラフ編集長伴俊彦に加え、よしだの吉田千代、みちくさの小林梅の名前も掲載されている。

これらの文士が、ハモニカ横丁の龍やみちくさ、よしだに飲みに来て、文壇バーならぬ、文壇屋台飲み屋の様相を呈した。前記の人たちの他に、みちくさには、野間宏、椎名麟三、広島で被爆した詩人で作家の原民喜、紀伊國屋書店の田辺茂一、小説『姿三四郎』を著した富田常雄、慶應義塾大学教授で随筆家の奥野信太郎、北海道大学教授でドイツ文学者・詩人の石川道雄、デザイナーの二渡亜土、病院を経営している医師斉藤和夫、東京新聞編集局の頼高清孝、毎日新聞論説副主幹の海江田四郎（海江田万里の父）、黒田清輝に師事した洋画家鈴木信太郎、プロレタリア芸術運動に関わり、「戦旗」の挿絵を描いた画家・漫画家須山計一、後にバー「風紋」を開いた林聖子、松戸市議会議員の峪二葉。漫画雑誌「東京パック」やスタイル社で活躍した漫画家・画家の小野佐世男は、みちくさの壁にストリッパーの絵を描いた。また「鯨のトノサマ」と呼ばれた極洋捕鯨の竹内氏は、俳号を菅竹工と号し、「手にあまるほどの日ざしよ　つわぶきの花」という句を、これまた、壁に書いたという。

みちくさをはじめ、ハモニカ横丁に並ぶ店には、このように、第一級の作家、詩人、評論家、画家、学者、映画監督、新聞・雑誌の記者などが姿を見せて、「日本の最高の文化サロン」（評論家安田武）であった。

それにしても、店のつくりはお粗末なもの。薄いベニヤ板や障子だけで仕切られていたから、隣の店に誰が来ているかすぐわかった。客が酔って仕切りに寄りかかると、壊れて穴があいた。

店は、各自常連客も持っていたが、大体の店に同じ顔触れが揃ったようだ。また、梅崎春生のように、自分の知り合いがいないか、店を一軒一軒回る男もいた。

9.「ノアノア」

ハモニカ横丁に鉤の手型に並ぶ屋台街の、縦の部分の一番端が炭屋（菓子屋という説もある）で、次が「ノアノア」。ノアノアのママだった若槻菊枝は、自著『太陽がいっぱい』で書いている。

高野の横に、野原組のマーケットができていた。ほそ長い店がならんでいたが、人はうなぎのねどこなどとよんでいた。ハーモニカのようでもあったので人はハーモニカ横丁といった。わたしの店はドレミファのドであったが、あとで事情があって、レに変った。お客様は学生、詩人、作家、画家といったアーチストのたまり場でもあった。

若槻は、戦後ヤミ市の担ぎ屋をしていたが、新宿西口仲通、今の小田急ハルク裏の焼き鳥屋「ボルガ」の隣に日本そば屋「きくや」を開店した。客のなかには、NHK会長阿部眞之助、女優の岸旗江、角梨枝子、新劇の滝沢修などがいた。しかし、切符制でなければ麺類は販売できないという制約もあって、うまくいかなかった。その後、ハモニカ横丁で、ノアノアを始めたのである。

焼酎にライム・ジュースを混ぜたカクテル、ノアノア・ウオッカがよく売れた。五十円だった。客は、ロシア民謡やシャンソンをよく歌った。「カチューシャ」、「郵便馬車の馭者だった頃」、「国際学連の歌」、歌声喫茶（酒場）の走りだったと若槻は回想している。

ノアノアは、その後歌舞伎町に移り、二軒目の店を小滝橋通りに出す。演劇関係の客が多く、俳優・声優の小松方正、劇作家の青江舜二郎、演劇・歌舞伎評論家戸板康二などが集まった。小滝橋通りの店の開店の際には、現在、ゴールデン街で酒場ハングリー・ハンフリーを経営している岩城祐二氏は、手伝いに馳せ参じ、料理に腕を振るったという。ノアノアの客筋は前記の他に、会田綱雄、芥川比呂志、浅見淵、有吉佐和子、井上光晴、伊馬春部、内山敏、梅崎春生、梅崎恵津、大藪春彦、岡本太郎、河上徹太郎、佐々木久子、相良守次、下中邦彦、新庄嘉章、十返肇、十返千鶴子と枚挙に暇がない。みちくさと重なる客が多い。

ハモニカ横丁ノアノアの隣がみちくさ。従ってみちくさはドレミファのミの場所である。ハモニカ横丁みちくさを撮った写真がある（口絵参照）。縄のれんの左側にみちくさの提灯。木枠のビールケースが置かれ、その向こうに着物姿の女性一人と洋装の女性二人の立った後姿。裏口か表口か、判然としないが、酒やつまみの用意をしているのか。客の相手をしているのか。それとも客か。この時代に、ビールをケースで購入できるのかと思ったが、闇の横流しで、清酒、ビール、ウイスキーも手に入れられたという。

10. 父の戦後

ハモニカ横丁時代のみちくさには、私の父も通った。

戦前の一九三六（昭和十一）年に花王石鹸に入社して以来文学から遠ざかっていた父は、終戦後は、労働争議に揺れる会社の総務部長として、事態の収拾に奔走していた。足しげく、というわけではなかった。

戦争が終わり、自由の時代になった。かつての文学仲間や評論家たちとの再会。高見順、亀井勝一郎、中島健蔵、立野信之、青野季吉、湯浅克衛。酒を酌み交わしながらの人生談義、文学談義。特にフランス文学者で評論家でもあった中島健蔵とは懇意だった。中島は、音楽にも造詣が深かった。私の手元に中島の著した『音楽とわたくし』（講談社、一九七四年）がある。

文学者との交流は、父の心を癒しもしたが、激しい焦燥にかられた時もあったに違いない。花王石鹸を退社する頃から、広告の仕事に打ち込み、広告界の重鎮となっていくのだが、初心である文学に対する切実な渇望は、常に胸の内にあった。「その胸の奥深くにあたかも鍵でもかけるかのようにしまわれていた」文学への思い。

ハモニカ横丁で、会った人たちと交わした盃は、楽しい酒でもあり、再会の寿ぎの酒でもあった。しかし、横丁を後にして家路に着くうちに自分を取り戻し、にがくさびしい自省を呼びさます酒にもなった。みな地道に文学の道を歩んでいる。「文学に戻らなければ、一刻も早く文学に戻りたい」。だが、「さばかりの事に死ぬるや」「さばかりの事に生くるや」（啄木）、という思いもある。胸をかきむしられるような自己撞着。横丁を後にし、帰路を急ぐ父の孤影が目に浮かぶ。

ある日、みちくさで、梅さんに文学への夢を語った。梅さんは、一九〇四（明治三十七）年、横浜生まれ。「浜のずべ公」と自称したが、文学少女で、夏目漱石の小説が好きだった。「みちくさ」という店の名前は、漱石の小説の題名から採った。竹久夢二のファンでもあった。新宿西口の店には、夢路の版画が掛かっていた。

しかし、売れない作家の夫の稼ぎはなく、梅さんの店の売り上げで暮らす日々。夫の連れ子二人を立派に成人させ結婚させて一息つくと、自分が店を終えて帰って来るのを待つだけが生きがいのような夫に飽き足りなくなっていく。そんな時、私の父と出会った。会社勤めをしながら、妻子を養い、かつ文学への夢を捨てない男に、梅さんは惹かれていく。

上林暁が著した『説教聴聞』は、梅さんの半生を描いたものだが、その中に、梅さんと私の父との恋愛を描いている部分があるという。早速、日本近代文学館で、『上林暁全集』を紐解いてみた。

新宿で、行き付けの飲み屋に立ち寄った〈私〉は、店主のお好の愚痴を聞かされる。夫の佐伯と別れるという。


「だって、今の佐伯との生活に、なんの張合ひもかんじられないんですもの。佐伯と來たら、わたしに養はれながら、毎日何をするでもなく、家に籠つたきりで、とり止めもないことを書いたり讀んだりしているだけでせう。わたしがお店を閉めて帰つてゆくのを、たつた一つの樂みにして生きてるんだもの。（略）」

（略）

「武智さん、ここだけの話だけど、わたし、戀人があるのよ。」

お好さんの話は、勢ひでそこまで行つた。が、若しかしたら、さつきから言ひたくて、胸がウズウズしてゐたのではないかとも気が廻された。眞劍な顔で、照れてはゐなかつた。（略）

「また、三月《みつき》の戀ぢゃないの。」

「ううん。今度は本氣よ。前の、亮ちゃんの場合が本気でなかつたといふわけぢゃないけど、向うは、三十を超えたばかりの評論家で、奥さんも子供もあるのよ。それでゐて、わたしと一緒になつてもいいと言つているのよ。わたし、それで悩んでるわ。」

「あんまり本氣にならない方が、いいよ。一時の戀は仕方がないとしても、浮氣程度でとどめておいては、どう？」

「わたしの戀は、いつも浮氣程度で止まるのよ。一度くらゐは、抜き差しならぬところまで行つてみたいわ。そして出來れば、戀を成就したいのよ。さうでなくては、わたし、生甲斐が感じられないわ。」

時計を見ると、終電車に駆けつけるべき時間になつてゐた。（後略）

この後の上林の筆は、お好の夫佐伯に同情的に進む。そして、ある日、近くのカソリック系の女学校で行われるフランス人の神父の説教を聴きに行こうと、佐伯とお好を同行する。神父の説教に心打たれた二人は、もとのさやに納まるという筋立てである。

お好のモデルが梅さん、佐伯のモデルが梅さんの夫で作家真木珧（本名小林直太朗）、お好の恋人の評論家は私の父がモデルという。

この小説の中で、私の父は、刺身のつま程度にしか描かれていないが、梅さんを巡っての父と母の修羅場は、今も深く心に残っている。小学生の頃だった。酔って帰って来る父の靴音が聞こえると、母は玄関に飛び出す。泥酔している父が玄関の上がり框に倒れこむように横になると、「こんな時間まで、どこに行っていたのですか」という母の甲高い声が聞こえてくる。それからしばらく言い争いが続く。思わず耳を塞いだ。みちくさの店の前まで母に連れられて行ったことがある。

しかし、上林暁が書いているように、梅さんも父もそれぞれの家庭を捨てることはできなかった。

内向の世代の作家といわれる坂上弘は、こう書く。「私の愛する点は上野さんの、家族を大事にしている姿だ。その中で、転向してくれ、という妻が、会社をかわってくれ、酒場の女と別れてというときと同じくらい直で正しい勘をもっていた。彼は生涯他人を悪く考えたことがない。家族を他人と位置づけるのはきわめて抽象的すぎるが。」（「挫折を生きた人―堀江朋子著『風の詩人』に寄せて」ＣＡＢＩＮ五号、二〇〇三年）

父が亡くなったのは一九七九（昭和五十四）年六月五日。

再び、坂上氏の回想を引用すると、「上野さんが亡くなったのは昭和五十四年六月五日で、九日に中野宝仙寺で葬儀が執り行われた。お寺の境内で、私は広告界の参列者とはなれて、尾崎一雄さんや佐多稲子さん、大宅昌さんたちのいるすぐ後ろに立っていた。高校から大学にかけて武田文章に連れられてよくお会いした武田留女（武田麟太郎夫人）さんの顔があった。その留女さんが、少し笑ったおだやかな顔を向けて、「あら坂上さん、大きくなって」と懐かしそうに言われた。一瞬、目の前の風景がなくなったように覚え、平坦ではない生涯を終えた上野さんに会った二十年にも満たない以前に舞い戻っていた。」

この文章に出てくる人々は、鬼籍に入って久しい。梅さんも、一九九四（平成六）年に九十歳で逝った。

武田麟太郎の二人の息子武田文章、穎介氏とは、みち草や、鎌倉東慶寺で行われた高見順忌や浅草染太郎で開かれた高見順夫人を囲む会でよく会ったが、二人とも早逝した。

私がみち草に通いだしたのは、父が亡くなった翌年の一九八〇（昭和五十五）年。みち草がハモニカ横丁から二幸裏に移転したのが一九五四（昭和二十九）年。西新宿に再度移転したのが一九七一（昭和四十六）年。私が初めてみち草を訪ねたのは、それから九年後である。大学時代の同期の男と一緒だった。父のことを書いてみようと決心し、西新宿みち草のドアーを開けたのだ。その後のみちくさ交流記は、後の筆に任せるとして、ハモニカ横丁みちくさの梅さん、父。それぞれの人生の一コマをここに記した。

11．二幸裏「みち草」

みち草は、一九五四（昭和二十九）年に、ハモニカ横丁から二幸裏の細い路地、みゆき通りに移転した。ハモニカ横丁が区画整理の対象になったからだ。同年四月十五日に、移転のためにかかった拠金調達運動が始まる。発起人は六十二名、会長は青野季吉、幹事長は田辺茂一、幹事には水島治勇、外村繁、扇谷正造、伊奈信男、立野信之、河盛好蔵、濱本浩、中村正幸、池島信平らが名前を連ねていた。

一口千円、何口でも可ということで、百万円が集まった。みゆき通り左側に、立派な板張りカウンターのある二十名ほどは入れる店が完成した。店の赤提灯は「みちくさ」から「みち草」に代わっていた。みち草の前は、「一平」というおでん屋。左隣はレンガ塀の店、みち草の隣が「リリー」というバー。「ヌーボー（ぬーぼお）」や「夜曲」などが並んでいた。近くには、パチンコ屋、すし屋、「三平食堂」、洋食「アカシヤ」、バー「どれすでん」などの店があった。

三平食堂、アカシヤ、どれすでんは、今も健在である。

ここに集まったのは、ハモニカ横丁の常連だった前記の人たちに加え、長谷部慶一郎、グラフィックデザイナー原弘。原弘は一九六〇（昭和三十五）年、亀倉雄策らとともに日本デザインセンターを創設した。それに、画家森通。森通は、独立美術協会会員として活躍した。アナトール・フランスを著した評論家・翻訳家で読売新聞に勤めた内山敏、内山敏は、優しい人柄で、「内山タクシー」と呼ばれるほど毎夜、ママを家まで送り届けた。グラフィックデザイナーの高橋錦吉。毎晩のように顔を見せた。高橋錦吉は、一九五一（昭和二十六）年、亀倉雄策、早川良雄、山名文夫らと日本宣伝美術会を結成した。また、日本写真家協会初代会長木村伊兵衛、東京都写真美術館の館長を務めた報道写真家渡辺義雄をはじめ、田村茂、伊奈信男、杵島隆、細江英公、中野英伴など、現在ではレジェンドとあがめられる写真家や、写真評論家の渡辺勉など。

特に、梅さんにとって忘れがたいことは、木村伊兵衛たち写真家が、一九五四（昭和二十九）年四月に来日した報道写真家ロバート・キャパを伴って現れたことである。その時キャパが書いたサインは、梅さんが亡くなった後、孫の小林秋生さんが引き継いで保存。その後、キャパらが設立した世界的写真家集団「マグナム・フォト」が直筆と認め、現在は、恵比寿ガーデンプレイスにある東京都写真美術館に収められている。私は、二〇一四（平成二十六）年三月から五月に写真美術館で開かれた展覧会「１０１年目のロバート・キャパ―誰もがボブに憧れた」に足を運んだ。みち草で書いたサインは、キャパの撮った写真とともに展示されていた。和紙にＣａｐａのサインとカメラの絵が描かれていた。ａの文字がｏとも読める特徴的な筆跡で印象に残った。キャパは、サインを残してから一か月も経たない五月、インドシナ戦争の取材中に命を落とした。キャパの写真展の紹介記事には、「死の直前の直筆サイン展示」の見出しが躍っていた。朝日新聞二〇一四（平成二十六）年四月十六日付の記事。

その他、能楽師野村万蔵、作家佐藤愛子、佐多稲子。佐藤愛子は、二〇一六（平成二十八）年現在九十三歳だが、『九十歳　何がめでたい』を出版し、出版不況の中売れているという。詩誌「歴程」の詩人で画家の辻まこと。辻まことは、アナーキスト辻潤と甘粕事件で虐殺された伊藤野枝の息子である。「歴程」の詩人たちでは、他に山本太郎、会田綱雄、糸屋鎌吉などが常連だった。山本太郎は、画家山本鼎と北原白秋の妹家子の長男。読売文学賞を受賞した『覇王紀』など、多くの詩集・評論を上梓した。会田綱雄も、詩集『遺言』で読売文学賞を受賞している。

作家保高徳蔵。保高は読売新聞記者、博文館編集者を経て、作家活動に入った人物。一九三三（昭和八）年に、同人誌「文藝首都」を創刊し、芝木好子、大原富枝、北杜夫、田辺聖子、佐藤愛子、なだいなだ、中上健次、勝目梓、林京子など多くの作家を世に出した。保高徳蔵夫妻と同人誌「文芸復興」で執筆していた父や母とは親交があった。徳蔵は早逝したが、妻の保高みさ子と母とは交流が続いた。みさ子の『秩父事件の女たち』が、今私の手元にある。母の書棚にあったものである。

島崎藤村の三男島崎翁助も、しばしば顔を見せた。一九〇八（明治四十一）年生まれの孤高の画家翁助は、父と同世代。戦前はプロレタリア芸術運動に加わり機関誌「戦旗」に挿絵を描いた。千田是也とともにドイツに渡り、バウハウス運動に参加している。バウハウス運動は、ナチスに潰されるが、芸術の方法論についての革新的な運動だった。戦後は『島崎藤村全集』の編纂に打ち込む。絵のほうは、セピア色で光と闇を描いて、「セピア色の孤独」と評された。ムーラン・ルージュ新宿座でも仕事をしていた。私が翁助に会ったのは、西新宿みち草だった。小柄で寡黙な人だった。ママの梅さんが「上野壮夫の娘よ」と紹介すると、「そうですか」と一言。戦前のプロレタリア芸術運動の流れの中で、機関誌「戦旗」の編集長であった父と、そこに挿絵を描いた翁助とは、仕事上の接点があった。また、父の盟友古澤元の弟が岸丈夫という漫画家だった関係で、翁助は、清水崑、杉浦幸雄などとともに、古澤家に出入りし、古澤元とも親しかった。しかし、翁助とその頃の話をしたことは記憶にない。ただ並んで、黙々と酒を飲んでいたことしか印象にない。

その他、東京新聞文化部石田健夫、新潮社の岩波剛、インダストリアルデザイナーの小杉二郎。小杉二郎は、飲んでは飛行機の絵ばかりかいていた。また、俳優座の松本克平、愛知大学教授で国際政治評論家の坂本徳松。異色の人は、地球化学者猿橋勝子。優れた女性科学者を表彰する猿橋賞は有名である。女性運動家の櫛田ふきも、常連の一人だった。私は、二幸裏時代のみち草からお梅さんのアシスタントだった山口和子さんに、櫛田ふきの自伝的エッセイ『たくさんの足音　その一つが歩んだ道』（草土文化、一九七八年）を頂いた。早くに夫（櫛田民蔵）を亡くし、子供を育てながら、婦人運動、平和運動と多彩な活躍をした女性の足跡は、見事というしかない。

戸井昌造。画家、作家、民俗研究者、声楽家である戸井は、秩父事件の研究でも知られる。作曲やアコーディオンもこなし、声楽ソロのリサイタルも開いた。山口和子さんも、リサイタルを聴きに行ったという。ハモニカ横丁から二幸裏と、みち草は、文壇バーなどという言葉で括れないほど様々な人が集まった。


みち草梅さんの初代アシスタントが工藤（堀切）まや子。二代目が井上（梅崎）純子。純子さんは、一九五七（昭和三十二）年、梅崎春生の弟で能楽師の梅崎信義と結婚して引退したが、「私、千代吉さんが好きだったの」という。橋本千代吉は、草野心平が開いた「火の車」で働いていた男性。『火の車板前帖』という本を出版した。純子さんとは、私が西新宿みち草に足を運んで以来の付き合い。夫の信義さん、ママ梅さん、山口和子さん、NHK三チャンネル子供番組のアシスタントディレクターの竹内道子さん、朝日新聞の梅田敏郎さん、共同通信の酒井義雄さんなどと、伊豆や水上に旅行した。

三代目が山崎静枝。シーちゃんという愛称だった。要通りに「アントン」という店を出し独立した。四代目が園阿莉。現在陶芸家として活躍している。五代目久保みどり。俳優久保明と結婚した。六代目大村達子。七代目通称はっちゃん（本名はわからない）。そして八代目が山口和子さん。

12. 草野心平と「火の車」

草野心平は、みち草とすれ違いに、ハモニカ横丁近く和田組のマーケットの中に、本郷初音町に開いていた飲み屋「火の車」を移した。

「(略)わが赤提灯は、昭和三十年の春、小糠のような雨の中、心平さんに抱かれて所を変え、新宿は角筈で新しい灯を入れられた。和田組マーケットの中の一角であった」(前出『火の車板前帖』)。

火の車には、丸岡明、土方定一、田辺茂一、中島健蔵などが顔を見せたが、詩誌「歴程」同人が常連だった。その縁で、みち草の客にも「歴程」のメンバーが多かった。長谷川龍生氏もその一人である。西新宿みち草で知り合い、父上野壮夫の全集を親友辻井喬(堤清二)氏とともに監修していただいた。その龍生氏の「空の果てが道になるまで手に手をとって二人でいく真実」という詩が、わら半紙に書かれ、二幸裏みち草の壁に貼られていた。草野心平は、「みちくさ」の看板文字を書いた。辻井喬は、恋人と噂された女優と西新宿みち草に何度か現れた。

火の車は、本郷初音町で二年、新宿角筈で一年と開店の期間は短かったが、私の父も、何回か飲みに行ったという。父が現れると、心平は相好を崩し、「ソーフー、ソーフー」

と呼んで肩を組み、ともに飲み、離さなかったという。心平と父との接点は、大正末期に遡る。一九二六（大正十五）年九月、父は三好十郎とともにアナーキスト誌誌「アクション」を創刊したことは前述したが、三好十郎は、草野心平主宰のこれもアナーキスト誌誌「銅鑼」を脱退して、「アクション」を創刊したのである。

この頃、父は、草野心平と同じ流れの中にいた。その後、コミュニズムの文学運動へと入っていって、草野心平とは別々の道を歩むが、一時期、同じ流れに身を置いた詩人同士、旧交を温めたのだろう。角筈の火の車は一九五七（昭和三十二）年に閉店するが、心平は、バー「學校」を新宿一丁目五に、六十年安保闘争の年（一九六〇年）に開店した。その開店日は樺美智子が死んだ六月十五日だったと、ゴールデン街で二代目學校を営んでいた井上禮子さんに聞いた。しかし、実際は六月二十一日だったという。心平は、「安保反対・本日開店」のビラを配った。

13. 広告界での仕事とアートディレクター太田英茂

二幸裏の時代は、父が広告界で活躍し始めた時期と重なる。花王石鹸宣伝作成室で、広告制作に携わり、コピーを書いていた父は、一九五六（昭和三十一）年、デザイナー天野秀夫氏とともに、第二十四回産業デザイン振興総理大臣賞、毎日広告賞をはじめ、様々な広告賞を受賞し、次第に広告界で認められるようになっていく。仕事は多忙を極めた。代表を上野壮夫として、「コピー十日会」が一九五八（昭和三十三）年に発足、作家開高健も創立メンバーとなっている。コピー十日会は「東京コピーライターズクラブ」と改称し、現在に続く。父は、戦前花王石鹸に入社し、満州奉天工場の責任者、戦後は本社の総務部部長、宣伝部部長などを歴任したが、やはり、文章を書くことが本来の資質に合っていた。父は、二幸裏みち草にも足を運んでいるが、この頃の梅さんと父は、店主と客という間柄に戻っていた。

戦前の花王石鹸で、長瀬富郎社長とともに古い体質の花王石鹸の機構改革に取り組んだ太田英茂は本郷教会の牧師で社会主義者。みち草の常連客だった。英茂は、戦後、父とともに第一世代のアートディレクター・コピーライターとして活躍した。一六七五（延宝三）年創業の漬物の老舗「酒悦」が、傾きかけていたのを、宣伝広告で立て直した。父とは生涯の友人だった。父が前立腺がんを発病し抗がん剤の投与で小康を得た一九七四（昭和四十九）年、父と母は、療養を兼ねて信州田沢温泉に一か月ほど逗留した。その折、故郷信州安曇野に隠棲していた太田英茂を訪ねている。二人が会った最後の時だった。

二幸裏みち草の客について記したが、梅さんのご主人直太朗さんも、店に顔を出した。十二月のクリスマスには、ハモニカ横丁時代から続いているお笑い福引を作った。賞品は酒、おもちゃの二丁拳銃、かつら…。酔っ払いたちは、それらを持ったり、被ったりして新宿の街に繰り出した。二幸裏の店は、十八年間続いた。二幸裏の時代が、みち草が一番輝いた時だろう。

14.「ナルシス」と横浜事件

新宿で、古い歴史を持つバーが「ナルシス」。マダム川島藤枝が、戦前の一九三八（昭和十三）年十二月に、新宿二丁目赤線に近い場所に開店したのが始まりである。

田村隆一、鮎川信夫、中桐雅夫、黒田三郎など詩誌『荒地』の同人たち。早稲田派の新庄嘉章、村上菊一郎、田村泰次郎、井上友一郎、丹羽文雄、一九三五（昭和十）年に「蒼氓」で第一回芥川賞を受賞した石川達三、高見順やアナキスト詩人岡本潤、坂口安吾や太宰治、また、映画プロデューサーの藤本真澄や監督の川島雄三、カメラマンの宮島義勇など映画人も集まった。

堀田善衛の小説『若き日の詩人たちの肖像』（新潮社、一九六八年）には、戦時下の暗い世相の中、ナルシスに集う若き詩人、作家たち、ジャーナリストの姿が活写されている。

堀田善衛とおぼしき若者は、「散歩」ではなく、「町歩き」を好んだ。「散歩ということばには、内容も伝統もない気がして厭だった」という。

十一月末の空気は肌に冷たかった。一九四〇年の秋であった。

ゆっくりと、殆ど陽気なような気分で若者は九段の坂をのぼり、新宿へ向って歩いて行った。（略）市ヶ谷へ出て、水の上をわたる風の寒さなどおかまいなしで、お濠でボートまで漕いでやった。暮れ方に近くなって、四谷の裏通りの三味線屋の店先で、三十分ほどもじっと三味線の皮を張る仕事をしている職人の指先を眺めていた。

夜に入って、上機嫌で若者は新宿に到着し、ナルシスの扉を押した。客は一人もいなかった。にこにこして入って行ったつもりであったが、途端にマドンナが駆け寄って来て、

「まあ、どこへ入《はい》ってたのよ。みんな心配してたわよ」と、若者をなじるようにして言った。色白な細面にくり込まれた黒い眼がきらきらと光っている。（略）

マドンナの言うことは、いったいどこの警察の留置場にいたのか、ということである。そんなにそんなにあんなところへ何度もご厄介になってたまるか、いかにヴェルレーヌが、神よあそこに人生あり、(Mon Dieu, mon Dieu,la vie est là)、と言っているとはいえ……。（略）若者が北海道でプカプカドンドンやってあるいているうちに、愕いたことに新築地、新協の両左翼劇団が解散命令をくらい、主だった連中は、久保栄も村山知義も滝沢修もみんなつかまってしまい、（略）思い切らねばならぬものが多すぎる、（略）

「それからね、今朝早くね、今度はプークの連中がやられたのよ」

プークとは、人形劇団プークのことである。

堀田善衛『若き日の詩人たちの肖像』は、戦争へと傾斜していく全体主義国家の下のさまざまな青春像を描いている。野球用語まで日本語にしないと危なくなってきた時勢の中、反戦同盟を造るという友人、唯物研究会の残り少ないメンバー、築地小劇場の左翼劇に生きがいを見出していたナルシスのマドンナ。築地小劇場は、名称を国民新劇場と変更させられた。

一九四一（昭和十六）年十二月八日の真珠湾攻撃、対米英宣戦布告以来、詩人たちも次々と招集される。そんな中、長い間未決で入獄していた山田喜太郎が出獄し入営することになった。

山田は、真珠湾攻撃を機に、日本社会が深い所で変わりつつあると話した。特高の刑事や巡査が、検事や判事には、一応の敬意を表していたのが、「なにをこの文官どもめが」という態度になり、留置場のスリや泥棒、チンピラも、今まで思想犯に対して一目置いていたのが、汚いもの、うじ虫を見るみたいな目で見るようになったという。

「国賊」「非国民」「それでも日本人か」少しでもお上に批判的な分子は、そういって指さされた。

私は、このくだりを読んで背筋に冷たいものが走った。昔の話ではない。これからも、なにかのきっかけで、世の中全体が、国民全体が、がらりと変わる時が来るのではないかと感じる時があるからだ。戦後民主主義の時代が崩壊する時があるのではないかと。それは、体制側の問題だけではない。我々自身の中に根強くある保守性と保身性を思うからだ。

ナルシスには、雑誌や本の編集者たちも飲みに来ていたが、ある日突然、総合雑誌「改造」の編集者が、姿を見せなくなった。横浜事件に連座して、神奈川県警特高に捕まったのだ。ことの発端は、一九四二（昭和十七）年（八―九月）、「改造」に掲載された細川嘉六の論文「世界史の動向と日本」が、共産主義的で政府のアジア政策を批判するものとして発禁処分を受け、細川が新聞紙法違反の容疑で逮捕されたことだった。捜査中に、細川嘉六と「改造」や「中央公論」の編集者などが一緒に写っている写真が、嘉六の故郷富山県泊町の旅館で発見され、日本共産党の再建を目論み集まっていたとされた。一九四三（昭和十八）年、改造社、中央公論、東京新聞社、岩波書店、日本評論社、満鉄調査部の関係者六十人が、治安維持法違反容疑で逮捕された。凄惨な拷問を受け、四人が獄死した。当時の公判記録は政府関係者によって焼却された。その後、長い裁判を経て、二〇一〇（平成二十二）年、横浜地方裁判所は、特高による拷問を認め、「証拠は存在せず、事実と認定できない」とし、実質的に無罪と認定、事実上事件が冤罪であったことを認めた。

私は横浜事件の時に逮捕された一人、青山鉞治（青山憲三）氏にお会いしたことがあった。当時、三信図書という出版社を経営していた。母の『わたしの神戸　わたしの青春』という著書を同社から出版することになり、その折に母と一緒にお会いした。再度お会いしたのは、一九八六（昭和六十一）年五月、江古田斎場で行われた作家平林彪吾の妻の葬儀の時だった。

青山氏は、横浜事件で逮捕された時、「改造」の編集者であり、海軍報道部の嘱託でもあった。「改造」関係者では、他に、小林英三郎、若槻繁、水島治男らが逮捕された。

お会いした時、青山さんの手は、右手か左手か定かには覚えてないが、指が曲がったまま動かなかったことを鮮明に覚えている。拷問のために曲がったものと思われた。

横浜事件は不明な点が多い事件だった。政府内の反東條英機勢力を潰すためのものであったとの推測もある。


一九四四（昭和十九）年二月、ナルシスは当局の企業整備という名目で、閉店させられた。マダムの川島は、店の二階に寝泊まりし、売り食いの生活をしていたが、翌年五月の空襲で家屋が焼失してしまう。戦後しばらく、神田で雇われママをしていたが、一九五〇（昭和二十五）年七月にハモニカ横丁の一画に店を出す。戦後も客筋は夫人連れが多かったという。安部公房と真知夫人、梅崎春生と恵津夫人、「風紋」のママ林聖子と勅使河原宏…。その後歌舞伎町に移った。戦後すぐの歌舞伎町は、文化・芸術の面で、最もラディカルな場所だった。ナルシスは、戦前から学者・芸術家のたまり場だったが、歌舞伎町公園の側に移ってもそれは変わらなかった。安保闘争とその挫折の時代には、アングラ・サイケなどの芸術活動・発信の基地ともなった。ナルシスのママとゴールデン街でバー學校を開いていた禮子さんとは親しかった。

15.「五十鈴」藤田けぃと麗人会

ナルシスのママ川島藤枝や小林梅、「鳥源」のママたち、ハモニカ横丁や東口で飲食店を営む女店主が集まって結成したのが、「麗人会」。その会長になったのが、「五十鈴」の店主藤田けい。

藤田けいは、戦後いち早く東口に店を開いた。組が仕切っている場所ではなく、知り合いから借りた土地だった。

紀伊國屋書店の田辺茂一は書く。

私の毎夜の「ハモニカ横丁」廻りの皮切りをだいたい「五十鈴」にきめていた。最初の店は、奥に小座敷があり、そこに青野季吉、それに妙な取り合わせだが、墨紋付きを羽織った、漫画の那須良輔などもいたことがある。

（前出『わが町・新宿』）

青野季吉、那須良輔の他に、フランス文学の新庄嘉章、国文学の暉峻康隆や作家で能の解説書などを書いた丸岡明などが常連だった。

五十鈴は、しばらくして、すぐ近くの新しい場所に移った。ムーラン・ルージュ新宿座の裏であったため、ムーラン・ルージュの人たちが集まった。その中には森繁久彌もいた。それに、佐多稲子、有吉佐和子、水上勉、江戸川乱歩など。

五十鈴の女主人藤田けいがモデルだといわれる小説がある。佐多稲子『風になじんだ歌』。

『若き日の詩人たちの肖像』が、戦時下のインテリ若者群像の閉塞感を描いているとしたら、『風になじんだ歌』は、主人公志保を中心に、戦後新宿の焼け跡に生きる庶民の姿を映し出す。

浮浪児、チンピラ、街娼、ヤクザ、テキヤ、闇商人、バラガキ（すれっからしのこと）、戦争未亡人。これらの人々の日常が佐多稲子らしい乾いた文体で描かれて、職も食もない時代の、市井の人々の生活を映し出した。

ユリ子は夜の街に立つ女。利夫はヤクザになり切れないチンピラ、定職はない。二人が所帯を持った。旭町のアパートの一室だ。志保は、利夫に屋台のおでん屋をやらせたが、十日ほど休ませてくれという。ヤクザの出入りがあり、助っ人にいった利夫が死んだという知らせが入った。その後、ユリ子は、木下という男と付き合うが、木下はヒモだった。ユリ子は、また街に立つ。

街娼同士の喧嘩、戦災浮浪児のかっぱらい、大学生のピーナッツ売りや電球売り。酒場にはヤミの手入れがあり、飲みに来ていた大学教授や作家が、証拠品の酒徳利とともに連行されたこともあった。

戦後三年近くが経った一九四八（昭和二十三）年一月二十六日、銀行の行員十一人と用務員の一家に毒をのませて十二人を殺し、金を奪った「帝銀事件」が起こった。志保の店でも大きな話題となった。池袋近くの椎名町で起こったその事件当時、私は七、八歳で、両親と姉とともに江古田に住んでいた。近くの椎名町で起きた事件に、大人たちが大騒ぎをしていたことが、鮮明な記憶として残っている。

一九五一（昭和二十六）年九月八日、サンフランシスコ講和条約の批准と日米安全保障条約締結、その翌年の血のメーデー。志保の店に来る客に、メーデーに参加した若者がいた。

神宮外苑のメーデー会場からデモに移った。一部のデモ隊が、宮城前広場に入った。宮城前広場は、昨年から使用禁止になっていた。デモ隊が宮城前でインターナショナルを歌いはじめると、「どこからか、かかれ！の号令が聞こえて、警察官が一斉におそいかかった」と若い客は興奮した面持ちで話した。この日、警察官の発砲で二人のデモ参加者が死んだ。

戦後の五年ほど、警察は無力だったという。この街でも力のあるものの不法が通り、弱いものは追われた。「この頃、警察力は旧にもどっているが、だからといって、弱いものが助かっているともおもえない。強いものは基礎を固めて大きくなっていた」

その後、志保の店は四階建ての新築のビルに移った。

『風になじんだ歌』は、戦後すぐの新宿のヤミ市とその周辺に生きる人々を描いた小説だが、ほぼ事実に則しているだろう。

志保のモデルとなったといわれる五十鈴の女主人藤田けいには、直接会ったことはないが、私の馴染みだったみち草の梅さんや、和子さんの話の中に度々登場する人だった。中江良夫のパトロンだったという。中江良夫は、ムーラン・ルージュ新宿座で、脚本を書いていた。私の記憶の中にあるラジオのドラマ「ウッカリ夫人とチャッカリ夫人」もこの人の脚本である。

私自身、五十鈴に行った記憶はほんの数回だ。多分酒場から飲食店に変えた後で、新宿東口から南口へ抜ける通りのビルの一階にあった。ウナギの寝床のような細長い空間に、コの字型のカウンターがあった。その中に、白い割烹着を身に着けた中年の女性が三人ほど。カウンターの中は、調理場になっていて、おでんが煮えていた。

藤田けいは、気風が良くて親分肌。度胸もあって、付近一帯の元締め役であり、前述したように、麗人会の会長だった。

麗人会の会員たちの写真が手元にある。時、場所についてはわからないが、防寒コートを羽織っているから、冬であろう。麗人会のメンバー八人が全員着物姿で写っている。後列一番左側が藤田けい、その他に鳥源、トントン亭、よしだ、南蛮、みち草、あづまの各おかみさんが勢ぞろいである。みな、それぞれに美人だが、おけいさんは、やはり風格と貫禄がある。この中で、現在も続いているのは、鳥源のみである。新宿三丁目、紀伊國屋書店の近くに店がある。現在、二代目、三代目が店を切り盛りしている。昔の写真が飾ってあった。

あづま、よしだは、父がよく通った店だ。私も歌舞伎町のビルの二階にあった時に何回か行ったことがあったが、馴染みとなるほどではなかった。

第五章　歌舞伎町

歌舞伎町といえば歓楽街、そしてそれに伴う闇の部分が存在する所。こう連想するのは、私だけでないだろう。鮮やかなネオンの下で、様々な人生を背負った人たちが明日をも知れぬ暮らしを送り、合法と非合法のあわいを漂って生きている場所。そんなイメージを私が持ちはじめたのはいつの頃からだろうか。そして、自分がそこに生きることだって充分にあり得るし、ならなかったのは（七十半ばになって、これからなることはもうないだろう）、たまたま、そういう星の下に生まれなかっただけということだろう。

「歌舞伎町の女王」という歌がある。椎名林檎作詞・作曲で自ら歌っている。

「千葉の九十九里で育ててくれた祖母の手を離れ、母が働く歌舞伎町を訪ねると、母は、男にちやほやされている歌舞伎町の女王。私も母のように、みなから大切にされる。でも、バー（クラブ）のママの母は、私のママにはなれなくて、男とどこかに行ってしまう。大人になった私が、今夜からこの町の女王」といったような内容である。こういう話は、歌舞伎町のどこにでもあったのだろう。

現在は、一時期よりずっとクリーンになり、クラブ、キャバレーは数が減り、食堂、居酒屋、パチンコ屋、ゲームセンターなど、普通の店舗が立ち並ぶ。

一・我が青春の歌舞伎町

歌舞伎町は、昭和三十年代後半頃まで、女子学生でも、気軽に遊びに行ける場所だった。しもた屋風の一階建ての商店が並んでいたし、喫茶店や映画館があった。コンパ（その頃コンパという言葉を使ったかどうか）や飲み会などで居酒屋にも通った。

1．喫茶店と居酒屋

西武線に近い所にある歌声喫茶「灯」。灯は何度か行ったことがあるが、みんなで一緒に歌うのが気恥ずかしかった。音痴であったせいもあるかも知れない。歌舞伎町弁財天堂（歌舞伎町一―一三）に近い所にあった名曲喫茶「スカラ座」、「田園」。それに「上高地」、「白鳥」。私の通った喫茶店である。「上高地」は、一番街にあった。今は漫画喫茶となっている。東口には「風月堂」や「白十字」、「らんぶる」など。クラシック音楽を聴きながらコーヒーを飲む。知的人種の仲間入りをした気分だった。東口は、三越裏に戦後一九四七（昭和二十二）年に開店した「青蛾」が有名だが、私は足を運んだ記憶がない。風格がありすぎて、敷居が高かったのかもしれない。風月堂も、同じ年に東口に開店したが、こちらは、学生時代に通った店だ。私が行ったのは、一九五五（昭和三十）年に建て直された新店舗の方だが、奥深い空間の壁面に、油絵が何点か飾られていたのと、天井の高かったことが印象に残っている。また、外国人が多かった。「風月外人」と呼ばれて、ヒッピーのたまり場だった。女性同士で行った時などは、声をかけられないかと、怖さ半分、期待半分でコーヒーを飲んでいたものである。「琥珀」や「ウィーン」などという名前も思い出す。私は、どちらかといえば、ジャズやシャンソンが好きで、クラシックは教養として聴いていた気がする。

シャンソン喫茶やジャズ喫茶にはよく通った。「ラ・セーヌ」というジャズ喫茶。歌舞伎町一丁目の中台ビル四、五階にあった。劇場のようになっていて、ジャズやシャンソン、タンゴなどの演奏と歌を楽しめた。ジャズでは、原信夫とシャープスアンドフラッツ、有馬徹とノーチェ・クバーナ。フルバンドの演奏だった。タンゴの女王といわれた藤沢嵐子。「ラ・クンパルシータ」、「エル・チョクロ」など定番だったが、「アディオス・パンパミア（さらば草原よ）」というアルゼンチンタンゴが好きだった。バックバンドは、オルケスタ・ティピカ東京。戸川昌子や菅原洋一も出ていたというが、私の記憶から抜け落ちている。新宿「ACB」は、私が学生だった頃に、甲州街道と明治通りの交差点近くにあった。地下だった。銀座の方にも足を運んだ。銀座のはずれ七丁目にあった。広い観客席の中央に回転ステージがあった。両方とも一回ずつ行ったきりだった。女の子たち（当時は、私も女の子だったが）が、黄色い声で声援を送る雰囲気に馴染めなかった。誰が出演していたか、どんな歌を歌ったか、あまり記憶にないのだが、尾藤イサオだけは、なぜか鮮明に覚えている。強烈な個性だったのだろう。銀座ACBは、一九七二（昭和四十七）年に閉店した。ロカビリーからグループサウンズへ時代は移ったが、グループサウンズブームも去り、客足が減ったゆえである。

ＡＣＢの舞台は日劇ウエスタンカーニバルへの登竜門だった。日劇ウエスタンカーニバルにも一度だけ出かけた。山下敬二郎、平尾昌晃、ミッキー・カーチス、ジェリー藤尾…。高校三年の時で、始まったばかりの頃だった。これも、若い女性のきゃあきゃあわあわあの声援と舞台めがけてのテープ、トイレットペーパーまで飛んだ。連れて行ってくれた出版社の男が、隣のきれいな女性の方にばかり視線を向けるので、居心地が悪かった。というより、一人前にやきもちを焼いていたのだ。

ジェリー藤尾は、その頃、私の暮らしていた高円寺界隈では、評判の軟派だった。中学で彼と同級生だった友人から、その行状を耳にした。混血であることでイジメにあい、心に影を落としたのだろう。可憐な風情のポップス歌手だった渡辺トモコと結婚したが、スキャンダラスなマスコミ報道の中、離婚した。

新宿ＡＣＢが銀座ＡＣＢと袂を分かったのが、一九六〇（昭和三十五）年。ロカビリーから和製ポップスとエレキギター、グループサウンズへと舞台の主役も目まぐるしく変った。歌舞伎町二丁目に「アシベ会館」のビルが開館され、同時にＡＣＢがオープンした。新宿四丁目にあったＡＣＢと区別するために、「ニューアシベ」とし、やはり、舞台から多くのアーチストを送り出した。そのうちに旧ＡＣＢは閉館となり、一九七〇年代には、アシベといえばニューアシベのことを指すようになった。現在は、アシベ会館の中に、ライブハウス「アシベホール」があり、昔日の面影を残している。

喫茶店と違って、青春時代に行った居酒屋は数多くないが、西武新宿駅近くの、大衆割烹「勇駒」にはよく行った。勇駒があった土地は、歌舞伎町の開発者鈴木喜兵衛が二人の息子に残した土地であるという。勇駒は、思い出深い所である。大学の部活動やクラスのコンパ、早慶戦の後など、ここで、飲み会をするのが常だった。座敷に集まって飲み騒ぐ。いつも思い出して、そのあたりを歩くのだが勇駒の看板は見つからない。喜兵衛が歌舞伎町に残した土地と知ればなおさらである。その後、歌舞伎町喜兵衛プロジェクト会長の任にある新村雅彦氏をお訪ねした時に訊くと、二十年ほど前に閉店し、今は、渋谷区南平台町に本拠を置くレジャー産業日拓グループのパチンコ店になっているという。行ってみると、大きなパチンコ屋があった。その一番JR新宿寄りが、勇駒であったという。派手な外装と灯り、喧騒のパチンコ店には、思い出のよすがとなるものは、何一つ残っていなかった。二幸裏にあった「三平食堂」も、安さが魅力でよく通ったが、こちらは、ビルになって、今も時々立ち寄る。

2. 思い出の映画

歌舞伎町の映画街、興行街は、今は全く様変わりしたが、私の若い頃（一九五五―六五年頃）には、新宿東口の方から行くと、右側にコマ劇場、その前に噴水のある広場があり、それを取り囲むように、コの字型に映画館が並んでいて、映画鑑賞に足しげく通った。「地球座」、「オデオン座」、「新宿劇場」、「ミラノ座」。新宿劇場は、戦前東口にあったが閉館し、戦後歌舞伎町で再開した。

映画と音楽は、私の若い頃の唯一の娯楽だった。特に洋画が好きだった。アメリカ映画、欧州の映画、ソ連の映画。リアリズム、大衆娯楽映画、コメディ、ミュージカル、西部劇、時代劇と、ジャンルは問わず、何でも観た。映画・演劇好きの三歳年上の姉の影響があった。

しかし、歌舞伎町の映画館のめまぐるしい変化にはついて行けず、どの映画を、どの映画館で観たのかさっぱり思い出せない。新宿だけではない。実家の近くの「高円寺平和」と「阿佐ヶ谷オデオン座」。高円寺平和は一九四六（昭和二十一）年に、阿佐ヶ谷オデオン座は一九四九（昭和二十四）年に開館した。高円寺の「エトワール劇場」と「ムービー山小屋」。高円寺平和は、アメリカ映画の封切館だった。ムービー山小屋は、主に邦画を上映していた。銀座や丸の内にある封切館も足を運んだ。また戦前の角筈（歌舞伎町）にも「大久保館」という映画館があったというが、戦災で焼失した。稲荷鬼王神社の隣だった。

印象に残っている映画を列記すると、アメリカ映画では、一九五二（昭和二十七）年公開のミュージカル「巴里のアメリカ人」。私はまだ小学生だった。ジーン・ケリー、レスリー・キャロン主演。ヴィヴィアン・リー、クラーク・ゲーブル主演「風と共に去りぬ」は、高円寺平和で観た。四時間近くの長い映画で、一部と二部に分かれていた。今のように入れ替え制でなかったので、続けて二回観た。中学に入った頃だった。同級生の女友達と一緒だった。映画の印象が強烈で、映画館から出ると、世の中が変わって見えた。家に帰ると、帰りの遅いのを心配していた母に、ひどく怒られた。

一九五三（昭和二十八）年公開の「雨に唄えば」は、主演ジーン・ケリーとデビー・レイノルズ。軽快な主題歌とタップダンスが印象に残っている。同じ年公開の「リリー」。おとぎ話のような物語だった。小柄で可愛らしいレスリー・キャロン。背の高いメル・ファーラー。私は、足の悪い人形使い役のメル・ファーラーに憧れた。チャールズ・チャップリンの「ライムライト」。バレエの踊り子に心を寄せる道化師。バックに流れる音楽とともに、忘れがたい映画である。「終着駅」も衝撃的な映画だった。ジェニファー・ジョーンズとモンゴメリー・クリフト。列車の中のラブシーンを、息を殺して観たことを思い出す。オードリー・ヘップバーン、グレゴリー・ペック主演の一九五五（昭和三十）年公開「ローマの休日」。王女と新聞記者として対面するラストが切なかった。ジェームズ・ディーン主演の「エデンの東」。高校生の時だった。父と息子、兄弟、母、肉親をめぐる葛藤。私の精神性が幼かったのか、あまり印象に残っていない。同じ一九五五年公開作品「ピクニック」。キム・ノヴァクの妖艶な美しさが評判となったが、私は、妹役スーザン・ストラスバーグの大きな黒い瞳に魅せられた。主演男優のウィリアム・ホールデンについては、全く心に残っていない。多分、好きなタイプの男ではなかったのだろう。香港を舞台とした「慕情」は、ウィリアム・ホールデンとジェニファー・ジョーンズの切ない恋が、「ラブ・イズ・ア・メニイ・スプレンダード・シング」という美しい音楽とともに、心を揺らした。ヒッチコック監督の映画「裏窓」も、心理サスペンス映画として、心に残っている作品だ。グレイス・ケリーが美しかった。一九五七（昭和三十二）年公開、オードリー・ヘップバーン主演「昼下がりの情事」。翌年公開のミュージカル映画「南太平洋」。ミッチー・ゲーナーとジョン・カー。「魅惑の宵」、「バリハイ」などの歌や、中尉役のジョン・カーの端正な顔に惹かれた。大学に入った年だった。ジョン・カーに少し似ている長身のボーイフレンドと一緒に観た。「お茶と同情」もジョン・カー主演の映画。こちらは、シスター・ボーイと仲間に揶揄される青年役で、少しイメージが崩れた。フランス映画では前記した他に、作家フランソワーズ・サガンの自伝的小説を映画化した「悲しみよこんにちは」。主演女優ジーン・セバーグの短い髪、セシル・カットが流行った。「太陽がいっぱい」は、当時評判になった映画だった。アラン・ドロンが女性たちの心を捉えたが、私は、殺されるモーリス・ロネに惹かれた。イタリア映画は、ネオレアリズモといわれた時代だった。「にがい米」（一九四九年）、「無防備都市」（一九五〇年）、「自転車泥棒」（同年）、「ポー河の水車小屋」（一九五一年）、「鉄道員」

（一九五六年）、「河の女」（同年）など。「にがい米」に出演したシルヴァーナ・マンガーノや、「河の女」に主演したソフィア・ローレンの大ぶりな顔立ちや肉体、特に太ももに圧倒された。当時は二人とも美人とは思えなかった。ジュリエッタ・マシーナとアンソニー・クイン主演の「道」は、哀愁のある音楽「ジェルソミーナ」とともに、悪い男アンソニー・クインが、ジェルソミーナの死を知って泣くシーンが心に残った。「草原の輝き」。心を病んだナタリー・ウッドが美しかった。「ウエスト・サイド物語」もナタリー・ウッドが印象に残っている。観た映画を思いつくままに列記したが、こぼれ落ちた映画は、まだまだ、たくさんある。典型的な映画少女だった。私の感性は、映画によって育まれたのかもしれない。小説は、教養程度にしか読んだ記憶がない。

二．歌舞伎町の成立ち

1．大村の山（森）（現・歌舞伎町）の開発と女実業家峯島喜代

現在、新宿歌舞伎町と呼ばれる一帯は、江戸時代、御先手組石川将藍、寄合久世三四郎広義などの屋敷があった所だった。淀橋台地を下った窪地で、湿地帯があった。先手組とは、戦時には、先鋒足軽組を勤め、平時には、将軍外出時の警護、また、町の治安維持に

努めた。明治維新時から明治時代末までは、旧長崎大村藩主大村子爵の別荘があった。大村の山（森）と呼ばれた。鬱蒼とした森林があり、山鳥や山犬の棲家、沼があり、その真ん中に島があって小さな船が舫《もや》っていた。沼のあったあたりには、現在、「東宝シネマズ」、通称「ゴジラビル」（元コマ劇場）が建っている。沼にある浮島には、小さな弁天様が祀られていた。その沼を水源とする蟹川が、花園神社に隣接した吉本興業東京本部（元四谷第五小学校）の北側から、西向き天神下に流れていた。沼周辺は、鴨場となっていて、大正時代後期、東京市長を務めた後藤新平が、カモ猟を楽しんだ。

明治の終わり頃、この土地を買い取ったのが、現在の尾張屋土地建物株式会社の五代目峯島喜代だった。一八七六（明治九）年、質屋・古着屋を営んでいた尾張屋の四代目峯島茂兵衛が死去。五代目を継いだ茂兵衛の妻喜代は、西南戦争で暴落した公債を大量に購入した。高騰した公債を売り払って、それを資金に東京の土地を購入していった。一八八六（明治十九）年、神田小川町に六千坪の土地を購入したのをはじめ、鳥越町、浜町、蛎殻町、角筈町など東京府下二十万坪以上を所有した。角筈町の購入地は角筈字十人町、角筈字的場、東大久保角筈裏の三地域にまたがる。この地域が、ほぼ現在の歌舞伎町である。

大村子爵の森は、伐採され原っぱになったので、尾張屋の原と呼ばれた。淀橋浄水場の掘削で出た土で沼を埋め、住宅地を造成し、宅地として賃貸しした。こうして、歌舞伎町に多くの人々が住むようになったのである。

喜代は、一九〇〇（明治三十三）年に尾張屋銀行を創立。一九一一（明治四十四）年には、尾張屋信託株式会社（後の尾張屋土地株式会社）を設立した。実業家としての、先見の明と決断力を持った喜代は、何よりも実践を重んじた人だった。事務所であれこれ議論していると、「つべこべ言っていないで、現場へ行け」と檄を飛ばした。仕事にも厳しく、質屋の支店などに、予告もなしに朝早く出かけ、丁稚たちをあわてさせた。その反面、結婚の世話など、細やかな心遣いで従業員の面倒をみた。また、社会貢献への意識を強く持っていて、一九一〇（明治四十三）年八月の関東大水害の時には、多額の救援金を寄付した。この時、隅田川が決壊し、浅草、下谷など下町一帯が水につかった。罹災者百五十万人。死者三百六十七名。新聞が、「天明以来の水禍」と報じた水害である。

2．府立第五高女（現・都立富士高校）

一九一八（大正七）年、喜代は八十六歳で亡くなるが、病床にあった時、六代目を呼び、「東京府に五十万円寄付するから、家政に役立つ学校を作ってもらってくれ」と訴えたという。

「家政に役立つ学校を作って欲しい」という言葉は、実質を重んじ、理論を嫌った喜代らしい。喜代の寄付金によって、淀橋町角筈八七九（現・歌舞伎町一―一九）に東京府立第五高等女学校（現・都立富士高等学校）が創立された。あたりは、第五高女を中心として住宅が立ち並び、新興住宅地といった趣だった。第五高女は、喜代の望み通り、良妻賢母育成を教育目標の第一にかかげた。

一九四五（昭和二十）年に戦時特例で、一級上の五年生と一緒に第五高女を卒業した作家津村節子は、戦時下の学生生活を小説『茜色の戦記』として著した。

「一般の女学校では、家政科は四年生から置かれていたが、私たちの学校では一年生からあった。ガラス拭き、掃除の仕方、靴磨き、水引きの掛け方、小包の紐の結び方、病人用粥の炊き方、惣菜の作り方、栄養分析まで、家庭の主婦として実際に役立つことを習得する教課が組まれていた」

第五高女は一九四五年五月の空襲で焼失し、実習場のあった中野区富士見町九に移転した。戦後の新しい学校制度で、都立富士高等学校となった。私の学区の名門校だった。私の通った高校は、前身が旧制中学校で、私の時代には男の生徒数が全体の四分の三だった。数少ない女生徒は大学への進学希望者が多かったせいか、当時からすれば、男っぽい人が多かったように思う。ということで、男生徒たちは、良妻賢母の伝統のある富士高校の女生徒に憧れめいた感情を持っていたようだ。

一方、第五高女の生徒は、府立六中を意識していたようだ。六中の生徒も第五高女の生徒に関心があった。

1　僕は六中の五年生　ツンツン
胸に五つの金ボタン　ツンツン

2　私第五の三年生　ツンツン
燃ゆる思ひのセーラー服　ツンツン

3　二人をへだてる新宿の　ツンツン
街の繁華がうらめしい　ツンツン

六中（現・都立新宿高等学校）は、「新宿御苑に隣接している府立の有名中学で、その学校で歌われているツンツン節だということであった。」（『茜色の戦記』）。戦時下の窮屈な規制や校則に縛られた青春のせめてもの歌だったろう。戦後も富士高校と新宿高校の縁が続いたかはわからない。

3. 歌舞伎町弁財天

大森子爵の沼のあたりにあった弁財天は、沼が埋め立てられた時、峯島家が現在の場所（歌舞伎町一―一三）に移した。第五高女の講堂の側にあった。一九一三（大正二）年、堂宇を改築再建する時、上野不忍池の弁財天から、ご本尊を還座し、九月巳の日に祭典が行われた。

不忍池ご本尊の還座には、「校舎のあるこのあたりは、もと大村伯爵家の鴨場であったと聞いている。宅地に開拓した折、多くの蛇が出たのでそれを四斗樽に詰めて埋めたという。その祟りを恐れて、不忍池弁天の分身を祀った祠が、講堂の裏にあった」(『茜色の戦記』)という理由もあった。

第五高女の講堂の裏にあった弁財天は、現在は、歌舞伎町繁華街、風俗の店などが入っている雑居ビルに取り囲まれた歌舞伎町公園の中にある。靖国通りから歌舞伎町セントラルロードを入り、二番目の横丁を右に入ると左側に歌舞伎町公園。小さな公園で、うっかり見過ごしてしまいそうだ。公園の右側にお城のような赤いレンガ造りの建物。カラオケ館だ。昔は「喫茶王城」という純喫茶だったという。かすかにその名前が記憶にあったが、行ったかどうか、記憶はあいまいだ。

歌舞伎町弁財天に行ったのは、二〇一六(平成二十八)年九月九日。前日が九月八日で、九月の巳の日だったせいか、よしず張りの囲いの中、縁日のなごりか、机や椅子が並べられ、ごみ袋や段ボール箱が放置されていた。雑然とした雰囲気の中、弁財天に参る。弁財天は黒い石柱の上に、琵琶を膝に乗せ、今にも音を奏でるような風情である。柔らかい優しい面は、乙女の愛らしさがある。思っていたより小さかったが、それがかえって好ましかった。「奉納　株式会社尾張屋銀行」という石柱と「大正三年三月吉日」という石柱が近くに建っていた。しかし、本堂の前は、赤いシャッターのような門扉で閉ざされて中を見ることができない。堂宇の屋根のあたりを望むばかりである。歌舞伎町の歴史を背負う弁財天に会えただけでも良かった。手水場、石灯籠、飛び石、干上がった池、大木が昔日の面影を偲ばせる。

現在の弁財天の堂宇は、一九六八（昭和四十三）年に、地下一階、地上二階の弁天堂ビルとして再建されたものであり、二月四日の節分の日に落成式が行われた。なお、このビルは、歌舞伎町商店街振興組合の財源確保のための貸しビルになっているという。

敷地を出ると右側、ガラス張りのビルの一階に「神坐《かむくら》」というラーメン屋。人が並んでいた。ここには、昔「スカラ座」という喫茶店があった。近くにあった喫茶店「田園」とともに通ったのを覚えている。二〇〇二（平成十四）年にここを閉じ、小田急エース北館に移った。それも二年ほど前に閉じた。現在は、「炭火焼珈琲ツノハズ」という名前の店となっている。新宿に出かけた折、立ち寄ってみた。カウンターの椅子に座り、コーヒーを注文し、カウンターの中の中年の男性と会話した。「昔、歌舞伎町にあった喫茶店のスカラ座が、ここに移ったと聞きましたが」「ええ、ですが、今はオーナーも変わりました」と男性は答えた。「そうですか、何か雰囲気が似ているような気がしますね」という私の言葉に、「奥の席の椅子など、スカラ座の時のままですが、絵や調度は変えています」と返す。「ツノハズ」という名前が、昔のこのあたりの地名であり、また歌舞伎町のかつての地名でもあって、郷愁を誘う。

喫茶スカラ座から話が飛んだが、弁財天には、水の精霊、蓄財の神、芸能の神、いくつもの呼び名がある。私は、大村の森にあった沼の浮島に祀られていたこの弁財天を水の精霊と思いたい。また、歌舞伎町開発に功績のあった鈴木喜兵衛は、弁財天建之の謹書に、「弁財天は水を司る神で、妙音天、美音天と称せられた文化神、信仰すれば知恵が授かり芸術に長ずる。さらに財宝が授かる霊験のある処から才の字が財の字に替わり弁財天と言われるようになった。歌舞伎町弁財天は当町及び近隣の守護神として永遠に崇め奉らんとする次第である」と書く。弁財天は、歌舞伎町の守護神であり、地霊であったのだ。

三．歌舞伎町の誕生と鈴木喜兵衛

1．鈴木喜兵衛

戦時下の新宿は、激しい空襲に晒された。一九四二（昭和十七）年四月、初めての空襲が新宿地区を襲う。一九四五（昭和二十）年四月十三日の空襲では、鉄道や駅周辺、河川沿いの工場が狙われ、五月二十五日には焼け残った住宅地域が集中的に焼夷弾爆撃に晒された。無差別爆撃だった。新宿地域の八割が焼失した。新宿での死傷者約六千七百人、被災者は二十二万人に上った。戦前の角筈は、一八八四（明治十七）年に建てられた東京都立大久保病院と東京府立第五高等女学校があり、後は、こまごまとした商店と小規模住宅が混在する裕福とはいえない人たちが暮らす場所だった。それらの多くは、一九四五（昭和二十）年四月十三日の空襲により焼失し、戦争が終わった時には、夏の終わりの白々とした日差しの中、瓦礫の中に夏草が生い茂り、焼灰が風に舞う、荒涼とした戦火の焼け跡が広がるばかりだった。

そんな中、いちはやく、「角筈復興計画」を民間主導で立ち上げたのが鈴木喜兵衛だった。鈴木喜兵衛は、一八九一（明治二十四）年、三重県鈴鹿字稲生一色村で生まれる。父は裕福な大地主だったが、喜兵衛六歳の時に亡くなり、残されたのは、米相場に手を出した父の借金だった。神戸や京都の商家に丁稚奉公の後、十七歳の時に上京。渡米の夢があった。英語の勉強と渡米の資金を得るため、イギリス大使館のコックとして職を得た。イギリス大使館でコックとしての修行を積んだ後、新宿にやって来た。新宿は新開地だった。

一九二二（大正十一）年、新宿大ガード近くにレストラン「大洋軒」を開く。その後、現在「ヒューマックスパビリオン新宿歌舞伎町」となっている場所で、従業員三十人ほどの食品製造販売会社「鈴木喜兵衛商店」を経営する。固形スープやレトルトカレー、スパゲッティ用ソースなどを開発し、売り出した。アメリカ大使館やイギリス大使館でのコック修行がものをいった。地域でも頭角を現し、角筈一丁目北町（現・歌舞伎町）町会長を務めるまでになる。しかし、一九四五年四月十三日の空襲で、二幸裏から角筈一丁目北町にかけては、壊滅状態になった。府立第五高女の校舎も火を噴き上げ、喜兵衛の工場も灰燼に帰した。

喜兵衛は、焼け残った中村屋所有の倉庫兼寮（清澄街・現在の区役所裏あたり）に、他所に避難していた住民を集め、淀橋警察署（現・新宿警察署）と交渉し、食料として乾パンを調達した。しかし、住民が二千人近く暮らす建物に電気の供給はなかった（度重なる空襲で供給ができなかった）。ろうそく、ランプも区役所には予備がない。そこで、鈴木は、テキヤ関東尾津組組長尾津喜之助に相談する。

（鈴木）喜兵衛の申し出に尾津は快く応じ、百本もの蝋燭を寄付、さらに、翌十五日夕刻、住民一人一碗あての粥を樽に入れて若衆に届けさせたりもした。喜兵衛が新宿の鬼熊と呼ばれていた尾津とどのような交渉をしてきたのか不明だが、物資の乏しい折によくこれだけのものを引き出してきたものと驚嘆する。

（木村勝美『新宿歌舞伎町物語』潮出版社、一九八六年）

尾津は、前述したように、新宿駅東口に戦後いち早くヤミ市を開設したのだが、終戦のずっと以前から、この戦争に日本が負け、物資の乏しい、食うにもこと欠く時代が来ることを予見していたのではないか。だから、様々なルートで、物品を集め、備蓄していたのだろう。

終戦間近、鈴木喜兵衛は日光中善寺湖畔の妻の実家に疎開していたが、終戦になると直ちに新宿へ戻ってきた。新宿に対する思いは、「待っている恋人にでも会うような気持」（歌舞伎町商店街振興組合編集・発行『歌舞伎町の60年　歌舞伎町商店街振興組合の歩み』二〇〇九年）だったという。

鈴木喜兵衛は、疎開先から角筈に戻ってきた住民一人ひとりを訪ね歩き、復興協力を説いて回った。

2．歌舞伎町の誕生

一九四五（昭和二十）年十月二十七日、復興協力会第一回総会が二幸デパート地下食堂で行われた。参加者は旧住民百七十九名。

この会に先立って、北町会三万坪のうち一万坪を所有する峯島家七代茂兵衛を訪ね、土地提供の交渉を行ったのである。七代は、峯島喜代の孫にあたる。商売よりは趣味に生きた七代目は、喜兵衛の熱心な復興計画に耳を傾け、廉価で手放すことを快諾した。峯島茂兵衛の協力がなければ、歌舞伎町の誕生はなかったという。茂兵衛の協力を得た喜兵衛は、東京都建設局都市計画課に赴き、石川栄耀《ひであき》課長に会い、復興計画の詳細を説明した。「広場を中心とした芸能施設を集め、新東京の健全な家庭センターを造る」というものだった。具体的には、道路網を整備し、インフラを整える。

そして、大劇場二、映画館四、子ども劇場一、大総合娯楽館一、その他ダンスホール、大宴会場、ホテルなどを集めた興行街を中心として、靖国通りからコマ劇場に向かっていく通りを販売店街、それを横切る通りを飲食店街とするという綿密な計画だった。

石川は、喜兵衛の計画に賛同した。石川は都市計画のエキスパートで、当時五十三歳になっていた。東京帝国大学工科大学土木工学科卒業の石川は、戦前の内務省勤務時代に名古屋市の都市計画原案の作成に関わり、名古屋の都市計画の基礎を築いた。一九三八（昭和十三）年には陸軍省の要請により、上海の都市計画策定に従事した。そして戦後、鈴木喜兵衛と出会う。「地域とともに街づくり」の構想を持つ石川に出会えたことは、喜兵衛にとって幸いだった。

石川は、定年後、早稲田大学で教鞭をとり、落語研究会の顧問にもなった。「都市は人なり」と言った石川は、「盛り場の好きなロマンチスト」だった。

一九四七（昭和二十二）年、新宿第一復興区整理組合が、耕地整理法に基づき設立された。組合長に鈴木、副組合長に峯島茂兵衛と丸茂真一が就任した。峯島家は、所有する土地一万六千百六十五坪の約半分を借地人や劇場関係者に売却した。

町名についても、鈴木喜兵衛は石川栄耀に相談する。石川は答えた。

「貴方の復興計画の目玉は、歌舞伎劇場の建設でしょう。だったら、歌舞伎町という名前にしたら」役員会で歌舞伎町と町名変更することが決定し、一九四七（昭和二十二）年一月六日付で、角筈北一丁目は歌舞伎町と町名変更されたのである。

同じ年、四谷、牛込、淀橋の三区が統合され、新宿区となり、翌年、角筈一丁目と東大久保の各一部が新宿区歌舞伎町となった。

石川が言うように、喜兵衛は歌舞伎劇場の創設を目指していた。当初、劇作家の足立欽一から小山内薫記念劇場（新劇・自由劇場）の創設をしたいという申し出があった。一方、歌舞伎劇場（菊座）の建設計画も進んでいた。しかし、自由劇場など小劇場建設の構想は頓挫。歌舞伎劇場建設計画も、途中で取りやめとなった。

喜兵衛の一大興行街構想の挫折は、町会員各々が、自分の利益と家族のために家業に精を出しはじめ、協力体制が崩れていったこと、また、一九四八（昭和二十三）年に臨時建築等制限規則が公布され、不要不急のものは建築できなくなったことが理由として挙げられる。

映画館「地球座」だけが、一九四七年十二月に開館となった。ムーラン・ルージュ新宿座を再建した華僑林以文《りんいぶん》の尽力によるものだった。林以文は、翌年五月に、恵通企業株式会社を創立した。現在のヒューマックスグループである。

地球座のこけら落としは、ソ連映画「石の花」。総天然色映画「石の花」の印象は鮮烈だった。内容の詳細は記憶にないが、幻想的な色彩と物語に、心を奪われたことを今でも思い出す。小学生の頃だった。イギリス映画「逢い引き」が封切りされたのも地球座だった。一九五六（昭和三十一）年、「新宿名画座」がオープン。一九五八（昭和三十三）年十二月に地球会館が完成。新宿座、新宿地球座が開館し、旧地球座は閉館となった。それまで地球座で上映されたのは、主にソ連や欧州の映画で、当時のインテリや学生に人気の映画館だった。ソ連映画「シベリア物語」もここで上映され、姉と観に行った。

一九八三（昭和五十八）年、新宿地球座は、「歌舞伎町松竹」となり、松竹映画の封切館となった。新宿座が「新宿ジョイシネマ」となり、新宿名画座が「新宿シネパトス」と館名が変更された。一九九五（平成七）年には、新宿ジョイシネマ1・2・3として館名を統一したが、二〇〇九（平成二十一）年五月三十一日、六十年の歴史を閉じた。そして、現在は、「ヒューマックスパビリオン新宿アネックス」となって、ホテル、カラオケルーム、一階はファミリーマート、地下はライブハウスとなっている。

一九五一（昭和二十六）年、東亜興業が、新宿オデオン座を開館。現在の東亜第二ビルの場所だった。これに先立ち、一九五〇（昭和二十五）年十二月に、中野オデオン座（当初はロマンス座）が、鍋屋横丁に開館している。

一九五〇（昭和二十五）年、牛込箪笥町の旧牛込区役所に庁舎があった新宿区役所が歌舞伎町に移転してきたが、歌舞伎劇場の挫折で、鈴木喜兵衛は窮地に追い込まれた。歌舞伎町役員会では、喜兵衛の興行街構想への不満が渦巻いた。「地球座」一館が開館されたのみで、他の施設予定地には雑草が生い茂っていた。それに追い打ちをかけたのが、東京文化産業博覧会の失敗である。東京文化産業博覧会は、一九五〇年四月二日から六月三〇日までの三か月間開かれた。会場は歌舞伎町、新宿御苑（新宿御苑は、一九四九年から国民公園新宿御苑として一般開放された）、新宿西口駅前広場である。厚生、通産、建設の各省と東京都、東京商工会議所などが後援した。だが、鈴木喜兵衛の意気込みとは裏腹に、賑わったのは、中央広場で行われたダンスパーティばかりで、梅雨空が続く悪天候のもと、初日以外の博覧会は盛況とはいえず、喜兵衛は多額の借金を背負い、破産に追い込まれた。

博覧会の時のパビリオン「産業館」（生活文化館）跡地には、新日本興業（現・東急レクリエーション）が、一九五六（昭和三十一）年十二月一日、新宿東急文化会館を開業。「ミラノ座」と「新宿東急」が開館され、翌年には、東京スケートリンクの営業を開始した。二〇一四（平成二十六）年十二月三十一日、映画館などは閉鎖された。その後、二〇一七（平成二十九）年七月十四日に「ＶＲ　ＺＯＮＥ　ＳＨＩＮＪＵＫＵ」が開館した。

「社会教育会館」跡地には東亜興業が六階建てのビルを建て、一階から四階までに封切館「グランド・オデオン座」、五、六階にダンスホールとキャバレー、地下には洋画二番館「ニュー・オデオン座」を造った。グランド・オデオン座の開館は一九五五（昭和三十）年十二月三十日。こけら落としは「海底二万哩」。

「婦人館」跡地には第二次「新宿劇場」が建った。後に、「ジョイパックビル」が建ち、現在は、総合レジャー施設「ヒューマックスパビリオン新宿歌舞伎町」となった。ボウリング、ビリヤード、ゲーム場などが入っている。第二次新宿劇場は、主にヨーロッパ映画の封切館で、フランス映画が多かったというから、ルイ・マル監督、ジャンヌ・モロー主演の「恋人たち」や、マリナ・ヴラディ主演の「洪水の前」、マリア・シェル主演「女の一生」など、この映画館で観たのだろう。大学生の頃である。ジャンヌ・モローの倦怠感漂う妖しげな魅力が印象に残っている。

3. コマ劇場

歌舞伎町には、多くの映画館が開館していたが、「新宿コマ劇場」の開館は少し遅く、一九五六（昭和三十一）年のことである。

東京文化産業博覧会「児童館」、「野外劇場」跡地の一部に、東宝の関連子会社コマ・スタジアムが「新宿コマ劇場」を創設した。鈴木喜兵衛が東宝を説得した結果だった。阪急東宝グループの創始者小林一三が中心となって建設は進められた。座席数二千、都内最大級の劇場である。三段の円形舞台がコマのように回りながらせりあがって来るのが特徴だった。この年の十二月二十八日、ワイドスクリーンのアメリカ映画「オクラホマ」で、こけら落としをした。産業博覧会は成功しなかったが、このように各パビリオンの跡が、映画館やダンスホールや劇場となっていった。一九五四（昭和二十九）年、興行街建設に規制をかけていた臨時建築等制限規則が解除になった結果で、喜兵衛の構想はここにきてやっと実現したのである。喜兵衛は時代より少し前を走った男だった。

コマ劇場。何回か行った記憶があるのだが、何を観に行ったのか、あまり印象に残っていない。江利チエミの舞台だったか、美空ひばりの舞台だったたか。

ボリショイ劇場バレエ団が来日公演をしたのが、一九五七（昭和三十二）年、八月二十八日から三十一日だった。「赤い呼び屋」と称され、作家有吉佐和子と結婚した興行師神彰の三十五歳の時の仕事だった。私が最後にコマ劇場に行ったのが、一九八三（昭和五十八）年に興行された「都はるみ新宿コマ公演」の時だった。それまで、演歌にはあまり興味がなかったが、迫力ある舞台は飽きることはなかった。都はるみは歌っている間、舞台中を駆け回り、着物の袖からこぶしを突きあげる。そのエンタテイメント性に感心した。「好きになった人」、「アンコ椿は恋の花」が圧巻だった。情緒纏綿《てんめん》のメロディと歌詞だが、こぶしを利かせた独特の歌い方が新鮮だった。

コマ劇場前には一九六四（昭和三十九）年に、レインボーガーデン（現・シネシティ広場）と呼ばれる広場が造られた。ここには、東京六大学野球の早稲田大学と慶應義塾大学の間で戦われる早慶戦が終わった後には、早稲田の学生が集まり、気勢をあげるのが常だった。一九六〇（昭和三十五）年に戦われた早慶六連戦の勝利の時にもここに集まった。レインボーガーデンとして新装される前だが、友人の男子学生たちが噴水池に飛び込んで騒いだ。商店街の人も大目に見て、世間がおおらかな時代だった。

コマ劇場は、二〇〇八（平成二十）年十二月三十一日、「第四十一回年忘れにっぽんの歌」の生放送をもって閉館となった。この番組は、私もテレビで観た。五木ひろし、八代亜紀などの演歌歌手が熱唱していたのが脳裏に残っている。

それほど、足繁く通ったわけではなかったが、青春とともにあったコマ劇場の終焉にはやはり一抹の寂寥感があった。「コマ」といえば、やはり歌舞伎町のシンボルであり、代名詞だった。時代も人もいつまでも同じではないのだが。

二〇一五（平成二十五）年四月十七日、コマ劇場跡地には、複合施設新宿東宝ビルが建ち、ゴジラがビルの上に頭と爪を出していて、セントラルロード入口からも見える。セントラルロードは、現在、ゴジラロードとなった。夜になると、ゴジラの目は赤く燃え、爪や歯に白いライトがともる。新東宝ビルの一階部分に、「ＴＯＨＯ　ＣＩＮＥＭＡＳ」の表示がある。また、同じ敷地の向こうに「ホテルグレスリー新宿」の洗練された建物が三十五階建ての威容を誇っている。一階部分は飲食店街。何回か通ったが、瀟洒なホテルの外観とミスマッチでどことなくあか抜けないのが、やはり新宿らしい。

4. 民芸茶房すゞや

鈴木喜兵衛の息子喜一郎とその妻華子が「民芸茶房すゞや」の創業者である。正確にいうと、鈴木喜一郎・華子夫妻が、すゞやの前身「鈴木食品工業」を設立したのが始まり。一九四七（昭和二十二）年のことである。一九五七（昭和三十二）年に、民芸茶房すゞや創立。夫喜一郎が一九六四（昭和三十九）年に死亡したため一時中断するが、一九六八（昭和四十三）年、華子は、夫の遺産で実弟杉山睡の所有地に杉山ビルを建て、二、三階で、姉弟共同経営の民芸茶房レストランすゞやを再開する。

すゞやは懐かしい店である。青春時代は母や姉と、結婚してからは私の家族とともに喫茶や食事に行った。とんかつ茶漬けが看板メニューで、母の好物だった。店内には各地の民芸品が置かれ、また、棟方志功の版画、浜田庄司作の益子焼の皿などが飾られていた。コーヒーカップやケーキ皿も分厚い益子焼だった。コーヒーに、殻付きのクルミが添えられていたのが珍しく鮮明に覚えている。鈴木喜一郎夫妻は、柳宗悦の民芸運動に共感し、店にも民芸品の陶器や、装飾を使った。

最近、ゴールデン街にすゞやという名称のバーが開店した。すゞや本店と同じ棟方志功の版画がドアーの意匠として使われていた。私にとっては少し高すぎるカウンターの椅子に座ってマスターに訊いた。歌舞伎町のすゞやと関係があるのですか、と訊くと、そうです、という答えが返ってきた。貴方は親戚筋？　いや違います、という。また、私の住まいの近く、蜀江坂を下りて税務署通りを渡った、北新宿二丁目にある新宿フロントタワーの二階にすゞやの支店がある。新宿フロントタワーは、私の住まいの窓から真正面に見える三十五階建てのオフィスビルで、二〇一一（平成二十三）年に完成した。同時期に、隣接地には住友不動産の新宿グランドタワーが竣工した。二つのビルとも、数年に亘って建築工事はしていたのだろうが、その光景は記憶から飛んでいて、いつのまにか目の前に新しいビルが建っているというのが実感だった。窓の外の風景も、年々歳々同じではない。

歌舞伎町すゞや本店の方は、建て替えのため、一時休業していた。工事用の幕が長いこと垂れ下がっていて、他の店に変わるのかと思ったが、すゞやビルとして、二〇一六（平成二十八）年四月一日にリニューアルオープンした。しかし、私には民芸調の外観の昔のすゞやのほうが、心に親しい。

すゞやは、鈴木喜兵衛の後裔たちの努力で今も健在だが、歌舞伎町の生みの親鈴木喜兵衛は、一九六七（昭和四十二）年一月二十日に逝った。故郷伊勢ではなく、上野寛永寺第二霊園に眠っている。鈴木喜兵衛が歌舞伎町に残した土地は、二人の息子名義の六十坪ほどの土地だけであるという。

鈴木喜兵衛に筆が集中したが、もう一人、歌舞伎町で活躍した男がいた。藤森作次郎である。彼は、一九四七（昭和二十二）年、いちはやく歌舞伎町の北西に土地を得て旅館を建て、その側にダンスホールを設けた。彼の目論見は当たり、連日進駐軍兵士と女たちで賑わった。一九五〇（昭和二十五）年頃、いわば進駐軍慰安施設を和風旅館芙蓉会館に建て替えた。今はグリーンプラザとなっている。グリーンプラザも、近々建て替えられるということである。

四．歌舞伎町の今

1．新風営法

私が北新宿に引っ越してきてから半年後の二〇〇一（平成十三）年九月一日、歌舞伎町の雑居ビルで、火災が発生。住まいの近所にも、消防車のサイレンの音が鳴り響いた。明星５６ビルの三階ゲーム麻雀店エレベーター付近で出火、従業員と客の四十四人が亡くなったというものだった。その時、やはり歌舞伎町は怖いね、と娘と話し合った。

鈴木喜兵衛が、「道義的繁華街」の構想を持って街の基本を造った歌舞伎町も、一九七〇（昭和四十五）年頃からキャッチバーが横行し、暴力団の抗争などダークな部分が、世に喧伝されるようになった。一九八〇（昭和五十五）年頃になると、性風俗店が氾濫するようになる。一九八五（昭和六十）年、都庁の新宿への移転が決定すると、歌舞伎町にも地上げ旋風が起こり、古くからの店がかなりの数、姿を消した。この年の二月、「風俗営業などの規制及び業務の適正化等に関する法律」（新風営法）が施行され、風俗店の他、ゲームセンターやディスコ、映画館なども、営業時間を規定時間内に閉店しなければならなかった。映画館もオールナイトの営業はできなくなり、その客目当ての飲食店も廃業に追い込まれた。「新風営法」は、非合法な風俗営業店を締め出すことはできたが、真面目な飲食店を立ち行かなくさせたのも事実だった。また、新風営法の網の目を潜り抜ける新たなシステムを導入する店も開店し、歌舞伎町は、性風俗の街といわれ、マスコミによってしばしば報道された。戦後の昭和二十年代、三十年代には、木造の商店が立ち並び、一般的な商店街として成り立っていた歌舞伎町は、木造店舗や住宅がビルになり、住んでいた人も二代目となると、ビルを建て貸しビル業に転業する。貸しビルにはテナントが入り、その中には性風俗の店を開業する者もあった。

2．歌舞伎町浄化作戦

私は、最近の歌舞伎町についての話を伺いに、歌舞伎町商店街振興組合（一九六三年に発足）の第六代理事長を務め、現在は「歌舞伎町喜兵衛プロジェクト」の会長でもある新村雅彦氏の事務所を訪ねた。「新宿酒場飲食業組合」の事務局に勤める黒柳宏子氏の紹介である。新村氏の父親が、一九六一（昭和三十六）年に、「にいむら」というとんかつの店を開店。雅彦氏はその二代目である。現在、歌舞伎町と西新宿（小滝橋通り）と大久保百人町（大久保通り）で、とんかつやしゃぶしゃぶの店計三店舗を経営している。我が住いの近くで、娘と時々食べに行く。というよりは、飲みに行く。いろいろなつまみもあって、居酒屋風でもあって、夜はサラリーマン風の男たちで、満杯である。

新村氏の事務所は、新宿東宝ビル（通称ゴジラビル）の前にある。新村氏の父は、片倉財閥が経営する片倉製糸工業に勤務していたが、一九六一年、脱サラをし、コマ劇場の近くに、とんかつの店を開店した。新村氏自身は、中央大学を卒業し、秩父セメントに勤務していたが、老齢にさしかかった父親の願いで、一九七〇（昭和四十五）年から店を継ぐことになった。それから現在まで店を守ってきた。創業以来五十六年続けるのは並大抵ではない。歌舞伎町で同じ名前でずっと営業している店はほんのわずかである。「船場百年、銀座五十年といわれますが、この街で十年も生き残れば立派な老舗です」と新村氏はいう。

歌舞伎町は、狭い地域に一丁目と二丁目がある。住民登録数（人口総数）は、一丁目は百四十八人、二丁目が二千三百四十四人と、一丁目が極端に少ない。新宿全体の人口は、三十四万人弱である（二〇一六年十二月現在）。一丁目は繁華街。殆どが飲食店、映画館、風俗営業店などで、そこに住む人が少ないのだろう。

新村氏の話によれば、一昔前までは、暴力団員が地廻りと称して、二十人、三十人と徒党を組んで、歌舞伎町をデモンストレーションしていたという。一九九二（平成四）年に、暴力団対策法が施行され、街頭防犯システムという監視カメラ網の設置で、暴力団の巡回もなくなった。今は、暴力団員が三人連れだって歩くだけで、摘発を受ける。

健全な街づくりのための企画も進められた。一九九三（平成五）年四月、東京都健康プラザ「ハイジア」が完成した。ハイジアとは、ギリシャ神話の中の健康の女神の名前である。地上十八階、地下四階のビルの中には、スポーツ施設、カルチャーセンター、飲食店、物販店、またオフィスなどが入る総合ビルで、二〇〇五（平成十七）年九月一日には、「しんじゅく多文化共生プラザ」がオープンした。日本人と外国人が交流し、お互いの文化や地域の情報収集・交換をする。日本語学習コーナー、外国人相談コーナー、外国人総合支援センターなどがあり、様々な活動を行っている。人口の一割が外国人という新宿区ならではの活動である。ハイジアは東京都保健医療公社大久保病院と同じ建物の中にある。大久保病院は東京二十三区西部における拠点病院である。

しかし、暴力団の活動も巧妙になり、組織の偽装化、国際化などの問題も出てきた。二〇〇〇（平成十二）年頃には、外国人売春婦がコマ劇場周辺にまで立つようになり、中国人が風俗産業を仕切って、暴力団との抗争も起きた。そこで、東京都は全国に先駆けて、二〇〇〇年に、「ぼったくり防止条例」を施行した。「料金等の表示義務」「不当な勧誘などの禁止」「不当な取立てなどの禁止」について条例を設けた。また、ビル所有者にも一定の義務を負わせた。しかし、ぼったくりや強引な客引きは後を絶たない。

二〇〇三（平成十五）年、「新宿繁華街犯罪組織排除協議会」が結成され、具体的な活動を開始した。暴力の排除や不当要求への対処法の講習会なども開かれ、「暴力団、国際犯罪組織追放三ない運動」を基本に、暴力団を恐れない、暴力団に金を出さない、暴力団を利用しない、という三項目を運動のスローガンとした。そうした地域の取り組みを政府や警察も支援し、官民一体となって、池袋、六本木、渋谷などとともに、「安心・安全」な街づくりを推進していった。

3. 歌舞伎町ルネッサンス推進協議会と鈴木喜兵衛プロジェクト

二〇〇四（平成十六）年に、新宿区は、「歌舞伎町対策推進協議会」を設置、同じ年の十月には、時の総理大臣小泉純一郎首相が、「世界一安全な国、日本。新宿歌舞伎町など犯罪の頻発する繁華街を安全で楽しめる街に再生します」と宣言し、歌舞伎町の浄化や安全は、国家レベルの事業となった。この宣言の翌年二〇〇五（平成十七）年五月十九日夜、小泉首相は、歌舞伎町の視察に訪れた。

新村氏は、その時の記事が掲載されている新宿区新聞の二〇〇五年六月五日付の新聞をコピーしてくださった。新宿区新聞（発行所は西新宿七―七―二五）は、月三回の頻度で、毎月五の付く日に発刊される。

それによれば、小泉首相は、中山弘子区長と一緒に歌舞伎町を訪れ、「このにぎやかな街をいかに安全に楽しんでもらうかがこれからの課題だと思う」と述べ、約二十分に亘って視察した。その後、新村氏の経営するしゃぶしゃぶにいむら本店で会食し、新村氏も同席した。警視総監と二十名のSPを引き連れての食事会で、小泉首相は、健啖ぶり、酒豪ぶりを発揮し、「これで、郵政国会を乗り切れるぞ」と、意気軒高だったという。

二〇〇五年一月二十七日、治安対策のみならず、歌舞伎町の活性化を推し進めるため、振興組合をはじめ、新宿区、東京都、東京消防庁、国の関係省庁などに建築家、作家なども加わり、「歌舞伎町ルネッサンス推進協議会」が発足した。そこで、様々な事柄が議論され、三つの基本方針が決まった。一．安全安心・環境美化　二．映像・演劇・映画など新しい文化の創造・発信　三．魅力ある街並みへの改善、の三つである。

二．に関連して、歌舞伎町瓦版ともいうべき、「歌舞伎町るねっさんす」が二〇〇五年五月に発刊された。

また、映画の街歌舞伎町への地元のこだわりは強かった。二〇〇三（平成十五）年十一月五日、新宿ミラノ座で「マトリックス・レボリューションズ」が公開されたが、その当日、主演のキアヌ・リーブスはじめ、ハリウッドスター陣がミラノ座前の特設ステージに登場して、大勢の人が詰めかけた。二〇〇四（平成十六）年五月には、シネシティ広場に、トロイの木馬が出現した。映画「トロイ」で使用された本物のセットで、ロンドンの映画スタジオで制作されたものが、空輸で日本に運ばれ、六月まで展示された。二〇〇六（平成十八）年には、「東京国際シネシティフェスティバル」が、新宿ミラノ座1をメイン会場として、歌舞伎町で開催された。二〇一五（平成二十七）年八月三日、映画「ミッション：インポッシブル／ローグ・ネイション」の宣伝のため歌舞伎町を訪れたトム・クルーズの写真も、新村氏に見せていただいた。最近では、「シン・ゴジラ」のヒューマックスでの上映。歌舞伎町には、現在、十五スクリーン・合計七千三百七十三席の映画館がある。映画のチケットの半券は、歌舞伎町の約六十ほどの飲食店で割引クーポンとして使える。

歌舞伎町が映画の街として、映画上映に力を入れてくれるのは、映画少女だった私としては大変うれしい。最近は、あまり映画館に足を運ばなくなってしまったが、娯楽映画であれ、シリアスドラマであれ、またドキュメンタリーであっても、良質な映画の上映があれば、映画老女として、歌舞伎町に復活したい。

歌舞伎町ルネッサンス推進協議会は、二〇〇六年二月に、「歌舞伎町喜兵衛プロジェクト」を立ち上げ、当時、歌舞伎町商店街振興組合の副理事長だった新村雅彦氏が、その会長に就任した。現在もその任にあり、多忙な日々を送っておられる。

このプロジェクトの趣旨は、「歌舞伎町誕生に取り組んだ鈴木喜兵衛のまちづくりに対する精神に沿い、地域の文化や産業に根差した店子を誘致・育成し、相互交流を図り、歌舞伎町を常に人でにぎわう活気と魅力にあふれる街として再生しようというもの。その活動場所として空き室や空きビルを有効利用することから、〈歌舞伎町版「家守事業」〉とされた」。（前出『歌舞伎町の60年　歌舞伎町商店街振興組合の歩み』）。

吉本興業東京本部は、現在、ゴールデン街の道一つ隔てた向かい側の、旧新宿区立四谷第五小学校だった建物にあるが、ここに誘致したのも、歌舞伎町喜兵衛プロジェクトの成果の一つだった。

性風俗の街、ぼったくりの街という風評を撥ね退けて、歌舞伎町を健全な娯楽の街へと変貌させる地道な努力は続けられているが、「性風俗は今風の衣装に着かえては脱ぎ、脱いでは着かえる」と新村氏はいう。ヤクザも、表舞台からは姿を消したが、隠然とした力を保っているとも。そんな中、新村氏らの努力は続けられている。二〇〇一（平成十三）年の雑居ビルの火事の時は、様々な対応に追われ、過労で突発性難聴にかかり、今も後遺症があるという。お話していて、少し耳が遠いのではないかと思ったのも、そのせいかと改めて納得し、自分の商売だけではなく社会貢献にも全身で取り組む生き方に深く共感し、新村氏のオフィスを後にした。

夜の歌舞伎町を歩くと、街頭に設けられたスピーカーから、「ぼったくり」に注意するようにとの呼びかけの声が絶え間なく流れていた。チラシを持った客引きの姿も見かける。二〇〇八（平成二十）年に発足した歌舞伎町タウンマネージメント（ＴＭＯ）が企画して、「マジンガーＺ」のあしゅら男爵役などで知られる声優の柴田秀勝氏の声で、歌舞伎町に「ぼったくり禁止」のアナウンスをした。「ここにいる全ての客引きはぼったくりだ。私はこれを許さない」など、通行人に呼び掛けている。二〇一六（平成二十八）年十二月二日付け朝日新聞の夕刊は、「ぼったくり撃退の声」の縦見出し、「歌舞伎町　声優・芸人アナウンス」の横見出しで、ぼったくり禁止のアナウンスのことを伝えている。柴田秀勝氏の声の他、吉本興行のお笑い芸人も、アナウンスに参加している。「キャッチスカウトに迷惑しているお姉さん、そうそう、そのまま無視して」とか、「ついていったら最後。やっべぇぞ！」などの声が流れる。

街の浄化のために、様々な試みがなされていて、振興組合の人たちに頭が下がる。歌舞伎町に限らず、「浜の真砂はつきるとも、世に悪業の種はつきまじ」は、いつの世もおなじだろう。人間の持つ深い業に、私は嘆息に陥る。需要があるから供給がある。法の網を掻い潜っての、非合法すれすれの商売は、人間の持つ欲望や心の闇と、表裏一体なのだろう。

そうは言っても、よたよたの老女が一人でも安心して歩ける街歌舞伎町であるように、新たな挑戦に向かっての歩みを続けて欲しい。

4．新宿酒場飲食業組合と車屋

友人黒柳宏子氏と辻恵子氏の勤務する「新宿酒場飲食業組合」は、歌舞伎町一丁目、西武新宿駅近くのビルにある。仕事は、会員相互の親睦、保険の代行、店員の福利厚生、税務に関することなどである。最近は、チェーン店の居酒屋などが多くなり、加入していない店も多いという。

この組織を立ち上げたのが、割烹「車屋」の先代伊藤鐘治郎（一九八九年没）。一九五六（昭和三十一）年のことである。「新宿酒場同業組合」の名称の下、七十店舗が参加して発足した。

鐘治郎は、一九三〇（昭和五）年に、喫茶店「ウォーグ」、「ミロ」、その翌年には、紀伊國屋書店の中に「武蔵野茶廊」を開いた。武蔵野茶廊は、様々な作家や芸術家が出入りし、富田常雄はここで『姿三四郎』の構想を練った。田村泰次郎の小説『肉体の門』も、一部ここで執筆されたという。酒場「どれすでん」「キュピドン」も、鐘治郎が開いた。そして、一九六三（昭和三十八）年にコマ劇場の横に車屋本店を開店した。どれすでんは今も健在で時々立ち寄る。

車屋本店、別館、鳥焼処車屋などは、家族や友人たちと利用する。また、藤沢車屋は、義兄、甥の法事などで会食する所である。車屋は、全国展開し、現在、東京や神奈川に七店舗、北海道・東北に三店舗がある。その他ケータリングサービスも行っている。

第六章　私の新宿漂流

一・西新宿「みち草」

「みち草」が、二幸裏から西新宿へ移ったのは、一九七一（昭和四十六）年六月十九日、二幸裏の区画整理により、移転を余儀なくされた結果である。私が、西新宿松沢ビル二階にあるみち草を訪ねたのは、一九八〇（昭和五十五）年二月。立春は過ぎていたが、風の冷たい日だった。父が亡くなって八か月ほどが経っていた。東大の図書館に非常勤で勤めていた私は、大学時代の友人と、赤門前で待ち合わせた。それまで、バーや居酒屋に一人で足を踏み入れたことはなかった。細い階段をのぼって左側、昔ながらの木製の開き戸を開けると、四、五人の客がL字型のカウンターに座っていた。カウンターの中に座って、客の相手をしている七十がらみの女性を一目見て、父の恋人だった女性と直感した。小柄で華奢だが、目鼻立ちのくっきりとした美しい人だった。

「こちらはじめてかしら、前にもお会いしたような気がするのだけど…」「いいえ、はじめてです」「そうですか、今後ともご贔屓に」そう言って、また、先客の相手をしている。中国を旅行した話とか、自分の手は人よりずっと温かいなどと言いながら、時々、こちらに笑顔を向ける。

私は、ウイスキーの水割りを飲みながら、話のきっかけをつかめないでいる。

壁に、和紙に書かれた作家たちの寄せ書きが、額に入れられて、飾ってあった。

「昭和二十七年十二月　阿佐ヶ谷會　為みち艸　瀧井孝作　小田嶽夫　上林暁　臼井吉見　Y Kawamori　井伏鱒二　中島健蔵　中野好夫　青柳瑞穂　村上菊一郎　火野葦平　亀井勝一郎　外村繁　原二郎　巖谷大四」（Y Kawamori は河盛好蔵）。それを眺めながら、杯を重ねる。少し酔いがまわったようだ。

「私、上野壮夫の娘です」

薄い光の中、ママの顔が一瞬揺らいだように見えた。カウンターの奥で、酒の肴を作っていた小柄な中年の女性と、カウンターの隅で静かに飲んでいた断髪の女性が、同時に私の方に顔を向けた。酒の肴を作っていたのが、梅さんが亡くなった後一人でみち草を切り盛りした山口和子さん。断髪の女性が、みち草の常連で、ＮＨＫ三チャンネル子供番組のアシスタントディレクターをしていた通称オタケさんこと竹内道子さん。和子さんは東京生まれだが、竹内さんは大分出身。大分市で、大きな民芸品店「豊後」を営んでいる家が、親戚筋にあたる。バレリーナの姉と二人で上京、下落合で暮らしていたが、大学を卒業する頃、姉は大分に帰り、一人になった。その後、和子さんとオタケさんは、共同生活を始める。時々けんかしながらも、姉妹のように仲が良かった。家庭を持たなかった二人は寄り添って生きてきたのだろう。オタケさんは、二〇一一（平成二十三）年九月十九日に和子さんに看取られて亡くなった。新宿十二社熊野神社祭りの次の日で、急逝だった。小さな身体に半端でない量の酒を毎日飲んだオタケさんの内臓はもう、ぼろぼろだったのだろう。生前の本人の言では、「(内臓は) 溶けて流れてノーエ (ない)」ということだった。享年七十四。

死の前日の夕方、オタケさん、和子さん、新宿酒場飲食業組合事務局の黒柳宏子さん、それに私と、熊野神社の祭りを見物しながら飲んでいた。オタケさんは、熊野神社例大祭の祭囃子と北上市の鬼剣舞に送られて逝ったのだ。黒柳さんの故郷岩手県北上市の民俗芸能鬼剣舞が熊野神社の祭りに招かれて、新宿駅西口と東口で、その演舞を披露した。

オタケさんと和子さん。二人とも、多分、姉のような気持ちで私を遇してくれた。二人のおかげで、私は、すんなりと、みち草常連の仲間入りが出来た。

店主の梅さんは、気風が良く、頭の回転が速い。客と対等に喧嘩をする。作家杉森久英は、産経新聞に連載していた「一癖斎のつぶやき(10)」の中でこう書く。

「ある時、若い癖に生意気な編集者が、ビールをぶっかけられていた。何のはなしをしていたのか、遠くにいた私はわからなかったが、彼は、けろっとして、その後も店に顔を出した。梅さんも、喧嘩したことなど忘れたように、にこやかに応対していた。」

「やい、かえれ」も、お梅さんの口からしばしば飛び出す言葉だ。傍若無人の客には、店主だって拒否権を行使する権利があるというのは私も同感である。お客に媚を売らない、が梅さんの信条だ。

私が、みち草で一番初めに知り合ったのは写真家の三戸森譲治氏だった。松元氏の紹介だった。松元氏が、実業之日本社に勤務していた頃、「新女苑」という雑誌があった。三戸森氏は、主にその雑誌の仕事をしていたフリーの写真家だった。写真家といえば将棋写真家の中野英伴。奥さん連れで来ていた。広告写真家として数々の賞を受賞した杵島隆も常連の一人。

その頃の常連客の第一にあげるのは内藤好明氏。一流企業のれっきとした社員だったが、サラリーマンが性に合わないのか、少し猫背なのをさらにまるめて、ひたすら飲む風情に虚無が漂っていた。時々顔をあげて、あたりをぎょろりと見渡し、酔客たちを観察する。毎日のように姿を表した。みち草通いは二幸裏からである。妻子と別れ、ヒッソリと死んだという。ブックデザイナーの山崎登氏。編集者の女性といつも一緒だった。西新宿みち草以来四十六年、私の最も長い付き合いの飲み友達である。私の本の装丁を手掛けてくれる。能楽師梅崎信義氏と澄子さん。信義氏は作家梅崎春生の弟である。澄子さんは、梅さんのアシスタント第二号。ハモニカ横丁の時代である。兄春生とともにみち草に現れた信義氏に見初められて、はやばやと結婚。以来連れだって、みち草に現れる。特殊学級の教師だった牧静男氏。群馬県の神社の神主の息子だった。私の父には世話になったと口癖のようにいう。怒ると地団駄を踏む仕草が幼児のようで憎めない人柄だ。現在最高齢。実際邪心のない無辜の人。牧氏の学校の同僚の藤田耕一郎氏は黙々と酒を口に運ぶ。阿久津昌三氏は、松沢ビル三階にあるバー「火の子」の常連だった山口昌男に連れられてみち草に現れた。山口昌男と同じ文化人類学が専攻で、今は信州大学で教鞭を執っている。私も民族学関係の財団に勤務していたので、学会で何回かお会いした。劇団民藝の俳優安田正利・編集者徳夫妻。安田氏は今は亡き名バイプレイヤー大滝修二と現れた。一人芝居の堀絢子氏、劇団プークの高瀬あけみ氏。医歯薬出版に勤める伊藤幸雄氏。彼に紹介してもらった押見歯科には、二十年近くお世話になっている。今も、西武線ひばりが丘にある押見歯科に通う。押見一院長は、「出来るかぎり自分の歯を残す」がモットーの歯科医師である。三井系企業に勤務していた西澤建義氏。彼には三井財閥のことを著す時、大変お世話になった。

参議院議員で近畿大学理事長、また日本文芸家協会に所属する詩人でもあった世耕政隆氏。お会いしたのは、三、四回と少ない。世耕氏は、戦前には、保田與重郎が主宰した「日本浪曼派」に憧れ、戦後の一九七九（昭和五十四）年一月に、保田與重郎、中谷孝雄、芳賀檀、浅野晃らが発刊した「浪曼派」に、詩を発表している。前述した杉山みつゑ氏（筆名若林つや）も同じ流れに身を置いたということもあって、若林つやのことを話すと、大変懐かしそうに相好を崩されたのが印象に残っている。一九九三（平成五）年に出版された詩集『樹影』を頂いた。若林つやの評伝を著し、出版出来たら差し上げるつもりだったが、一九九八（平成十）年に急逝され、間に合わなかった。

平凡社の下中邦彦氏も、二、三回しかお会いしなかったが、長身痩躯の優しい風貌で好感が持てた。

陸軍士官学校出の玉田富士雄氏。寮歌祭が好きで、私も誘われて何回か参加した。アイン、ツバイ、ドライの掛け声で、詰襟に高下駄を履いた初老の紳士たちが肩を組んで歌う寮歌。はじめは、違和感を持ったが、そのうち仲間に入って歌っていた。

画家の築地進氏と井上泰昭氏。生物や花、人物、優しい淡い色調の具象画を描く築地氏と、「井上ブルー」といわれたブルーを基調にした抽象画を描く井上氏。井上氏は早逝したが、築地氏は九十歳近くの今も元気で、銀座で個展を開いたりしている。また、明治洋画壇で注目されるも早逝した前田寛治の息子前田棟一郎氏。八坂書房の八坂安守氏といつも一緒だった。眼科医で詩人の納富教雄氏。アポリネールの「ミラボー橋」など、少し巻き舌で歌われるシャンソンはセーヌの流れを彷彿させる。手元にある納富氏の『自選詩集崖下のつぶやき』（砂子屋書房、二〇一五年）所収「石の花」から数フレーズ。

原爆をつくるより花をつくれ―

とはいっても大仰な檄文《げき》などではない
とある酒亭の燐寸《まっち》の裏に印されていた
ささやかな言葉にすぎない
（略）
新宿は花園ゴールデン街の集合所《サブラーニュ》
酒肆〈石の花〉
そこの女主人《ハザイカ》
大井ふさ
（略）
原爆をつくるより花をつくれ—
いま　その死語が私の胸を打つ

能の大御所観世秀夫氏。狂言の野村万作、観世流の能楽師野村四郎のご兄弟。お二人とも人間国宝になって、今は近づきがたいが、手紙や連絡もまめに下さり、親しみやすい人柄である。野村万作氏は大学の先輩ということもあり、気さくに会話をしてくださる。男前の野村四郎氏は、二〇〇七（平成十九）年に店を閉じたみち草の同窓会の会長。東京新聞文芸記者頼尊清隆。頼尊氏は、文化欄の「大波小波」を仕切っていた。朝日新聞勤務の梅田敏郎、共同通信の酒井義雄などのジャーナリスト、それに、先に書いた明治大学仏文の三羽烏といわれた、小川茂久、渋澤孝輔、小副川明の三先生。立正大学教授で詩人の嶋岡晨氏。また、玉川大学で教鞭を執っていたシェークスピア研究者の渡邉秀雄氏。

詩人といえば、詩誌「騒」同人だった三人の詩人暮尾淳、相川祐一、原満三寿は、「転覆トリオ」とあだ名されていた。名前の由来は、吉祥寺の井の頭公園で、三人一緒に同じボートに乗り、漕いでいて、見事に転覆したからである。大の男が三人乗るのも危ないのに、漕いでいる途中で、前と後と席を変わろうとした。その途端、ボートは傾き転覆。三人は、船底が上を向いたボートにしがみつき、岸にたどり着いた。以下は、暮尾淳氏の出版記念会の席で、原氏に聞いた話である。「みんな、岸や橋から見ていたね。管理事務所に連れていかれたんだけど、こういう不届きものが、俺たちの他にもいるんだなあ。着かえ用に、上着やシャツにズボン、下着のパンツまで揃っていてね。サイズも各種あって。自分の濡れた衣類はビニール袋に入れて持って帰ったよ。お札だけは乾かさないと使えないからか乾かして、帰りのタクシー代を払ったけど」。相川氏は、その足で、みち草に寄り、濡れた洋服を和子ママに乾かしてもらった。相川さんは感激しきりで、「和子さんは優しいんだ」が、しばらくの間の口癖だった。

詩人長谷川龍生氏は、みち草のせまい座敷を借りて「龍生塾」を開いて、若い詩人たちを育てていた。

　また、浄土真宗の僧侶能美良也氏は、袈裟ではなく、背広姿であらわれる。広島の大きな寺が実家で、鳥取県浜田市出身の歴史学者服部之総は、叔父にあたる。戦前の一九三七（昭和十二）年頃、服部之総は花王石鹸の宣伝部部長の職にあり、ちょうどその頃、花王に入社した私の父は、彼の下で、社史の編纂や宣伝の仕事をしていた。服部は、東大新人会で大宅壮一と知り合い、大宅が父を服部に紹介したのである。こんな偶然の縁もあり、浄土真宗が宗派の婚家の法要では、いつも読経をお願いしている。編集者の井上朗・映画スクリプターかずえ夫妻。映画ディレクターの豊嶋輝雄夫妻。新宿酒場飲食業組合事務局に勤める黒柳宏子さん。岩手県北上市出身の彼女の縁で、北上市役所の方々と知り合い、私は現在、「北上しらゆり大使」の任に預かっている。私の高校同期の会合も、しばしばみち草で持った。私の姉勝谷かほる子、友人の尾股幹正氏。他にも、編集者、サラリーマン、画家、小出版社の社長と多士済々だったが、既に鬼籍に入った人が多い。

　いつの頃から、梅さんが店に出るのは、週に二、三回となり、しばらくして、店には出て来なくなった。お梅さんが亡くなったのは、一九九四（平成六）年。

　杉森久英は、前出「一癖斎のつぶやき⑽」「みち草のお梅」で、「新宿のお梅さんがなくなった。終戦直後、新宿駅とタカノ果物店の間にハモニカ横丁というのがあって、客が十人もはいれば爆発しそうな、ちいさな居酒屋が並んでいたが、その中の一軒「みち草」の女主人だった。」と書き、最後にお梅さんのエピソードを紹介している。

「きのうね、河上徹太郎さんが来たんだよ。話しているうちに、なにかのことで、あたいが〝風当たりが強い〟といったら、河上さんたら、それはちがうよ。かぜあたりじゃなくて、かざあたりといわなきゃいけないというんだよ。一癖さん、どう思う？あんたはコトバにうるさい人だそうだけれど、かぜあたりとかざあたりと、どっちが正しいと思う？」「君のご機嫌をとるつもりはないが、残念ながら河上徹太郎の負けだね」「そうでしょう」歯切れのいい浜っ子言葉で、冴え冴えした受けこたえをする人だったが、今や溘焉《こうえん》として亡し。子曰く、「逝く者はかくの如きか」

（産経新聞、一九九四（平成六）年五月八日朝刊）

梅さんとの一番の思い出は、店が跳ねて、二人で帰った時のこと。当時、私は中央線西荻窪に住んでいた。梅さんの家は高円寺。中央線で帰ったのだが、少し足のおぼつかなかった梅さんは、帰る道々、私の手をしっかり握りしめていた。その手のひらが幼児のように小さく柔らかく暖かかったことが、いまでも感触として残っている。お梅さんは、少し遠慮しながらも、私に心身を預けていたように思う。好きだった男の娘と二人の道中は面映ゆかったに違いない。

梅さんの後を継いで、わがままな酔客の面倒を見たのが、山口和子さん。お梅さんが浜っ子ならば、和子さんは江戸っ子、茅場町の出身である。実家は印刷屋で、声が大きいのはそのせいかも知れないという。活版印刷の時代である。母親の実家は、芝田村町烏森で箪笥、鏡台などを造る指物師だった。下町の職人の家系だった。三月十日の下町の大空襲で茅場町の家は焼け出され、麹町に移ったが、そこも五月の空襲で灰塵に帰した。

私が初めて会った頃は、化粧気のない顔に、髪を三つ編みにして垂らし、童女のようだった。他のアシスタントが、比較的短期間で辞めたのに対し、和子さんは一九六一（昭和三十六）年から一九九二（平成四）年頃まで、三十年余、梅さんの元で助手を務めた。和子さんは、忍耐強い、ひかえめで誠実な人だった。わがままな女王様といった風情の梅さんの助手は、並大抵の苦労ではなかったろう。だが、梅さんも人情に篤い性格。「あ、うん」の呼吸で長年のコンビを組んできたのだ。「お梅さんは、客と他所に飲みに行って帰ってこなかったことが、結構あったわ」とは、和子さんの言葉である。信頼しているからこその気ままである。和子さんは、料理の名手で煮物は絶品だった。

みち草は、和子さんが引き継いで、店を切り盛りしていたが、二〇〇七（平成十九）年十二月三十一日に、店終いした。

四十六年、人生の盛りの時期を、みち草で過ごした和子さん。

私は、店終いの日にカウンターに並んだ。どういうわけか、上の階から壁を伝わって水が流れて来た。四階にあるバー「くるみん」からだ。通算四十六年、「みち草」とともにあった山口和子ママの涙の雫だったかも知れない。「和子さん、ご苦労様でした」。

現在は、年に一度「みち草同窓会」を持つ。毎年四十人近く集まるが、生き残り組も年々老齢化していく。


甲府市にある山梨県立文学館で、二〇一七（平成二十九）年一月二十一日から三月二十日まで、「新収蔵品展　直筆に見る作家のリアル」という展覧会が開かれた。新しく収蔵された飯田蛇笏・芥川龍之介・井伏鱒二・草野心平・太宰治などの作家の手紙、葉書、原稿、短冊などが展示され、その中に、みち草に集った作家、画家たちの画、写真なども展示されているということで、友人たちと観に行った。みな、みち草の馴染み客だった。

曇り空のうすら寒い日。中央線特急「かいじ」が、大月を過ぎる頃、薄日が差して、車窓の風景に色彩が戻る。甲府駅前の食堂でほうとうを食べて、文学館を目指した。タクシーで十五分ほど。

新収蔵品展の「みちくさ」のコーナーには、草野心平の筆になる「みちくさ」看板。心平の揮毫を木版に彫ったのは、鎌倉の寺の僧侶だったという。この看板は、西新宿みち草の入口内側のドアーの上に掲げられていた。写真家渡辺義雄が写した二幸裏のみち草店内の写真が二葉。ベン・シノハラ画「夜の新宿　みち草周辺」は、「よしだ　みち草龍」の三軒の酒場が並び、その向こうには、ムーラン・ルージュ新宿座、そして、「秋田」、「樽平」の料理屋の看板。伊勢丹のロゴマークまで描かれていた。また、草野心平直筆のお品書きには「お酒　お通しつき　特級弐百五十円　一級弐百円　ビール　お通しつき参百円　ウイスキー角弐百円　白百八十円」と書かれていた。

梅さんのご主人小林直太朗氏は、真木珧というペンネームを持つ作家で、同人誌「ワルト」を仲間とともに創刊。「ワルト」に掲載した「屍歩哨」は、東京日日新聞学芸欄で芥川龍之介に評価された。さらに、「三田文学」（第十一巻十号、一九二〇年一〇月号）に「潮鳴」を発表している。芥川の真木珧宛の書簡が展示されていた。巻紙に墨字で書かれたもの。真木の原稿を受け取ったが、風邪で寝込んだため出版社に送るのが遅れて、締め切りに間に合わなかったことを詫びる手紙だった。この手紙は、『芥川龍之介全集　第十九巻』（岩波書店、一九九七年）に収められている。

その後、妻美川きよとの離婚、師と仰ぐ芥川龍之介の自殺を経て、真木珧こと小林直太朗氏は、苦しみから逃れるように横浜の花柳界に出入りし、梅さんと出会った。梅さんは、直太朗氏の救いとなった。その梅さんが、私の父上野壮夫と恋愛関係に陥った。私は、父の側からしか二人の関係を見ていなかったが、今改めて、直太朗氏の人生に思いを馳せていた。

その他、画家鈴木信太郎が描いた「東山千栄子『桜の園』ラネーフスカヤ夫人」、井伏鱒二と小林梅のツーショット、ハモニカ横丁みち草前で、田辺茂一、梅さん、外村繁が並んでいる写真、阿佐ヶ谷会寄せ書き「為みち艸」など、孫の小林秋生氏が寄贈したものが、展示されていた。阿佐ヶ谷会寄せ書きは、西新宿みち草の壁にずっと掲げられていたもの。

二．ギター流しマレンコフ

私がギター流しのマレンコフを知ったのは、西新宿みち草だった。マレンコフが五十代前半、私が三十代後半の頃。ママのお梅さんが「上野壮夫の娘よ」と紹介すると、「ソーフーさんには世話になった」という。「お父さんはマレンコフのギターでよく歌っていたわ、ロシア民謡だの、大正の歌謡曲「流浪の旅」も定番だった。〈流れ流れて行きつく先は、北はシベリヤ、南はジャワよ〉って、それに、〈ここはお国の何百里、離れて遠き満州の〉(「戦友」)。哀調のある渋い声だった」と梅さんが付け加える。父は満州奉天に赴任していた時のことを思い出しながら歌っていたのだろう。

マレンコフは愛称で、本名は加藤武男。風貌が、スターリンの後を継いでソ連の第二代首相となったゲオルギー・マレンコフに似ていることから、マレンコフと呼ばれた。名付け親は、みち草の常連で、デザイナーの高橋錦吉。

マレンコフこと加藤武男氏は、一九二七（昭和二）年に埼玉県大宮市で生まれた。戦時中は、埼玉浦和の軍需工場（新潟鉄工所）で働いていたが、会社に素人のバンドと劇団があり、そこに入り、歌を歌っていた。戦後すぐに劇団付きのバンドに入って主に東北地方を巡業。その後、郵便配達の仕事に就いた。その配達の途中で、通りすがりの家から、ギターの音色が聞こえてくる。再び、音楽への夢をかきたてられ、音色の主からギターを習い、二人で上京。一九四九（昭和二十四）年から流しを始める。

当時、新宿には四つの演歌師グループがあった。西口マーケットを取り仕切る安田組傘下の青空楽団、南口マーケットから東口、追分一帯が縄張りの和田組傘下の新盛会、あすなろ会、それに、極東組三浦会連合会系傘下のMIU芸能社音楽事務所であった。マレンコフが属したのが、MIU芸能社音楽事務所。新宿二丁目、遊郭街にあった。新宿で有名な流し阿部徳二郎と同じ事務所。池袋で流しをしていた時に、入った店でたまたま阿部に会い、MIU芸能社を紹介したわけだから、マレンコフの方が少し先輩になる。

一九二五（大正十四）年、山形県に生まれた阿部は、一九三九（昭和十四）年に上京し、大村能章主宰の日本歌謡学院に入学。その後、東邦音楽学校（現・東邦音楽大学）声楽科に入学した。出征・復員後、上京し、歌謡学院で再び声楽を学んでいた。その時にマレンコフに出会い、一緒に一晩流し、即、MIU芸能社に入ったのである。マレンコフによれば、「阿部ちゃんは、人柄もいいし、やり手だった。面倒見もよかった。阿部ちゃんのところに、どんどん人が集まるんだ。楽器弾くしか能のないおれとは違うよ」という。

阿部徳二郎は、一九七三（昭和四十八）年十二月に、キングレコードから作曲家としてデビュー、翌年、若原一郎の歌「演歌師」を売り出した。また、ＭＩＵ芸能社から独立して流しのプロダクション東邦芸能を設立した。しかし、カラオケに押されて流しは減り、阿部も一九八八（昭和六十三）年に亡くなった。享年六十三。

手元に、マレンコフからもらった阿部徳二郎・今井巌編『日本の詩情』が二冊ある。マレンコフが流しに出る時必ず携帯する、歌詞が書かれた分厚い本だ。二冊とも、一八九六（明治二十九）年に作詞・作曲された「みなと」という曲から始まる。

空も港も　夜ははれて
月に数ます　船の影
はしけのかよい　にぎやかに
寄せくる波も　黄金なり

（旗野十一郎作詞　吉田信太作曲）

小学校の時によく歌った歌で、メロディがすらすらと出てくる。

二冊のうち一冊は、増補第二十三版で、収録曲二千六百六十一。一九八八年の曲まで収録。もう一冊は、増補第二十六版で、収録曲二千八百五十三。一九九六（平成八）年の曲まで収録されている。ということは、阿部が亡くなってからも、増補版が出たということになる。

マレンコフは、客が曲の題名を言うと、すかさず何ページという。商売とはいえ、記憶力の良さに舌をまく。どうやって覚えるのかと聞くが、自然に頭に入ったとか、覚える方法はないとか、むにゃむにゃというだけである。

マレンコフの話によれば、昔は一人で流すのではなくて、三人、四人と組んで流した。ヴァイオリン、ギター、アコーディオン、またはヴァイオリン一つにギター二つなど、いろいろな組み合わせがあった。歌ったこともあったという。一人で流しを始めたのは、一九六六（昭和四十一）年頃から。私が出会った頃のマレンコフは、ギターの伴奏だったが、アコーディオンの時もあった。重量があるアコーディオンは、肩や腕に負担がかかるので、晩年は、ギター専門になった。指が腱鞘炎になったこともあった。

二十代の頃は、無茶をやった。一晩でウイスキーを一本空けたこともあった。ヒロポンも打った。喧嘩もした。喧嘩であばら骨を折った。ろくに治療しなかったので変形してしまって、うつ伏せには寝られなくなった。「触ってみな。変形しているだろう」といって、私の手を持って洋服の上から触らせたが、寒がりのマレンコフは十二単のように厚着していて、骨の変形はわからなかった。

流しは、ヤクザ組織の傘下にあったわけだから、当然縄張りもあったと思うのだが、縄張りは気にせず、店主の許可を得て、その店で商売をした。地域は、原則的にどこに行ってもよかった。二丁目の遊郭街も商売の場所だった。客と遊女が二階の欄干に腰掛けて、曲や歌を所望する。歌い終わると、おひねりを投げてよこす。「新内流し」と同じねと言うと、そうだねとマレンコフは答えた。外で歌うと声が割れて大変だったという。また、新宿御苑側の千鳥街や三越裏、それに二幸裏などでも流した。

流しのピークは、東京オリンピックの年、一九六四（昭和三十九）年前後。新宿には、二百五十人ほどの流しがいた。カラオケの装置が開発された一九七一（昭和四十六）年頃から、流しは徐々に減っていく。私がマレンコフと出会ったのは、一九八〇（昭和五十五）年頃だから、流しが減少していった時だろう。さらに一九八五（昭和六十）年頃には、カラオケボックスが登場し、一九九九（平成十一）年には、六、七人ほどの流ししか残っていなかった。マレンコフは、その最長老。「死ぬまで続けるよ」が口癖だった。

私は、カラオケが嫌いだ。気ままに歌いたいからだ。思い入れたっぷりに伸ばしたり、縮めたりしたいというより、リズム音痴なのだろう。マレンコフは、私のリズムと音程に合わせてくれる。それにしても、カラオケはどうして、あのように大音量なのだろう。あんなにエコーを効かすのだろう。

西新宿のみち草とゴールデン街の「しの」が、マレンコフのホームグラウンドだった。

両方に自分のギターを預けておいた。特に西新宿みち草が、マレンコフの一日、いや一晩の商売の口開けとなる。大体八時ごろ店に顔を表す。店の客筋を素早く見定めて、お呼びがかからないと思うと、さっと姿を消す。談論風発、歌う雰囲気でない時も同様である。次の稼ぎ場ゴールデン街に向かう。私は、西田佐知子の歌「アカシアの雨がやむとき」、高田恭子の歌「みんな夢の中」、沖縄民謡「十九の春」、「安里屋ユンタ」、それに、母がよく歌っていた大正の歌謡曲「ゴンドラの唄」、「カチューシャの唄」、また、戦時中の流行歌「何日君再来」、「南の花嫁さん」、「風は海から」などをよく歌った。「アカシアの雨がやむとき」は、わが青春の歌といってよいだろう。六十年安保と「アカシアの雨がやむとき」は、我々世代の青春回顧の時、切り離しては考えられない、と書けば、そこに無縁だった同じ世代の人たちからは、「我々」といわないでくれとクレームがつきそうだ。だがやはり、「我々」と書きたい。

一九六〇（昭和三十五）年一月、岸信介内閣は、一九五一（昭和二十六）年九月にサンフランシスコで結ばれた「日本国とアメリカ合衆国との間の安全保障条約」の改定条約と、日米行政協定に代わる新協定「条約第六条に基づく施設並びに日本国における合衆国軍隊の地位に関する協定」に調印した。再び戦争に巻き込まれるのではないか、という懸念が人々の間に拡がった。条約反対運動は激化していった。

私は、組織には全く属していなかったが、毎日、国会前に出かけて行った。他のデモの列の中に、高校同期の姿を見かけた時は、心からのシンパシイを感じた。雨の中、濡れながらデモ行進をしたこともあった。周りを取り囲む機動隊員の一人と眼が合った。彼は、一瞬微笑んだ。嘲笑だったかも知れない。

六月十五日、全学連主流派が、国会に突入。東大生の樺美智子が死んだ。六月十九日、条約は自然承認され、「国家権力の背丈の高さ」という言葉を残して安保闘争は終焉した。過ぎ去ってしまえば、高揚した気分も急速に醒めていった。街には西田佐知子が歌う「アカシアの雨がやむとき」が流れていた。物憂い歌声は、その時の倦怠の気分にぴたりと合った。運動の余震が続くその秋、早慶六連戦。神宮球場に日参した。早稲田大学の逆転優勝で幕を閉じた。揺れる時代のつかの間の華だった。同じ年、キューバでは、フィデル・カストロ主導で、キューバ革命が成功していた。二〇一六（平成二十八）年十一月二十六日のニュースは、カストロの死を告げていた。

私の青春の歌「アカシアの雨がやむとき」と同じように、大正歌謡の「カチューシャの唄」や「ゴンドラの唄」は、私の母たち世代の青春の歌だろう。大正デモクラシーといわれた時代で、戦争の槌音はまだ遠く、学問も芸術も文学も自由にのびのびと表現できた時代だった。

一九一四（大正三）年、芸術座第三回公演は、トルストイ作「復活」を舞台化したものので、主題歌が「カチューシャの唄」だった。松井須磨子主演の「復活」は大当たりで、

「カチューシャの唄」は一世を風靡した。「ゴンドラの唄」は、一九一五（大正四）年、芸術座第五回公演「その前夜」の劇中歌で、こちらは、当初、評判は良くなかったようだが、じわじわと売れ出し、今でも歌われるのは、「生命短し恋せよ乙女」で始まる「ゴンドラの唄」の方が多い。黒澤明監督・志村喬主演の東宝映画「生きる」（一九五二年）の劇中歌としても歌われた。マレンコフの携帯する歌詞の本『日本の詩情』には、もちろん両方の歌詞が掲載されている。

第一次芸術座は、一九一三（大正二）年、島村抱月が、松井須磨子、相馬御風、水谷竹《たけ》紫《し》、沢田正二郎らとともに結成したもので、活動拠点を東京市牛込区（新宿区）に置いた。

マレンコフは、自分が商売する店によく私を連れて行ってくれた。その日は、流しの商売は休みだった。地下鉄丸の内線の新宿三丁目駅の三丁目寄りの改札口で、待ち合わせた。マレンコフとふたりだけのデートは少し気恥ずかしく、友人たちを誘ったこともあったが、あとで、「今度は、朋子さん一人で来てね」と、ぽつんと言われた。

末広通りや要通り、御苑大通り沿の店など。老夫婦二人で営んでいる店が印象に残っているが、店の名前は思い出せない。ゴールデン街の「飛翔」や荒木町の「桃太郎」は忘れ難い店だ。桃太郎のご亭主もおかみさんも、私の母と同じ岡山美作出身で、村もごく近かった。そういう縁で、親しみがあったが、ご主人は亡くなり、店は代替わりしている。

住まいの近く、大泉学園の飲み屋にも何回か連れて行ってもらった。駅から距離があったが、つまみの美味しい店だった。

マレンコフはそのころ、まったくお酒が飲めなくなっていたが、行く先々の店で、私におごってくれた。自分を受け入れ、親切にしてくれる店への恩返しだった。私はそう飲まないのに、一万円を必ず置いていった。

マレンコフが入院したと聞いて見舞いに行った。二〇〇九（平成二十一）年九月のこと。マレンコフの人生を描いたドキュメンタリー映画「NAGASHI〜その名はマレンコフ〜」を製作中の大上典保氏と一緒だった。この映画は、マレンコフの死後、「ゴールデン街劇場」で上演された。

亡くなったのは二〇〇九年九月十一日。その数日前、入院していた病院の看護師から電話があった。「加藤武男さんが、あなたにお会いしたいといってます」。すぐに駆けつけた。容態が悪そうには見えなかったが、ナースステーションの前の部屋に移されていた。二人きりでとりとめもない話を一時間ほどした。ドアーは開け放していたから、話の内容は筒抜けだったろう。聞かれて困るようなことは何もなかった。その数日後、マレンコフは亡くなった。

私は詩が書けないので、知人の詩人暮尾淳の「マレンコフ」という詩の一節を、悼歌として掲げたい。

マレンコフ

マレンコフが死んだと
居酒屋で聞いたが
スターリンの時代の
ソビエトの首相ではなく
カラオケの世になっても
新宿の古いバーを回っていた
それが通称の
流しのギター弾きで
本名は誰も知らず
皺々の分厚い本の歌詞を
おれは老眼鏡で追いながら
「錆びたナイフ」だったろうか
その調子はずれの声に
ギターを合わせてくれたのは

三年前ではなかったか
（後略）

（『暮尾淳詩集』現代詩文庫２２７・思潮社、二〇一六年）

六十年の間、流し一筋に生きたマレンコフ、いや加藤武男さん。地味で真面目で短気で一徹だった。

三．ゴールデン街そして「川太郎」・「凧紋」

1．ゴールデン街地誌

歌舞伎町一丁目の東端、花園神社の裏に面した一角に、ゴールデン街がある。江戸時代は、寄合本多対馬守の下屋敷があった所である。寄合とは、三千石以上の旗本を指す。明治維新時に、屋敷は取り壊され、敷地内にあった池だけが残った。本多の池と呼ばれ、濁った池だったが、鯉や鮒、ドジョウやタニシも取れた。おたまじゃくしが泳ぎ、蛙合戦もあった。蛙合戦とは、繁殖期の蛙のオス同士が、メスをめぐって争うことである。また、付近には広い原っぱがあり、本多の原と呼ばれた。子供たちの凧揚げの場所だった。昭和になって、宅地や浅田銀行となる。町名は明治時代には内藤新宿北町、大正時代から終戦までは三光町といった。戦後は、葦が生い茂る寂しい所で、新田裏の車庫に通じる都電の引き込み線があるだけで、夜は、タヌキやキツネが出没し、人通りが絶えた。そこへ、一九四九（昭和二十四）年に出された、GHQの露天商取り払い命令に追われて、新宿東口ヤミ市の露天商が移ってきた。他のテキヤが率いる露天商も暫時移ってきて、百軒以上あったという。これとは別に、新宿二丁目から移ってきた集団もあった。この二つの集団によって、ゴールデン街が形成されたのである。

主に東口から移ってきた露天商は、ここで商売をはじめたが、駅から遠い上、新開地であったから、客があまり来ない。飲食店に転業したが、それも上手くいかない。やむなく売春に転業していった。東口組は、三光町の名前をとって「新宿三光商店組合」を結成した。

二丁目組の露天商の大方は、はじめから売春が目的だった。二丁目は赤線があったが、ここは非公認の青線だった。一九五八（昭和三十三）年四月一日に売春防止法が施行されるまで続いた。その後、飲食店街になり、今日まで続く。「花園街」と称され、こちらは、「新宿ゴールデン街商業組合」をつくった。そして、今も二つの組合によって商売が営まれている。

ゴールデン街は、靖国通り側から、ゴールデン街G1通り、ゴールデン街G2通り、あかるい花園一番街、あかるい花園三番街、あかるい花園五番街となる。そして、区役所通りと平行にまねき通りが縦に走る。G1通りとG2通りが「新宿ゴールデン街商業組合」に属し、あかるい花園一、二、三番街が「新宿三光商店街振興組合」となる。

私が行き付けの「ハングリー・ハンフリー」は、G1通りに面しているから、新宿ゴールデン街商業組合に属し、もう一軒の行きつけの店「蛾王」は花園五番街にあるから、新宿三光商店街振興組合である。二つの組合は、今も定期的に会合がある。

都電の引き込み線だった所は、「四季の道」と呼ばれて、靖国通りからゴールデン街に行く道となっている。四季の道を右に入ると、狭い路地に同じような造りの小さな木造家屋が連なっている。ドアーを開けると奥に細長い空間にカウンターに丸椅子。六、七人、せいぜい十人も入れば、満席になる。今もこの佇まいは変わらず、戦後そのままのような、昭和歴史遺産とも呼べる場所だ。

田中小実昌は、「ゴールデン街」を愛した作家だが、「ホステスのいないバー街」という。

新宿のゴールデン街で、ゴルフのはなしなんかきいたことがない。ゴールデン街では、海外旅行のはなしはなく、インドに二年いたとか、ハリガネ屋で、世界のあちこちをまわったとかってはなしぐらいだ。（略）

ともかく、新宿ゴールデン街には、店にくるまえに、男性週刊誌を読んでおベンキョーをするみたいなマジメな女はいない。だいたいホステスなんてのがいない。新宿ゴールデン街は、もと青線のせまい路地にならんだ、ちいさな飲み屋街で、客が五、六人か十人もはいればいっぱいになるような店がおおく、たいていはママひとりしかいない。（略）

（「ポクポク子馬」種村季弘編『東京百話　地の巻』所収、ちくま文庫、一九八七年）

ハリガネ屋は、盛り場や地下街などで、ブレスレッドに名前を彫りこんだり、ハリガネでイヤリングをつくったりして売っている人たちのこと。ユダヤシンジケートの一味が多いという。ゴールデン街の飲屋では、ゴルフと海外旅行の話がでないのは、私も実感している。海外旅行は、アジアにほんの少し、ゴルフも全くできない私は助かっている。酒場で、家族や出身校やゴルフの話などをするのは、野暮というものだ。

私が、ゴールデン街に足を運ぶようになったのは、みち草に顔を出すようになってからだから、一九八〇（昭和五十五）年頃からだろうか。その頃、新宿飲み屋の〈大三角形〉といって、みち草を振り出しに、風紋、學校、そしてみち草に戻るのが、みち草常連の〈のんべい〉の道だった。私が、ゴールデン街に行ったのは、みち草の客についていったのが初めてで、当時は、まだ學校はゴールデン街ではなく、新宿一丁目の方に店があった。私が、ゴールデン街で初めて行ったのは「路」というカラオケを歌わせる店だった。ドアーを開けると、薄暗がりの中、カウンターに二、三人の客が座っていた。その中に、当時、マスコミで騒がれていた新進気鋭の宗教学・人類学者がいた。不思議な雰囲気の男だった。マスターは男色という噂だったが、女性客に優しかった。

その他、「あんよ」、「アミ」、「こどじ」、「飛翔」、「南海」、「トンボ」、「メガンテ」、「エスパ」、「十月」、「双葉」など。双葉は一九四八（昭和二十三）年に開店した今のゴールデン街では一番古い店。ゴールデン街という名称は三代目ママ萩原初江さんの祖父で、ゴールデン街商業組合初代会長萩原清光氏の命名である。もちろん、双葉の創業者である。七十年安保世代や、さらに上の世代の人たちも常連客。壁には、私にとっては懐かしい往年の野球選手たちの色紙が飾ってあった。こどじは、私の職場の同僚だった女性の義姉と義弟が開いていた店。義弟は亡くなって、義姉も、今は週二回ほど顔を出すだけという。メガンテのママ、ジュンさんは、薩摩おごじょ。客とのやりとりはいささか乱暴だ。「お前、うるさい、静かにしろ」が口癖。気の弱い私などはハラハラするが、客も彼女もけろっとしたもの。一度だけ、みち草の旅行会で、房総に一緒に行ったことがあったが、一人浜辺に座って海を眺めていた彼女は、物思う乙女の風情だった。

ジュンさんはバイクで怪我をし、階段から落ちて怪我をし、傷が絶えない。この頃は、昔の迫力がなくなったのが、少し寂しい。といっても、ご無沙汰ばかりだ。

あんよ、路、トンボ、學校は、今は代替わりして名前も変わっている。

2.「ハングリー・ハンフリー」と「蛾王」

ゴールデン街で、私の行き付けの店は、「ハングリー・ハンフリー」。「ハングリー・ハンフリー」という店名は、店主の岩城裕二さんが、ハリウッドの映画俳優ハンフリー・ボガードのファンであることから付けられた名前であるという。

店内にもボギーの写真が貼ってある。私は、その写真を眺めながら、セピア色の記憶の中から、映画のシーンや、ボガードのセリフを取り出す。「カサブランカ」。ボガードの一番の傑作と私は思っている。一九四二（昭和十七）年の作品だから、私が観たのはリバイバル。「アズ・タイムズ・ゴー・バイ」という音楽と、酒場の女に口説かれていう科白が印象的だった。「昨夜はどこにいたの？」「そんな昔のことは覚えていないな」「今夜は、会ってくれる？」「そんな先のことはわからないな」。ともかく、忘れられない名セリフ。今は、昨日の記憶も明日の予定もすべて覚束ない老いの中にいる私は、別の意味で、このセリフは身に沁みる。オードリー・ヘップバーン「麗しのサブリナ」、キャサリン・ヘップバーン「アフリカの女王」。二人の女優と共演した映画も忘れ難い。二人とも、私の好きな女優だ。

ゆうさんと皆が呼ぶ店主の岩城裕二さんは、ハンフリー・ボガードと競うクールな二枚目。内心、自分はボガードに似ていると思っているのかも知れない。若い頃は、ゆうさんファンの女性客がカウンターの椅子にずらりと並んだという。しかし、往年のもてぶりも今はない。若い美女もたまに来るが、大体が、私や姉といったばあさんだ。

店の看板メニュー、ミートボールカレーを食べて腹ごしらえをし、アイリッシュウイスキーの水割りを飲みながら他愛のない話に興じ、アシスタントの一徳さんが作る明太子スパゲッティをしめに食べ、家路を急ぐ。

「蛾王」もよく行く店である。森哲郎・栄子さん夫妻が営んでいる店で、「Papillon」と横文字の表示も掲げてある。パピヨンは、フランス語で蝶だが、蛾の王は蝶なのか。夜の蝶は蛾か。はて、と考え込んでしまったが、「蛾王」は、栄子さんのニックネームだそうだ。俳句仲間との旅で、福島県桧枝岐温泉の旅館に泊まった時、部屋に蛾の群れが入って来た。その蛾を掴んでは戸外へ投げ、掴んでは投げて、追い払った彼女へのオマージュとしてつけられた名前である。蛾を食べたという風評もある。ご本人に訊くと、蛾を掴んだ手のひらを舐めただけという。

栄子さんは、岐阜県神岡鉱山のある飛騨市神岡町で生まれた。一時、神通川のカドミウム公害で知られた町だ。田んぼの中に立っている幼い日の栄子さんの写真を見たことがある。この田んぼも、カドミウムの被害を受けたのだろうか。写真の中の栄子さんは、今と変わらない屈託のない笑顔の少女だった。農村育ちの栄子さんは、蛾の大群などものともしなかったのだろう。

私は、二回ほど神岡鉱山を訪れたことがあった。その頃は、閉山されていて、カミオカンデが、廃坑になった神岡鉱山の下に造られていた。専門的なことは分からないが、カミオカンデは、ニュートリノを観測するための装置とか。現在は、カムランドと呼ばれる、より低いエネルギーのニュートリノを検出できる装置が造られているという。栄子さんにとっては懐かしい故郷。だが、カドミウム鉱毒被害をおおっぴらに批判するのは憚られたという。神岡鉱山で町は潤い、当時は岐阜県下で、最も所得の高い町だったからだ。

私が行った時は、神通川の清流は蘇っていて、付近の姿の美しい山々と相俟って、山紫水明というに相応しい場所だった。ここで育った栄子さんは、やはりおおらかな人。岩波映画に勤務していたこともあり、客には映画関係者が多いが、誰でも同じ目線で接してくれる。興がのると、カセットから流れる音楽や客の歌にあわせて、即興の踊りを踊る。これが楽しい。名家の出であるマスターの哲ちゃんは、テナーサックスの奏者。妻の栄子さんと同様、穏やかで優しい。というわけで、酔客の気持ちもふんわりと和み、声高な議論などは出ないので、滑舌が悪く議論に弱い私などでも、安心して飲めるのである。

3. 廃校になった「學校」

私が通ったゴールデン街「學校」は、草野心平が六十年安保の年に新宿一丁目に開店した初代「學校」で、アシスタントとして働いていた井上禮子さんが開いた、二代目の方の學校である。禮子さんと草野心平の恋人山田久代さんと心平と三人で切り盛りした一丁目學校だったが、心平は一九八七（昭和六十二）年に亡くなる。その後、高円寺などで店を営んでいた禮子さんは、一九九四（平成六）年にゴールデン街に店を開いた。六十三歳になっていた。

新宿一丁目のバー學校には、二、三度、行ったきりである。ある編集者に連れられて、西新宿みち草から、ガードをくぐり、新宿通りを新宿御苑の近くまでひたすら歩いた。その時が、禮子さんとの初対面だった。おっとりとした優しい人という印象だった。トイレのドアーだったか、店のドアーだったかがなかなか開かなかった（ということは閉まらなかった）が、いい印象を持った。三度目に行った時、難しい話をして、酔客に「高校の先生？」と揶揄的に訊かれたのにひどく傷ついた。ということで、それっきり行かなくなった。姉と二人で行ったのだが、派手な印象の姉に比べて地味に映ったのだろう。酒場という空間に、あまり慣れていなかった頃でもある。

ゴールデン街の學校は、ドアーを開けると鉤の手にカウンターがあり、正面の壁に、筑摩書房の創業者古田晁の写真が貼ってあった。禮子さんが、「この男なら」と思った数少ない男の一人であるという。

井上禮子さんは一九三二（昭和七）年四月生まれ。福島県郡山の商家（魚屋）を営む両親は三女の禮子さんを、秋田県小坂鉱山の経営に参画する裕福な家に養女に出した。生まれる前から決まっていたという。「小坂って、私の母の故郷も小坂っていう地名だったわ」というと、「どこの小坂?」「岡山の美作という所で、やはり山の中、鉱山はなかったけど」という会話を交わした。養父母は優しい人で、差別されることもなく、何不自由なく育った。物腰も言葉もおっとりと丁寧で、話していると、春の微風に吹かれているような心地よさがあった。ミュンヘンに行った絵描きや、野球選手、八の字のつく二十二歳年上の人。「みんな、惚れた男は、あっちにいるから、死ぬのは全然こわくないの」が、口癖だった。草野心平については、「優しくてとてもチャーミングな人」という。

今昔の常連は、みち草の常連と重なるが、昔の常連は、殆ど鬼籍に入っていて、私はお目にかかることはなかった。禮子さんとの付き合いは、新宿一丁目の時からだが、本格的に學校に通い始めたのは、ゴールデン街に移ってからだろう。あまり熱心な生徒ではなく、落ちこぼれだったが、禮子さんは、いつも変わらない態度で接してくれた。

禮子さんの心身の衰えを感じ始めたのはいつの頃からだろうか。記憶は朧だ。アシスタントの真紀さんの苦労も大変だったろう。閉校すると聞いてから何回か通った。禮子さんの笑顔は変わらなかったが、痩せぎすの身体がますます痩せて痛々しかった。二〇一三(平成二十五)年十月三十一日、學校は閉校した。

4.「川太郎」・「風紋」

ゴールデン街ではないが、花園神社の参道沿いにある居酒屋「川太郎」へも、時々立ち寄る。花園神社の敷地内と錯覚するが、店の建っている所は違うという。だが、裏のドアーを出たらもうそこは、花園神社の敷地。

川太郎のママは熊本市出身。一九七〇（昭和四十五）年開店。空輪で取り寄せる馬刺しが美味しい。辛子レンコンも定番メニューだ。靖国通りから入る参道の右側に川太郎がある。灯がともるのは大体夜八時頃だ。うす暗い参道を歩き、ほの暗い灯の川太郎の看板が目に入ると、男は自然とこの店に引き寄せられるのではないか。店の佇まいがどこか浮世離れしているのである。どう見ても江戸時代の街道筋に一軒ぽつんとある幻のような旅籠か居酒屋と思えるのだ。ママには悪いが、ムジナが店主に化けて旅人をたぶらかす、という風情の店なのだ。はて、或いはムジナかもしれない。ママは、年齢不詳、来歴不明。時々見せてくれる若かりし頃の写真は、情趣のある美人である。旅人が疲れた足取りで入れば、少し口ごもりながらのどかに優しく応対してくれて、心も身体も癒される。どこか江戸の風情を残している川太郎は、貴重な存在だ。

新宿二丁目の「風紋」にもよく行った。最初、誰と行ったのか、記憶は不確かだが、美人ママの聖子さんは、はじめての客も、馴染み客も平等に扱ってくれる。淡々とした穏やかな話ぶりが私には好ましかった。

太宰治の短編小説「メリイクリスマス」のモデルに、母富子さんとともになった林聖子さんが、初代風紋の店を開店したのが一九六一（昭和三十六）年。花園神社近くのビルの一階にあった。現在の店は三代目。一九六九（昭和四十四）年に現在の地に開店した。新宿五丁目、明治通りを少し入った所のビルの地下にある。聖子さんははじめ新潮社に入ったが、富子さんの病気の看病で辞め、後に古田晁が経営する筑摩書房に入った。富子さんが亡くなると、銀座のバー勤めを経て、風紋を開店した。「メリイクリスマス」の中の少女「シヅエ子」として描かれているのが聖子さんで、主人公の「唯一の人」として母富子さんが描かれた。

聖子さんの父林倭衛《はやししずえ》は、洋画家で、大杉栄の肖像画「出獄の日のO氏」が、世に知られている。大杉栄と親交があり、倭衛自身もアナーキストだった。私は、林倭衛の展覧会で、大杉栄の肖像画を観たことがある。神経質そうな鋭角的な顔立ちだった。他は、風景画が多かったように思う。地味な色彩だったが、魅力があった。たしか、井の頭線明大前の画廊だったと記憶している。倭衛は、私の両親と戦前の文学仲間だった古澤元の妻真喜と同じ、信州上田出身。真喜さんの弟は、林倭衛の画の収集家だった。真喜さんとその友人の千代さんと聖子さんは、友人であり麻雀仲間だった。古澤元・真喜夫妻の一人息子襄さんは、安保闘争に揺れる一九六〇年代から七〇年代、共同通信政治部に席を置き、当時の政界の実力者の家に「夜討・朝駆け」と称する取材をかけるのが日課だった。取材の時間まで、風紋で過ごすことが多かったという。その頃の襄さんは、自分の母真喜さんが、聖子さんと親しかったとは露知らなかった。

テレビ朝日報道部松元眞氏の父平林彪吾、古澤襄氏の両親元・真喜、それに私の両親は、昭和十年代に、当時の流行作家武田麟太郎が発刊した「人民文庫」という雑誌の同人仲間だった。その縁で、戦後も家同士の交流は途切れることなく続いた。武田麟太郎の次男穎介、古澤襄、松元眞、私で、「人民文庫」二世の会と称して、浅草あたりを飲み歩いた。松元眞氏が亡くなった時、「人民文庫」二世も残り少なくなったと、「杜父魚文庫」ブログに記した古澤襄氏も、二〇一六（平成二十八）年五月二十九日に亡くなった。松元眞氏も古澤襄氏も、私より十歳ほど年上だが、親しい人の相次ぐ死に、身辺、風が吹き抜けて行く。いずれわが身、との思いが年ごとに深くなる。

私が、風紋に行き始めた頃には、襄氏はあまり姿を見せなかったが、聖子さんが真喜さんと週一ぐらいで麻雀をしたこと、新進気鋭の記者だった頃の襄さんのことなど、話して下さった。

風紋は文壇バーと称され、檀一雄、井上光晴、後藤明生、中上健次、詩人の渋澤孝輔、また、筑摩書房の古田晁、新潮社の坂本忠雄などが集った。私が行き始めた頃には、評論家の粕谷一希、学者の吉沢伝三郎などといった人が顔を見せていた。渋澤孝輔氏の梯子酒に付き合って、風紋にお供したことが何度かある。

二〇一一（平成二十三）年九月三〇日、松本楼で五十周年を祝う会が開催され、私も参加した。常連客の多くは鬼籍に入り、聖子さんも現在は入院中とのことである。最近、店を訪ねたが、風紋の灯は消えていた。

終　章

わが街柏木（現・北新宿）・大久保

――芸術と思想と信仰と民族融和と

一．柏木伝承と円照寺・鎧神社

私の一日は、朝起きて、南に面した窓のカーテンを開けることから始まる。そして、ソファーに座って、しばし外を眺める。家族はまだ起きてこない。至福の時。丈高いメタセコイアの樹には、カラスの出入りが激しい。巣を作っているのだろう。その向こうに家々の屋根が連なり、芽吹き始めた庭木の緑が瑞々しい。林立する高層ビル群はまだ眠っているようである。外の景色を眺めながら、人々の暮らしやこの土地に流れた歴史を思う。私の住むあたりは、淀橋町柏木という地名だった。高層ビルの建つあたりは淀橋町角筈といった。それぞれの地名にはいわれがある。

1．柏木伝承

柏木という地名は、平安時代、柏木右衛門佐頼季《かしわぎうえもんのすけよりすえ》（頼秀《よりひで》）という人物が、柏木から角筈あたりまでを治めたことから、その名前が付いたといわれる。私の住まいの近く、北新宿三丁目にある円照寺は、一説に柏木右衛門介の城だった所という。ここには、右衛門桜という一本桜がある。この桜には、『源氏物語』の柏木と女三の宮との恋にまつわる伝承がある。

柏木には女二の宮という妻があったが、光源氏の二番目の正妻女三の宮に心を奪われ、ついに自分のものにする。ダブル不倫である。女三の宮は、柏木の子供を身ごもり、男児が生まれる。女三の宮は、柏木と通じたわが身を恥じて出家した。柏木は、道ならぬ恋に心を苛まれはかなくみまかった。男児は、光源氏の子供として育てられ、体から芳しい香りがするというので薫の君と呼ばれた、というのが『源氏物語』、「柏木」の粗筋である。

淀橋町柏木に残る伝承は、これに繋いだ形で、次のように語られる。

昔、一条院の御代に柏木右衛門佐頼季という者がいた。長元三（一〇三〇）年に上総介平忠常、陸奥権介忠頼の兄弟を追討した賞として柏木の地を賜り、ここに居館をかまえて住んだ。そこへ京都にいたころの恋人三の宮から、男児が生まれたという知らせがきた。右衛門はおおいによろこんで、男児のために京から桜の苗木、をとりよせて庭に植えた。そのうちに右衛門は亡くなったが、人々はこの桜が香り高く咲きつづけるので「右衛門桜」と名づけた。ところが男児のほうも立派に成長し、都の人々からは桜のような香りがするといわれ「薫の大将」と呼ばれるようになった。

謡曲「柏木」、「右衛門桜」（『新謡曲百番』、博文館）にも謡われて現在まで語り継がれた伝承だろうが、『江戸名所記』にこう書かれている。

「花はシベながく、匂ひ一、二町余所までも聞こゆといふ、さればすなはち此所を柏木村と名つくなり。柏木のうへし桜は匂ふ宮薫の跡をしたふなるべし」。

『源氏物語』という男と女の物語は、これからも人々の想像をかきたて、とめどもない広がりをもって新たな物語を生み出して行くのだろう。

それは別として、右衛門桜があったと伝えられる円照寺は、『新宿区の文化財』を要約すると、真言宗豊山派の寺院で、医光山瑠璃光院円照寺といい、鎧《よろい》神社の別当寺であったという。起源については定かではないが、醍醐天皇の御代、理源大師《りげんたいし》の弟子貞崇《じょうすう》僧都が現在の円照寺のあたりに、薬師如来を安置した。九三五（承平五）年から九三九（天慶二）年にかけて、平将門が関東に勢力を持ち、これを討伐するために藤原秀郷が軍勢を率いて出陣したが、中野あたりで病にかかり伏した。この薬師如来に祈ったところ、病は治り、将門討伐も無事達成した。秀郷は、堂塔を建立し、円照寺とした。

他には、柏木右衛門佐頼季（頼秀）の居城で、右衛門桜が植えられて名木として名を馳せた、という説を紹介している。

2．円照寺と鎧神社

どちらが真実かなどというのは横に置いて、歩いて十分ほどの、円照寺と鎧神社への散策に出かけた。円照寺は、北新宿三丁目二三—二、大久保駅と東中野駅のほぼ真ん中あたりにある。道路から石畳を歩き、瓦屋根の門を入ると正面が本堂。その前に枝垂れ桜の大木。これが右衛門桜？　幹はあまり太くないが、枝は地面にまで届くほど伸びている。だが、そんなに年月が経っているとも思えない、というのが正直な感想だった。境内には他にも、桜の木が三、四本。近くで庭木を整えている中年の男性に訊く。「右衛門桜？　江戸時代のものですからね。もうありません。その代わりに三春からこの枝垂桜を取り寄せたということです」という。「福島県の三春ですか？　樹齢一千年といわれる滝桜（枝垂桜）が有名ですよね」私の問いに植木職人だという男性は笑顔で頷いた。「その枝垂桜の子孫の桜ですか？」「いや、そこまで知りません」私は礼を言い、本堂左側にある、何とも不思議な無縁塔の前に立った。塔というよりは、仏像が彫られている石を無造作に積み上げた小山といった感じである。一番上に屹立しているのは閻魔像か。仏さまたちはかなり古びている。塔の前に「弘法大師一千百五十年御遠忌記念改修無縁塔」と書かれた木柱が建つ。ということは、一九八五（昭和六十）年に改修されたということになる。無縁塔の向こうには、広い墓地が拡がっていた。

今はない円照寺の桜については、『江戸雀』、『紫の一本』、『江戸名所記』、『江戸名所図会』、『近世風俗見聞集』、『江戸の道草』、『新編武蔵風土記稿』などに出てくる。江戸時代から名木として名高かったのだろう。現在の枝垂桜については、福島の滝桜の子孫であると『柏木百景』（柏木地区協議会編、二〇一六年）に書かれていた。

鎧神社は、北新宿三―一六―一八に位置し、円照寺から歩いて二、三分。境内に保育園があり、子供たちのにぎやかな声が聞こえてきた。石の鳥居の側に鎧神社の石柱。左側に、鎧神社縁起の立て看板。その内容を要約すると、「鎧神社は江戸時代迄、鎧大明神と称して、このあたりの古社として人々の尊崇を受けて来たが、日本武命の東征の折に、甲冑六具をこの地に埋めたと伝えられる。また九四〇（天慶三）年、関東に威を称えていた平将門が、下総猿島に滅んだ時に、将門公を偲んで、その鎧をここに埋めたという。また別説によれば、将門残軍を追ってこの地に来た藤原秀郷が、重病に倒れた時、是は将門公の神霊の怒りであると恐れ、薬師如来を本尊とする円照寺内に、将門公の鎧を埋め、祠を建てその霊を祀ったところ、病が癒えたという。それ以来、柏木淀橋にかけての産土神、鎮守の社として、人々の信仰を得てきた」というものである。鳥居を潜り、石畳を歩くと両側に石灯籠、その向こうの左右に狛犬型庚申塔、そして正面がくすんだ赤い屋根の社。鐘を鳴らし、お賽銭をあげて、何やら祈った。この頃は、いつも何やらなのである。具体的な祈りの内容がわかないのは、老いのせいでいろいろな欲がなくなったせいか。他力本願はしょせん叶わないと悟ったせいか。

保育園の子供たちの元気な声を背に鳥居をくぐり、家路を急いだ。

3. 大久保・柏木地名の変遷

大久保あたりは、江戸期には、東大久保村と西大久保村に分かれ、一六〇二（慶長七）年に、西大久保村に、伊賀者の百人町大縄地ができた。

東大久保村は、現在の新宿六丁目、七丁目の西部地域である。また西大久保村は、現在の歌舞伎町一丁目北部、歌舞伎町二丁目、大久保一丁目から三丁目、新宿六・七丁目の西辺の範囲。百人町大縄地は、大久保百人大縄屋敷と呼ばれ、家康が内藤清成に預けた幕府鉄砲隊四組のうち三組（伊賀組、甲賀組、根来組）が住んだ所である。一組は、四谷に家屋敷を拝領していた。

百人町は、江戸から昭和初期にかけてツツジ園で有名な所で、花時には、亀戸の藤、堀切の菖蒲などとともに、遊覧客でにぎわった。百人組の武士たちが、鉄砲撃ちの練習のかたわら、ツツジを育てたのが始まりである。しかし、一九〇三（明治三十六）年に日比谷公園が開園されると、多くはそこに転売された。大正初期には、箱根小涌谷の公園や群馬県館林志林寺に移され、昭和初期には、民家の庭に名残りをとどめるだけとなった。また、大久保の唐辛子も内藤新宿の唐辛子と同じように多く栽培されていたという。

家康が鉄砲隊を大久保に配したのは、武田や北条の残党から江戸城を守る西の守りとしたという説もあるが、内藤清成が、住まいのない百人組の居住地が欲しいと家康に懇請して、この地に住まわせたからともいう。武田・北条の残党かはわからないが、野武士なども横行し物騒だったというから、内藤清成の懇願は一石二鳥だった。
私の住む北新宿二丁目は、江戸時代以前は柏木角筈村、江戸時代前期には柏木村と角筈村に分かれていて、明治に入ると、それぞれ南豊島郡淀橋町大字柏木、南豊島郡淀橋町大字角筈となった。一八九六（明治二十九）年に郡名が豊多摩郡と変更になり、その中の字淀橋姿、亀窪、新堀が柏木二丁目となり、現在は北新宿二丁目と名称が変わり、蜀江山は北新宿一丁目となった。北新宿一、二、三、四丁目は、ほぼ東を小滝橋通り、西に神田川、そしてほぼ南に職安通り。この三辺にかこまれた三角形のような地帯である。小滝橋通りと神田川は、小滝橋でほぼ交差している。北新宿の東側が百人町一、二、三丁目、西側が東中野一、二丁目、中野区中央南東側が西新宿七、八丁目である。

4．作家・芸術家の街柏木

水上勉著『私版　東京図絵』に柏木五丁目（現・北新宿四丁目）に住んでいた時のことが書かれている。真珠湾攻撃の年一九四一（昭和十六）年前後のことである。

柏木五丁目
鶴巻町の春秋荘から柏木五丁目の寿ハウスへ越した。（略）

寿ハウスの部屋代はいくらだったか忘れたが、六畳ひと間きり。入り口に三尺の踊り場と炊事場がくっついている。角部屋なので、東南に一間窓があり、下三枚が半透明ガラスの障子。上一枚の透明ガラスから、五十メートルほど南の高架線を走る省線電車の横腹が見えた。中央線の貨物列車と急行の走る時は、大きく揺れた。東中野駅と大久保駅との中間に位置していたので、急行だと猛スピードのかかる場所なのかもしれなかった。

高架線といっても橋桁があるわけではなく、高い土盛りなので、五十メートルほど土盛りに沿うて大久保の方へ歩くと、トンネルが一つあった。そこをくぐると「高田せい子舞踊団」という看板の出た生け垣があり、鎧神社の鳥居も線路脇にへばりついていた。私はこのあたりをよく歩いた。トンネルを抜けると柏木四丁目だった。

省線電車は、今のJR中央線である。大久保駅と東中野駅の間は、線路が急カーブしている。大きく揺れるのはそのせいかもしれない。

「高田せい子舞踊団」の高田せい子は、大正から昭和にかけて活躍した舞踊家である。東京音楽学校（現・東京藝術大学）中退後、帝国劇場歌劇部で、イタリア人でオペラ指揮者のローシーに学んだ。一九一九（大正八）年五月に浅草オペラに入り、「根岸大歌劇団」で夫とともに活躍した。渡欧、渡米中に関東大震災が起こり、浅草は壊滅状態、浅草オペラも終焉。帰国した一九二四（大正十三）年に、柏木に「高田舞踊研究所」を開設した。戦前の一時期柏木に住んだ水上勉は、この看板を目にしたのだろう。私は、まだあるかと思いそのあたりを散策したが、見あたらなかった。
水上勉も柏木に住んだが、大久保・柏木界隈は明治時代から、多くの文士、画家また学者が集まった場所だった。

前述したように、私が住む場所のすぐ横の道に、「内村鑑三の柏木聖書講堂（今井館）旧蹟」という碑が建っている。内村鑑三がここに移り住んだのは、一九〇七（明治四〇）年十一月。聖書講堂は、その翌年に出来上がった。以来、一九三〇（昭和五）年に亡くなるまで、ここで聖書を講じた。「今井館」という名称は、大阪の香料商今井樟太郎の遺志を継いだ夫人ノブの支援で建てられたものだからである。また、内村鑑三の家と大久保通りを挟んで反対側に、大杉栄が一時期住んでいた（『地図で見る新宿区の移り変わり――淀橋・大久保編』）。大杉は転々と住居を変えている。

5. 蜀江坂《しょっこうさか》

「柏木聖書講堂」碑の横の道を降りてゆくと、蜀江坂の標識（碑）が坂上と坂下に一基ずつ建っている。坂の付近の小高い山（現在の北新宿一丁目あたり）を、以前は蜀江山と呼んだ。江戸から明治まで、蜀江山は、梅や桜の名所だった。蜀江の名前は、平将門が、ここに陣を敷いた時、蜀江の錦の袖を落とした場所だからとも、また、将門の弟将頼がここで切られ、蜀江の錦の袖を落としたからともいわれる。蜀江の錦とは、中国の蜀から産出する錦のことで緋、黄、青、紫の糸で、唐草や雲竜などの模様を描いたものである。揚子江の上流蜀江で糸を晒したことから、その名が付けられた。蜀江山のもう一つの言い伝えは、徳川三代将軍家光が鷹狩に来て、この山の紅葉を蜀江の錦のようだといったことからつけられたというもの。

坂の途中に蜀江坂公園という猫の額ほどの公園がある。私が行った時は、日も落ちて夕暮れがせまる頃だったが、数人の子供たちが、滑り台や砂場で元気に遊んでいた。民家の庭のように狭い公園は、歴史的伝統のあるこのあたりの公園にしては侘しかった。

蜀江山は文士や画家、政治家などが住んだ所である。明治の作家大町桂月は、一九〇三（明治三十六）年頃、蜀江山上（現・北新宿三丁目一三あたり）に住んだ。桂月の著書『柏木の閑居』、『春の庭』には、蜀江山の様子が描かれている。桜や梅の名所で、キツネが出没するのどかな丘だった。また、明治の評論家内田魯庵も蜀江山に住んだ一人だ。魯庵が角筈から柏木に移り住んだのは一九一四（大正三）年、四十七歳の時だった。それから死ぬまでの十四、五年間、柏木、大久保百人町で過ごした。また、蜀江の北方、現在の北新宿三丁目一〇―一八―二〇には明治維新期の政治家江藤新平が住んでいた。

明治の洋画家三宅克己《こっき》も一時期、蜀江坂下柏木四〇七（現北新宿一―三四）に住んで、弟子十人ほどに洋画を教えていた。また、三宅は、淀橋町角筈の衛生園に住んでいたこともある。衛生園は、マリア・ツルーや岡田京子の努力で、女性のための診療所として開所した所である。彼がどういう経緯で、そこに住んだかわからないが、『思ひ出つるまゝ』の中で、「その時（結婚話の時）私は、淀橋角筈の衛生園と云ふ大きな西洋館の二階の一室を借りて住んでいた」と書いている。「淀橋、柏木、中野邊の野道や小川や森影を寫生した私の水彩畫は、白馬會その他の展覧會に出品する毎に、何時も好評を得て、私の畫名は高まる一方であった」（前出『思ひ出つるまゝ』）とも回想している。また、蜀江坂上にあった商工省官舎には、東條英機内閣時代（一九四三年頃）に商工大臣だった岸信介が住んでいた。

蜀江山は、私が住んでいる付近一帯だが、今は、民家やマンションが立ち並び、昔の面影はない。創価学会新宿池田文化会館（北新宿一―三二）が建つ敷地あたりに、昔の面影を偲ぶばかりである。

蜀江坂を下りると税務署通り。そこから分岐する細い道がある。その三叉路の三角地帯に「せきとめ地蔵」がある。一七〇八（宝永五）年に建立されたものだが、戦災で焼け、一九五一（昭和二十六）年に、像を造り、堂を再興した。柏木一帯は、江戸時代，まくわうりの産地だった。成子うりと呼ばれ、美味で有名だった。住民票などを取りに行く新宿区役所柏木出張所には、まくわうりの形をした子供の像が男女一対ある。

蜀江山には、一九六九（昭和四十四）年に、精華学園が西新宿から移って来て、一時期校舎があった。ゴールデン街のバー「十月」のママは、精華学園の出身で、この地に通ったという。

二．思想家とキリスト教と文化人と――柏木・大久保

1．柏木団

柏木には、明治期、「柏木団」（柏木組）と官憲が呼んだ初期社会主義者が多く住んでいた。

幸徳秋水。柏木に住み、転々と居を変えている（柏木八九、百人町八四、柏木九二六）。秋水は、一八七一（明治三）年、現在の高知県四万十市で生まれる。「萬朝報」の記者となるが、「萬朝報」が日露戦争時、非戦論から開戦論に転換したため、堺利彦（角筈七三八、柏木三四三、柏木三一四、柏木一〇四）、石川三四郎（角筈七六二）、内村鑑三（柏木九一九）とともに「萬朝報」社を退社して、堺利彦とともに「平民新聞」を創刊した。また、クロポトキンの無政府主義や、渡米中に知った人々を通じて、アナルコ・サンディカリズムに

傾く。一九一〇（明治四十三）年六月、秋水は、湯河原の天野屋に、愛人の菅野すが（柏木三四二）と宿泊中、幸徳事件（大逆事件）で逮捕された。そして、「大阪平民新聞」を創刊した森近運平（柏木三四七）ら十一名とともに処刑される。秋水自身は、皇族暗殺計画には関わっておらず、官憲によるフレームアップであったというのが、現在、殆どの研究書の見解となっている。森近運平は、故郷岡山では農業改良運動に挺身していた。農民たちは無実を信じ、助命嘆願をしたが叶わなかった。三十歳の死である。

大逆事件の時、堺利彦は、荒畑寒村（柏木三二四）、大杉栄（柏木三四二、柏木三〇八、百人町二一二）らとともに、赤旗事件で入獄していたので、逮捕、刑死を免れた。赤旗事件というのは、一九〇八（明治四十一）年、神田の映画館「錦輝館」で、山口弧剣の出獄を祝う席上で起こった事件である。山口は「平民新聞」に寄稿した「父母を蹴れ」という、封建的家族制度を批判した論文が新聞紙条例違反の罪に問われ禁固刑に処せられ、刑期を終えて出獄したのだった。その出獄を祝う席上で、一部の人たちが旗を振り回し、革命歌を歌って外に出たところ、待ち構えていた警官隊に逮捕された事件である。

山川均と守田有秋（柏木三五二、柏木三五五、柏木九二六、柏木三八〇）。山川均は、一八八〇（明治十三）年、岡山県窪屋郡倉敷村（現・倉敷市）で生まれた。同志社で新島襄らの影響を受け、堺利彦らの日本社会党に入党した。後に、労農派マルクス主義の指導的理論家になる。大逆事件の時は、赤旗事件で堺利彦らとともに投獄されていたので、連座を免れた。戦後は石橋湛山らとともに民主人民戦線を立ちあげたが、社共の対立が解消できず、あまり活動はできなかった。同居していた守田（森田）有秋は友人で、「青年の福音」という雑誌をともに発刊していた。守田は、岡山県児島郡で、一八八二（明治十五）年に生まれる。皇太子の結婚を雑誌で論じ、一九〇一（明治三十四）年から一九〇四（明治三十七）年まで不敬罪で入獄。一九一〇年に『自然と人』という著書を出版しているが、入獄した時のことか、その中の「五時間後」という文の中に、死刑を宣告されたことが書かれている。「死刑を宣告せられて百日、明日は愈々絞首場に牽かれるべき其の夜となつた」に始まる文は、「風静かに窓を打つて世に捨てられし囚徒《めしうと》が夜半《とや》の手枕夢寒み仄暗き廻廊の燈火、更《かう》たけて消えなんとして居る」で結ばれている。だが守田は一九〇四年に出獄している。この文は一九〇五（明治三十八）年に書かれたものだが、死刑宣告は取り消しになったのか、この文が創作なのか。出獄後、守田は、二六新報の記者、それに評論家として活躍した。一九五四（昭和二十九）年没。

福田英子（角筈七三八）については、「角筈女子工芸学校」の所で記したが、平民社が解散した後は、石川三四郎、安部磯雄らとともに、「世界婦人」を発刊し、主筆となった。内村鑑三の自宅でもある柏木聖書講堂（柏木九一九）で行われていた角筈聖書研究会にも参加していたが、一九〇七（明治四十）年に、社会主義に批判的であった内村に出席を拒否される。「世界婦人」を創刊した頃である。

社会活動といい男性遍歴といい、並の女性ではない。抑圧的な明治社会に、こういう女性が出現したことに感歎する。住まいの横の内村鑑三の柏木聖書講堂碑の前を通る度に、自分に忠実に真摯に生きた福田英子という女性を思い出す。石川三四郎と別れた後は、行商をして生計を立てていたという。「東洋のジャンヌ・ダルク」ともてはやされた時期もあったが、功成り名遂げた平塚雷鳥や与謝野晶子などとは違い、晩年は不遇だった。

南助松（柏木三－二六）は、一八七三（明治六）年、現在の石川県七尾市に生まれる。日清戦争時、兵隊として台湾に渡り、その後、北海道夕張炭鉱で働く。一九〇六（明治三十九）年に足尾銅山に赴き、至誠会（大日本労働至誠会・労働者を支援する組織）足尾支部を創設し、労働争議、鉱夫を支援した。

このように、明治時代、柏木地区には、アナーキスト、社会主義者、労働運動家、マルクス経済学者などが住んでいた。（住所は、『地図で見る新宿区の移り変わり─淀橋・大久保篇』から引用した）

「柏木団」は直接行動（革命）で社会主義を実現する、いわば急進派社会主義者であったが、これに対し、議会を通じての実現派は、「本郷団」と呼ばれた。本郷界隈に住む人が多かったという。片山潜や安部磯雄などである。片山・安部らと幸徳秋水・堺利彦らとは、社会主義実現の方法論で対立した。

片山潜は、一八五九（安政六）年、美作国久米南条郡出木村（現・岡山県久米郡久米南

町）に生まれた。時代は半世紀ほど後だが、美作は、私の母が生まれた所である。福田英子も、岡山藩の武士の娘だ。岡山には、左翼が生まれる土壌があるのだろうか、などと漠然と思ったが、単なる偶然だろう。地域を問わず、当時の社会矛盾を見つめる鋭い感性が、キリスト教や社会主義思想にその解決策を求めたとしても不思議ではない。片山潜も渡米中にキリスト教の感化を受け、帰国後牧師か伝道師を目指すがかなわず、キリスト教社会事業の拠点とし一八九七（明治三十）年、日本人最初の隣保館である「キングスレー館」を設立した。隣保館とは、スラムや同和地区などで、社会福祉や援助技術など専門知識を持つ者を常駐させて、地域住民に対し適切な援助を行う社会施設のことをいう。隣保館経営の傍ら、片山は労働運動に尽力した。一九〇六年、日本社会党結成に参加。しかし、片山と安部磯雄らは、議会政策論を唱え、直接行動に出ることを主張した幸徳秋水らと、袂を分かった。一九三三（昭和八）年、モスクワで死去。クレムリン宮殿の壁に埋葬された。

片山潜と行動をともにした安部磯雄は一八六五（元治二）年福岡市生まれ。日本社会主義運動の先駆者としてよりは、早稲田大学野球部創設者という方が私の心に馴染む。早稲田大学安部球場は、今はないが、我々の学生時代には、野球部の選手が練習をしているというので、しばしば見学に行ったものである。安部は、アメリカ遠征から技術や練習法を持ち帰り、日本に伝えられて日の浅い野球の技術向上・普及に力を尽くした。「学生野球の父」、「日本野球の父」といわれた安部だが、日露戦争で非戦論を唱え、公娼制度の廃止、産児制限などフェミニズム運動に関与した。一九二四（大正十三）年、「日本フェビアン協会」を創立した。ずっと、牛込区（現・新宿区新小川町二丁目）にあった同潤会江戸川アパートに住み、ここで、暴漢に襲われている。

同潤会アパートについて記すと、同潤会は、関東大震災復興支援のために集められた義援金をもとに内務省によって設立された財団法人で、鉄筋コンクリート造りのアパートを十六棟造った。その十六番目に造られたのが江戸川アパートだった。一九三四（昭和九）年竣工。近代的な設備を備えたモダンなアパートで、当時の知識人たちが、競って入居した。鈴木東民、坪内ミキ子、なだいなだ、原弘、正宗白鳥、前尾繁三郎、山内義雄など。安部磯雄は、江戸川アパートの一室で、一九四九（昭和二十四）年二月十日永眠。富士見町教会で告別式が執り行われた。

2. キリスト教教会

柏木・大久保には、キリスト教の教会が多くある。柏木に引っ越して来た時、新たに住むことになった町を知りたくて、近くを歩きまわった。その時に目についたのがキリスト教の教会であった。その時、新大久保や百人町あたりには、朝鮮半島の人たちが多く住んでいるという理由からかと想像していた。韓国は、日本と違って、キリスト教が国民の間に広く定着していた。一時は、国民の三割がキリスト教徒といわれた。しかし、柏木・大久保は、昔からクリスチャンが多く住んだ町という。

明治・大正・昭和にかけて淀橋・柏木・大久保界隈にはキリスト教界の錚々たる人たちが屯していた。内村鑑三、植村正久、中田重治、高倉徳太郎など、おまけに幸徳秋水なども一時期百人町や柏木に仮寓していた。

（中沢洽樹「内村鑑三と植村正久」『地図で見る新宿区の移り変わり──淀橋・大久保篇』所収）

このように、淀橋・柏木・大久保地区には、明治時代からキリスト教布教活動の歴史があった。内村鑑三の「聖書講堂」もそのひとつ。

内村は、一八六一（万延二）年、東京小石川に生まれる。東京外国語学校（東京帝国大学予備門）から札幌農学校へ。東京外国語学校の同期に、新渡戸稲造、宮部金吾がいた。札幌農学校で、ウィリアム・スミス・クラークらに感化受け、キリスト教徒となる。卒業後、アメリカに留学。アマースト大学を卒業し、帰国後、熊本英学校などの教師を歴任。京都に住んでいた時には、便利堂の中村弥左衛門と弥二郎、徳富蘇峰などの支援を受ける。一八九七（明治三十）年、萬朝報に入社するが、日露戦争非戦論を唱えて、主戦論の黒岩涙香と対立し、退社する。また、一八九九（明治三十二）年七月に、角筈にある女子独立学校の校長に就任。女子独立学校の構内に居を定めた（淀橋町角筈一〇一、現・西新宿一丁目六)。現在の小田急ハルクの筋向い、エルタワーが建っているあたりである。しかし、角筈には淀橋浄水場、それに大蔵省煙草専売局の大きな工場が建つ。ニコチンの煙の害を心配した内村は、柏木九二九番地に移り住んだ。ここに、聖書講堂(今井館)と内村の住まいを建て、一九三〇(昭和五)年に没するまで住む。我が住まいの横の蜀江坂へ下る細い道を隔てた向かい側である。内村は無教会によるキリスト教を唱え、植村正久と対立した。

小滝橋沿いにある柏木教会は、婦人運動家としても活躍し、戦後再建された日本キリスト教会の指導者である植村環によって創設された教会である。環の父は牧師で、日本のキリスト教会の創成に大きな影響を与えた植村正久である。正久は、一八八七(明治十)年一番町教会堂(後の富士見町教会)を創立。一九〇四(明治三十七)年には東京神学社神学専門学校を創立した。しかし、一九二三(大正十二)年の関東大震災で、富士見町教会と東京神学社は焼失。神学社は後に再建された。一九二四(大正十三)年、正久の友人で、アメリカの宣教師フランク・ミューラーから淀橋区柏木四丁目九八四の土地を遺贈され、最晩年をここで過ごすが、翌年一月八日、この柏木の家で急逝した。享年六十六。

自由学園の羽仁もとこ夫妻も、正久のよき理解者であり、助力した。

植村正久やフランク・ミューラー夫妻に導かれてクリスチャンになった女性に、初代文部大臣となった森有礼の妻森寛子がいる。寛子は一九〇四年に植村正久から洗礼を受けている。フランク・ミューラーは、森有礼が、江田島海軍兵学校の英語教師として招聘した人物で、森有礼が刺客に倒れた後、寛子に同情して、度々日本を訪れたという。寛子は三男明とともに、淀橋町角筈に移り住み、一九四三（昭和十八）年、同地で死去した。

一八九〇（明治二十三）年生まれの植村環は、一九〇五（明治三十八）年、富士見町教会で、父正久から洗礼を受け、一九三〇年に、柏木の自宅で伝道を始めた。その後、日本で二番目の女性牧師となり、一九三七（昭和十二）年には柏木教会の建設式、牧師就職式が行われた。これが、現在の日本キリスト教柏木教会で、小滝橋通りと大久保通の交差点近くにある。私は所用でこの前を頻繁に通る。信仰とは無縁な私だが、教会の前を通ると少し厳粛な気持ちになる。そして、自分のミッションということを考える。この世に生きている限り、ささやかでも、誰かの、何かの役に立てればと、改めて思い起こす。植村正久は、エリート層を対象とした布教活動をしたというが、私は、自分自身を含めた庶民や恵まれない境遇の人たちのために、日本で頑張っている外国の人のために、自然災害で被災した人々のために、微力であっても、役に立ちたいと念じる。そういう意味で、柏木・大久保の町を歩けば、心貧しく生きる自分を省みる一時を持つことが出来る。人はみな等しく、神の領地で生かされているという思いに至る。私のいう神は、宗教上の神ではなく、宇宙とか、自然といった神。その領地。生きとし生けるものすべてに神がやどる所。

話は少し抽象的になったが、大久保通りの大久保駅と新大久保駅の間、右側にウェスレアン・ホーリネス教会連合淀橋教会がある。一九〇一（明治三十四）年に、中田重治によって神田神保町に開設された中央福音伝道館がその始まりだった。神田神保町を選んだのは、神田は神の田、神保町は神が保つ町で、聖なる地に相応しい場所ということからだった。一九〇四（明治三十七）年、信者数も増え手狭になったので、東京府下豊多摩郡淀橋町字柏木に三千坪の土地を得て移転する。そこを柏木聖書学院として講話や布教活動を行っていたが、一九一一（明治四十四）年、現在の百人町一―十七―八の地に新会堂淀橋福音伝道館を建設する。これが、淀橋教会である。一九四五（昭和二十）年五月の空襲で焼失したが、再建され、現在に至っている。柏木教会と同じプロテスタント系。しかし、柏木教会の創建をした植村環の父植村正久は、淀橋教会の中田重治を「山師」と呼んで嫌ったという。分裂あり、対立あり、差別あり、聖職者も人間であると思うのは、多様な教会が併存している柏木・大久保に住んでいるからだろう。

淀橋教会の前を通ると、コンサートや講演のチラシを配っている。すべて無料。百歳を過ぎても現役医師の日野原重明氏の講演のチラシを手にした。少し心が動いたが、あいにくその日先約があった。さらに、新大久保から大久保通りを明治通りに向かって歩いて数分、右側に日本福音ルーテル東京教会がある。一九一二（大正元）年、小石川で伝道をはじめ、大久保に一九二三（大正十二）年、教会を創設した。その反対側にあるのが、赤い十字架、緑のハングル文字が目を引く東京中央教会。宗教法人東京中央教会は、韓国人牧師李康憲が、一九八二（昭和五十七）年に来日し創設した教会。一九九四（平成六）年、職安通りからこの地に移った。ドーム状の入り口には白い縁取り、薄茶の外壁にステンドグラス。礼拝堂は、一、二階合わせて、千五百人ほど収容できる。礼拝堂の後部に棚があり、ハングル、日本語、英語などの聖書が置かれていた。座席の右側には大きなパイプオルガン。左側にドラム、キーボード、ギターなど。演奏会も行われる。関東一円から、信者が礼拝に来るという。韓国人が多くを占める。

教会は住宅街にもある。日本ホーリネス教団東京中央教会は、私の住まいから四分ほどの北新宿一丁目にあり、新宿福興教会は、いつも利用する北新宿三丁目郵便局の裏手にある。大久保キリスト教会は北新宿三丁目、大久保駅から歩いて四分ほどの、中央線の線路の近くにある。また住まいの近くには、韓国系の栄光教会もある。教会の宣伝をしているわけではないが、柏木（北新宿）・大久保は、布教の古い歴史があったこと、また、一九六〇年代には、米国の牧師が多く住んだこと、近年になって、韓国をはじめ多国籍の人々が住むようになったこと、様々な要因で教会のある町となったのである。

東京郊外武蔵野の入り口だった大久保、淀橋（柏木・角筈）は、江戸時代から明治初期まで、遊山の地であり、隠棲の地であった。明治以降、新しい風が吹く町となり、社会主義者、自然主義の文学者、画家、キリスト教布教者などが多く住む町ともなった。

3. 十二社熊野神社・歌舞伎町鬼王神社・島崎藤村旧居跡

私の住まいから歩いて十分ほどの所に十二社熊野神社がある。住まいの窓の正面に見える三井西新宿ビルの裏側である。大久保通り沿いにある皆中神社、青梅街道沿いにある成子天神、職安通りを歌舞伎町の方へ歩くと鬼王神社、早稲田大学近くの穴八幡や諏訪通り沿いの諏訪神社などとともに、初詣に行く神社である。年毎にお参りに行く神社が違う浮気者で、神様も本気にしてくれないのか、願い事が叶ったためしがない。まあ、それは別として、熊野神社は、広大な新宿中央公園に隣接したこじんまりとした神社である。十二社というのは、熊野神社がある紀州から来た鈴木九郎が、熊野の神々十二柱を祀ったことから付けられた名前という。この鈴木九郎という男、中野長者といわれた大金持ちだが、「淀橋の由来」の所で書いたように、あまり評判の良い伝承が残っていない。あこぎなことをして、金を儲けたのだろう。これに関しては、熊野神社を造ったのは、角筈の名主渡辺与兵衛という説もある。

十二社は、淀橋台地と豊島台地の段差のある所で、深い谷があった。滝があり、池があり、大きな森があった。文人墨客の訪れる所となった。聖地周辺は、料亭、待合、芸者の花街となって、一時期は、六十軒の料理屋・待合があったという。しかし、淀橋浄水場工事のため、池は狭くなり、一九六八(昭和四十三)年には埋め立てられた。現在はビルが建つのみである。

私は、何回か、十二社温泉に行ったことがあるので、このあたりはなつかしい。十二社温泉は、マンションだかビルの一階にある温泉で、湯の色は真っ黒だが、湯上りは肌が艶やかになった。二〇〇九（平成二十一）年三月三十一日で廃止となった。

熊野神社が我が住まいから南の方とすれば、鬼王神社はほぼ東。鬼王神社は歌舞伎町二丁目一七―五にあり、正式名稲荷鬼王神社。ネオンきらめく歌舞伎町ラブホテル街の裏の方にある。初詣のお参りは一度きりだった。付近のあやしげな雰囲気に怖気づいたゆえだが、由緒ある神社である。一七五二（宝暦二）年、紀州熊野から鬼王権現を勧請し、一八三一（天保二）年、大久保村の氏神である稲荷神と合祀して稲荷鬼王神社となった。紀州の鬼王権現は現存していないので、「鬼王」と名が付く唯一の神社である。平将門の霊を祀ったのが始まりで、将門の幼名である、鬼王丸、外都鬼王からとった名称だという伝承もある。でもの、はれもの、諸病一切に効くという、撫で参りというのがある。神社から授与されたお守りで患部をなで、豆腐を奉納し、本人は治るまで豆腐を断ち、食べないでいると平癒するという。巣鴨のとげ抜き地蔵と同じようなものだが、豆腐を食べないというのが珍しい。ここでは、鬼王というから、鬼を祀っていると思ったが、そうではないらしい。祭神は、稲荷神宇迦之、鬼王権現の月夜見命など。また、大久保村の祭神火産霊神も合祀しているものの、ここの豆まきは、「福は内、鬼は内」である。やはり鬼が守り神なのだ。

二〇一七（平成二十九）年元旦、二度目のお参りに出かけた。今度は気合を入れてのお参りである。近くにある「島崎藤村旧居跡」の碑を見るという目的もあった。

石造りの鳥居を入ると、家々のお雑煮の写真が展示されていた。みそ仕立て、醤油仕立て、具も様々。ちらちらと見ながら、十人ほどの列に並ぶ。拝殿にあがり、お賽銭を上げると、お神酒をふるまわれた。

境内は狭いが、石造りの鳥居の側に、珍しい形の水鉢。しゃがんだ鬼の頭に大きな手水鉢が乗っている。それと水琴窟。「稲荷鬼王神社の天水琴」という説明板には、「平成十六年十一月三日に水琴窟師　田村光氏により雨水を利用した水琴窟　天水琴を建設しました」とあるから、比較的近年に造られたものだ。竹筒に耳を当たると、心が洗われるような、といった形容がピタリと合う、澄んださわやかな音色が聴こえて来た。

鬼王神社を出て職安通り出て明治通りの方に歩きながら「島崎藤村旧居跡」の碑を探す。このあたり、旧名西大久保である。

大江戸線東新宿の出口、職安通りに面した歩道に、「島崎藤村旧居跡」の碑が建ち、そばに説明板があった。碑は、鉄製の枠に囲まれた大理石ともおもえる小振りな石碑で、表面に「島崎藤村旧居跡」と刻まれていた。よほど注意してみないと、見過ごしてしまうほど素朴で小さい石碑で、歩いている人は、誰も目にも留めず通り過ぎてしまう。実際の藤村の旧居は、靖国通りを少し南に歩き左側に入ってすぐの所。現在はノア野村ビルという十二階建てのマンションが建っている。

小諸義塾の英語の教師を六年間務めた藤村は、一九〇五（明治三十八年）年四月二十九日に上京、豊島郡西大久保一丁目四〇五番地（現・歌舞伎町二丁目四番）、植木屋坂本定吉の地所にある貸家に居を構えた。ここを、紹介したのが、画家の三宅克己。藤村は、この地で、三女縫子（一歳）、次女孝子（二歳）、長女みどり（六歳）を相次いで亡くした。三女縫子は麻疹から急性脳膜炎、次女孝子は急性腸カタル、長女みどりは肺結核性脳膜炎が死因という。しかしいずれも、栄養失調が大きく影響しただろう。それまで、『若菜集』などの詩集を出版して、詩人としては評価されていたが、生活は楽ではなかったろう。小説『破戒』を自費で出版したのもこの地だが、その費用を妻冬子の実家から工面してもらっている。しかし、『破戒』は評判となり、藤村は、作家としての地歩を確立した。一年七か月ほどで、ここから浅草新片町へ転居している。

三人の娘と、その後に亡くなった妻冬子の墓が、百人町長光寺にあるという。職安通り、中層のビルが立ち並ぶ谷間に窮屈そうに建っている寺である。私の住まいから歩いて十分ほど。大久保駅南口から五分ほど。境内に四階建の建物。その右側にコンクリート製の観音像が建っている。拝殿は建物の中にあるようだ。「藤村ゆかりの寺」という石碑が境内に建っている。左側に細い道があり、墓地に通じている。墓地は、意外に広く奥に細長く続いている。ひとつひとつの墓石を確かめながら奥に向かって歩く。江戸天保年間の古い墓石もある。しかし、藤村の娘たちの墓は見つからなかった。帰りに寺務所の呼び鈴を押すと、中年の女性が窓から顔を出した。

「藤村の大家さんの坂本家が、うちの檀家だった関係で、娘さんたちの墓をお引き受けしたのですが、故郷馬籠に、藤村の墓が造られたので、そこに移したということです。墓のあった所の土だけ移したという話もあり、お骨まで移したかどうかはわかりませんが」という答えが返って来た。

曹洞宗の寺、玉寶山長光寺は、一五八二（天正十）年一月、織田信長・徳川家康軍との合戦で滅亡した武田家の菩提を弔うために、武田家の遺臣が、一五九四（文禄三）年に建立した由緒ある寺である。江戸時代には、現在の歌舞伎町に屋敷のあった鉄砲隊百人組頭久世三四郎の進言により、薬師如来堂が建てられた。

4．鈴木三重吉・西條八十・小泉八雲・永井荷風

他に大久保に縁のある文学者といえば鈴木三重吉。稲荷鬼王神社の近くには、鈴木三重吉の赤い鳥社跡がある（現・歌舞伎町二丁目一一・一四あたり）。三重吉が、北豊島郡高田村（現・豊島区目白三—一七—一）から、西大久保に転居し、西大久保で再度の転居をしたのが一九二九（昭和四）年十一月。そこが、新宿における赤い鳥社跡となっている。鈴

木三重吉は居所を転々と変えたので、豊島区目白三丁目にも、豊島区教育委員会によって「赤い鳥社・鈴木三重吉旧宅跡」の碑が建てられている。雑誌「赤い鳥」には、「東京行進曲」、「青い山脈」、「蘇州夜曲」、「誰か故郷を想わざる」、「風は海から」、「王将」など、数々のヒット曲を作詞した西條八十が、多くの童謡を発表した。西條八十は、一八九二（明治二十五）年、牛込区牛込払方町（現・新宿区）で石鹸製造業を営む西條家の三男として、大久保百人町で生まれた。実家は大久保周辺の大地主で父は設計技師だった。西條八十自身も淀橋町柏木四三三に居を構え、詩誌「蝋人形」などを、そこで発刊している。一九三五（昭和十）年には、柏木三丁目三七七に転居している。戦後は世田谷区成城に移ったが、七十八年の生涯のうち、五十年を、大久保・柏木で過ごした。先に書いたように、新宿駅東口駅前広場に新宿ライオンズクラブの手によって西條八十詩碑とオブジェが建てられた。

鬼王神社から、職安通りを隔てた大久保一丁目には、小泉八雲記念公園と旧居跡がある。小泉八雲の旧居跡は各地にある。島根県松江市北堀町には、旧制松江中学に英語の講師として赴任し、一八九二年五月から十一月までの六か月間滞在した。その後、旧制熊本高等学校の英語教師として、熊本市に滞在、五年間を過ごした。そして東京帝国大学の講師に赴任、はじめ淀橋区富久町二〇に居し、一九〇二（明治三十五）年に豊多摩郡大久保村大字西大久保二―二六五（現・大久保一丁目一―二二）に転居した。旧板倉子爵邸を買い取ったもので、八百坪の土地があった。一九〇四（明治三十七）年、小泉八雲は、この地で没し、終焉の地となった。今そこは、大久保小学校の敷地の一部となっていて、校門の右横、椿の生垣の前に、「小泉八雲舊居跡」の石碑が建つ。その横に説明板があって、旧居の写真が掲載されていた。質素な日本家屋である。

小泉八雲公園は、大久保小学校の斜め向かい側。入口に、大きなドーム状の門柱が立ち、「新宿区立小泉八雲記念公園」という字が浮き彫りにされている。その門をくぐると左側が、広い公園となっている。公園全体が白い色調で、古代ギリシャ・アテナイのパルテノン神殿の柱を模したような石柱が四本立つ。八雲の生まれ故郷、ギリシャのイメージを現しているのだろう。その奥の方に小泉八雲の胸像が建つ。その前に花壇があり、紫、黄、白のパンジーが植えられていたが、寒空の下、少し縮こまっているようである。胸像の下には説明板があった。説明板は、本を開いたような形に造られて、左側がギリシャ語（と思われる）、右側に日本語で書かれていた。

ラフカディオ・ハーン（日本名小泉八雲）

ギリシャの島レフカダに生まれ、新宿でこの世を去りました。

レフカダ市と新宿区は、この縁をもとに1989年10月友好都市となりました。

この度、新宿区が小泉八雲記念公園を造成するに際し、ギリシャ政府はレフカダと新宿を通してギリシャと日本の間の友好関係が一層深まることを願い、この胸像を新宿区へ贈ります。

一九九三年四月

駐日ギリシャ大使

コンスタンティヌス・ヴァンス

ギリシャ政府から贈られた小泉八雲の胸像は、実物よりずっと男前と思えた（といっても実物を見ていないが）。

今の、大久保とは少し離れるが、余丁町には、永井荷風が住んでいた。余丁町は、江戸初期には東大久保村の内であったという。四筋の横丁があったので、四丁町と呼ばれた。五代将軍綱吉の時代には、生類憐みの令の政策に基づいて、犬の収容施設が、この地に造られた。一六九七（元禄十）年十一月に中野に移転したので、二年ほどの短い期間だった。一八七二（明治五）年には、大久保四丁町と町屋があった大久保前町、開墾地などを合わせて、大久保余丁町が成立した。一八七八（明治十一）年に牛込区に編入された。

永井荷風は、一九〇二（明治三十五）年に家族とともに、余丁町に転居、その後、アメリカなどに遊学、再び、一九一六（大正五）年から一九一八（大正七）年十二月まで、余丁町の屋敷で暮らし、一室を「断腸亭」と称して、『断腸亭日乗』を書いた。断腸花という別名を持つ秋海棠が好きだったので、そう名付けたという。

一九一一（明治四十四）年の幸徳秋水らの大逆事件で、体制派が逆らう市民を迫害しているさまに衝撃を受けた荷風は、もっぱら、懐古的随筆を書き、花柳ものの小説を創作した。

5．百人町―皆中稲荷神社・徳永康元

葛西善蔵は明治の末、瀧井孝作は大正のはじめ、市外西大久保の地に住んでいる。国木田独歩、戸川秋骨、岡落葉、岡本綺堂なども、大久保、百人町に住んだ。岡本綺堂は皆中稲荷神社の側に住まいがあった。皆中稲荷神社も、初詣に出かける神社の一つだったが、行列ができるのでこの頃は敬遠している。新大久保駅近く繁華な街中にあるが、由緒ある神社だ。創建は古く、一五三三（天文二）年。ある夜、鉄砲隊与力の夢枕に、稲荷大明神が立ち、霊符を示した。すると、その与力の鉄砲は百発百中、その霊験が評判となり、稲荷様は、皆中稲荷と呼ばれるようになったという。別の説は、鉄砲隊与力が鉄砲の命中を祈願したことから、その名を付けられたというもの。神社入口に、明治天皇が詠まれた歌の刻まれた石碑が建っている。

まがねゆく道のひらけてつつじ見に
ゆく人おほし　大久保の里

百人町といえば、私にとって、思い出深い人が住んでいた町である。ハンガリー文学研究者・言語学者・民族学者で、東京外国語大学アジア・アフリカ言語文化研究所所長を務めた徳永康元氏。

徳永氏とは、前述した財団法人民族学振興会という研究機関で、知遇を得た。徳永氏は、民族学振興会の評議員。私は、そこの図書室に司書として勤めていた。子育てが一段落した三十八歳の時である。国立図書館短期大学特別養成課程（現・筑波大学図書館情報学群）という、大学・短期大学卒業者に司書教育を行う機関で学んだ後に就職した所だった。徳永氏は一九一二（明治四十五）年生まれだから、その頃七十歳前後で、関西外国語大学の教授だった。長身痩躯の穏やかな紳士。頻繁にお会いしたわけではないが、親しみを感じる人柄と博識とで、振興会の役員の中で、私が好感を抱いた人である。理事会・評議会に出席された時などは、図書室にも顔を見せ、いろいろな話をされた。若い時、東京帝国大学附属図書館に勤められたこともあって、図書室には懐かしさがあったのかも知れない。話は、図書の分類の仕方から、文学、音楽、映画、絵画、多岐にわたった。特に映画は、私も映画好きとあって話が合った。『ブダペスト回想』を上梓された時は、直接持って来られ、寄贈してくださった。

私が勤務した財団法人民族学振興会は、前にも少し述べたが、渋沢栄一の孫渋沢敬三が、一九二一（大正十）年に、港区三田の自邸につくったアチック・ミューゼアムがその始まりである。一九三四（昭和九）年に日本民族学会が設立され、初代理事長に白鳥庫吉が就任した。敬三は、一九三七（昭和十二）年、東京府下の保谷（現・西東京市）に、民族学会の附属民族学博物館と附属研究所を創設し、自分が集めた民俗資料や標本二万点を三田から移管して、公開展示した。戦時下の一九四二（昭和十七）年に、文部省直轄の民族研究所が設立され、日本民族学会はその外郭団体となり、財団法人民族学協会（財団法人民族学振興会の前身）という名称になった。徳永氏は、ハンガリーに留学し、二年半を過ごすが、一九四一（昭和十六）年春、ドイツ軍がユーゴスラビア侵攻、夏には独ソが開戦、十二月には日米が開戦。苦難の末に日本に帰国、設立されたばかりの民族研究所の研究員となった。

民族研究所は、一九四三（昭和十八）年に中国大陸に調査団を出した。その第一班、北支、蒙彊、満州の調査チームに、江上波夫、徳永康元の名前が見える。この調査は二回行われた。

徳永氏は、二回目の調査の時のことを「渡辺照宏さんの思い出」という項で、次のように書く。

私たち十数人の文部省民族研究所の一行が、新潟港を白山丸という船で、出発したのは、昭和二十年七月二十五日の夕方で、もう日本の主な都市は殆ど空襲で焼かれ、近海にはアメリカの潜水艦がしきりに出没するという不安な状況の最中だった。

（前出『ブダペスト回想』）

今考えれば、終戦まであと二十日という時期に民族調査団を出すというのは、無謀であり無意味だと思わざるを得ない。戦況に少しでも役に立つと当時の軍部、政府は考えたのだろうか。私の勤務時代に、民族学振興会の理事長だった中根千枝氏も、疑問を呈している。

この時期は既に戦局が日本にとって不利になりつつある頃で、これらの調査には相当困難をともなったものと推察される。当時の民族学者による調査研究というものが、戦局の認識、軍部の情報とどのような関係にたっていたのであろうか、その点、今日からみると不可解である。驚くことに昭和二十年七月下旬に六ヶ月の予定で数班からなる左記の十四名を満蒙・北支に派遣しているのである。現地に到着して二週間でソ連の参戦、ついで終戦となり、苦労して引揚げてこられた。

所員—八幡一郎、江上波夫、岩村忍、杉浦健一、渡辺照宏
助手—小島公一郎、徳永康元、佐口透、阿部利夫、鈴木二郎
嘱託—川久保梯郎、小野忍、薬師正男、本田弥太郎
（民族学振興会編
『財団法人民族学振興会五十年の歩み—日本民族学集団略史』一九八四年）

徳永氏の著書『ブダペスト回想』の中で表題になった渡辺照宏は仏教学者で、一九四三（昭和十八）年から四五年の間、民族研究所の研究員だった。

戦後の一九四五（昭和二十）年九月、民族研究所は廃止され、日本民族学協会が再建された。初代会長兼理事長に渋沢敬三が就任した。一九六三（昭和三十八）年十月、渋沢敬三が逝去したのに伴い、日本民族学協会の改組がなされ、財団法人民族学振興会が発足した。一九七四（昭和四十九）年には、大阪千里に国立民族学博物館が創設され、保谷民族学博物館の資料は、殆ど移管された。

私が勤務した一九八〇（昭和五十五）年から会の終焉までの二十年間は、優れた民族学の論文に対する渋澤賞の授与と研究員の募集、それに、図書の閲覧が主な仕事だった。研究員といっても、大学院のドクターコースを修了しても就職の決まらない研究者の経歴つ

なぎのような場所だった。一九九九（平成十一）年に民族学振興会は解散となり、残っていた資料は、すべて神奈川大学日本常民文化研究所に移管された。

徳永氏は、手元の資料によれば、一九五一（昭和二十六）年から一九八六（昭和六十一）年まで、評議員に名前を連ねていた。出欠はがきに新宿百人町二丁目の住所が記されていたことを思い出す。今の私の住まいから歩いて七、八分の所。二〇〇三（平成十五）年に亡くなられたが、私が北新宿に越して来たのは二〇〇一（平成十三）年の春だったから、生前に一度お会いしておけばよかったと、今さらながら思う。

『ブダペスト回想』は、飾らない淡々とした筆致で書かれていながらそこはかとない叙情がある。ハンガリーの歴史や、映画の話、民族研究所の調査団の一員として中国へ行った時の話なども興味深かったが、自分の住まいのある大久保界隈の昔が書かれていて、今回のテーマでもあり、何度も読んだ。

孫文を支援した貿易商梅屋庄吉が徳永氏の百人町の家の裏手にあった。孫文と宋慶齢の結婚式も、梅屋の屋敷で行われた。

大正の頃には、私の家の裏のほうに、梅屋庄吉という人の広い屋敷があって、ここは日本の映画プロダクションのはしりとも言える初期の撮影所だったらしい。近くの原などでよく時代ものの野外撮影をやっていて、私の家の隣の敷地で捕物映画の立ち

廻りを見たこともある。（中略）
梅屋商会の横丁の近くには外人村の一郭があり、庭つづきに何軒かの洋館が建っていて、（アウグスト・）ユンケル、ヴェルクマイスター、小野アンナら、初期の日本楽壇に貢献した外国人音楽家たちが住んでいた。
（『ブダペスト回想』）

梅屋庄吉は、日活映画の前身の一つであるM．パテー商会創立者の一人である。ユンケルはヴァイオリニスト、ヴェルクマイスターは指揮者。小野アンナはロシア生まれのヴァイオリニスト。後に日本を代表する建築家、また登山家となった吉阪隆正は近所に住んでいて、遊び友達であった。吉阪は小学生、徳永氏が中学生の頃である。吉阪一家は大内兵衛の家を譲り受けて住んでいた。吉阪は早稲田大学理工学部長を務め、一九六〇（昭和三十五）年には、早大アラスカ・マッキンリー遠征隊長を務めた。

6．多民族共生の街柏木・大久保

このように、明治以来、文化的な町として発展してきた大久保界隈は、戦後の一九五〇年代から、韓国・朝鮮出身の人々が、多く暮らすようになった。一九五〇（昭和二十五）年、韓国人によって創立されたロッテ製菓の工場が、新大久保付近に造られたことも、その一因である。職安通りや新大久保界隈はコリアン・タウンといわれ、韓国料理の店や韓国の食材や産物を売る店、韓流スターのブロマイドやグッズを売る店が並んだ。私も、キムチ、マッコリ酒、韓国のり、柚子茶などを求めに、ソウル市場や韓流百貨店などに行く。

大久保界隈には、日本語学校が多い。住まいの近くにも、国際学友会日本語学校（北新宿三―二一―七）があって、朝夕、いや日中も、韓国、中国、東南アジア、イスラム系の人たちと行き合う。頭を布で覆った女性と日本人男性のカップルにも出会う。近くの郵便局は、故国へ手紙や荷物を出す留学生でごった返す。彼らの生活のざわめきが身近にある。

最近は、コリアン・タウンと呼ばれた職安通りや、大久保駅から明治通りにかけての大久保通りも、韓国系の店舗や四割方減り、代わりにネパール、インド、ベトナムなどの料理店が増えた。イスラム横丁と呼ばれる小路も、大久保駅と新大久保駅の間の大久保通りを少し入った所にある。

一九八〇年代頃から、多様な国の人が住むようになった町大久保。キリスト教の教会が多くあることは前述したが、ヒンズー、イスラム、仏教などの宗教施設も、ビルやアパートの一室に設置されている。中国三大宗教（仏教・儒教・道教）の一つ道教の廟、東京媽《ま》祖廟《そびょう》が、大久保駅南口から職安通りに向かう道筋にある。媽祖とは、航海や漁業の女神という。

このように多民族が共生する町柏木・大久保界隈は、古くから多様な人々を受け入れてきたのだ。明治時代にはまだ異端視されたキリスト教徒、関東大震災で住まいを失った下町の人々。貧しい文学者や画家、社会主義者…。その伝統が今に繋がっていると、私には思える。

様々な国の人々に行き合うと、国家とは、民族とは、一体何なのだろうという、原初的な問いに行き着く。多民族共生は、きれいごとではいかないだろう。宗教や生活習慣の違う民族や国々の人々を理解するのは容易ではない。理念や建前は別として、自分の心の底に降りていけば、そこには彼らに対する垣根がある。我が心の内なる本音を乗り越えて、せめて相手の立場に対する想像力を持ちたい。

大久保に住んでいると言ったら、よくあんな所に住めるね、といった男がいた。彼も神の領地の住人だが、私にとっては異人種だ。

いつものように今日も、朝起きて一番に居間の窓のカーテンを引き、ソファーに座ってぼんやりと外を眺める。茜色に色づいたまま長い間、枝にしがみついていたメタセコイアの葉も、昨夜の風で散ってしまった。

うっそうと茂った葉に遮られて見えなくなっていたカラスの巣が、枝の上に姿を現した。春に雄雌が共同作業で造り、雛を育てた巣である。春は往き、夏も過ぎ、秋が終わり、今は冬。名も知らない小さな鳥が、落ち残った木の葉のように裸の枝にとまっている。愛らしいチッチッという鳴き声。彼らはどこで眠るのだろう。やがて、雪の帳の下りる日が来る。新宿巡りをしているうちに季節は一巡した。そして、また、春立つ朝を迎える。

この地で私の生も終焉を迎えるのだろう。新宿で生まれ新宿で逝く。生まれてから三歳まで過ごしたが、記憶にはない上落合。そして、多分私の様々な思考の原点となっただろう満州瀋陽での歳月や引き揚げ体験。青春時代を過ごした杉並区高円寺。晩年の歳月が矢のように流れるこの地北新宿。草生から枯生へ。果たして私は何を生きたのだろうか、何を為したのだろうか。

ふと気がつけば、窓のいっぱいに拡がる空は灰色から浅葱色へ。そして、東の空を朱に染めて、太陽が姿を現す気配である。林立する高層ビル群が徐々に目覚めてゆく。今日という日が始まる。

二年前に逝った夫の長患い以外は、たいした山坂もなく、今は、見事なまでに平穏な私の日々。女性の地位向上や恵まれない人たちのために生涯を捧げた明治の女性たち、一筋の道を懸命に生きた小林梅さん、山口和子さん……。先輩たちの厳しい人生に比べ、私は生きたのだろうか。同じ問いにまた行き着く。だが、世の中は今、乱調の気配に満ちている。まだ、何か、出来ることがあるかもしれない。

（了）

あとがき

生まれ故郷上落合、青春時代に遊んだ歌舞伎町、酒飲みの父の後を継いで、今も続く新宿酒場放浪、十六年前に移り住んだ北新宿。はじめは、自分に即しての新宿を書こうと考えていた。しかし、新宿に関する様々な資料を調べていくうちに、この街の持つ歴史・多様性に、強く興味をひかれた。特に近世以降の新宿は、庶民が創り上げた町であるということが、私の心にヒットしたのだろう。内藤新宿は、浅草の商人たちの請願によって創られた甲州街道の宿場である。また、成木街道（青梅街道）を通って、多摩方面から、炭、薪、諸材木、荏胡麻油、米、雑穀、大豆、大麦、油、糸類、野菜、紙、煙草、馬の飼料などが江戸に運ばれ、江戸からは肥料に使う灰、糞尿、加工品の酢、醤油、酒、味噌、塩、木綿などを多摩方面に送り出した。その物流の中継地点でもあった。両街道の分岐点が追分（現・新宿三丁目交差点付近）である。

内藤新宿は、四谷大木戸西側（新宿御苑大木戸付近）から追分付近までをいい、町屋と遊郭が並んでいた。私は、盛り場新宿の原点は、内藤新宿にあると考える。新宿通りの商店街と歌舞伎町の飲み屋やバー、キャバレー。人間のあらゆる欲望と表裏一体の町。だが、今の新宿駅付近や西新宿（角筈・淀橋）は、江戸町奉行の管轄外の地域で、武家の下屋敷と畑が続く寂しい所だった。明治になっても、新宿の佇まいは変わらなかった。今の場所に新宿駅ができ、馬に替わって鉄道が物資を運ぶようになって、新宿駅前も少しずつ、店ができ始める。中村屋、高野フルーツパーラー、紀伊國屋（昔は木炭屋だった）等ができ、中村屋相馬黒光夫妻や、紀伊國屋書店田辺茂一の所には、芸術家、作家、学者たちが集まり、文化の町となっていった。そして、戦後すぐに新宿駅周辺にできたヤミ市。その一画にあった屋台まがいの酒場街ハモニカ横丁。そこに多く集まった作家、画家、学者。戦後も、新宿は文化の薫る街でもあった。今は、ゴールデン街に、少しその面影を残す。

新宿駅西口方面は、終戦後の発展が少し遅れたが、一九六五年まであった淀橋浄水場が移転したのをきっかけに、高層ビルの立ち並ぶオフィス街となった。また、私の住む北新宿（柏木）あたりは、女性たちのための学校が、多く創立された所である。ここは、明治以降、古い歴史を持ち、明治以降、作家、画家、思想家、キリスト教徒、様々な人が住んだ場所。そんな新宿の持つ歴史と併せて、父と私、父娘二代にわたった新宿酒場放浪。長い歴史を持つ酒場「みち草」を中心に、五十鈴、ナルシス、ノアノア、よしだ、風紋、學校など古い酒場に集った人びとを通して、一つの時代の中の人間模様も描けたらと思う。

この本を書くにあたって、いろいろな方にお世話になった。

酒場みち草を四十六年にわたって支えた山口和子さん、みち草二代目アシスタントの梅崎澄子さん、新宿酒場飲食業組合の黒柳宏子さん、辻恵子さん、歌舞伎町鈴木喜兵衛プロジェクト理事長で、とんかつ・しゃぶしゃぶの店を経営している新村雅彦氏、ゴールデン街の酒場「ハングリー・ハンフリー」のマスター岩城裕二氏、高校同期の久保田哲氏、図書新聞井出彰氏、藤井あゆみさん、装幀家山崎登氏、蔦見初枝氏。
その他、様々な人にお世話になりました。ありがとうございました。

著者

◉参考文献

青柳いづみこ・川本三郎監修『「阿佐ヶ谷会」文学アルバム』（幻戯書房、二〇〇七）
猪野健治編『東京闇市興亡史』（双葉社、一九九九）
猪野健治著『やくざ親分伝』（筑摩書房、二〇〇二）
井上達彦著・寺内タケシ監修『新宿ACB―60年代ジャズ喫茶のヒーローたち』（講談社、二〇〇三）
江口渙『三つの死』（新評論社、一九五五）
折井美耶子・新宿女性史研究会『新宿　歴史に生きた女性一〇〇人』（ドメス出版、二〇〇五）
柏木地区協議会編集・発行『柏木百景』（編集協力早稲田大学卯月研究室、二〇一六）
金井真紀『酒場　學校の日々』（皓星社、二〇一五）
歌舞伎町商店街振興組合編集・発行『歌舞伎町の60年』（二〇〇九）
茅原健『新宿・大久保文士村界隈』（日本古書通信社、二〇〇四）
上林暁「説教聴聞」（『上林暁全集』第一〇、筑摩書房、一九六六）
菊岡久利『時の玩具』（日本文学社、一九三六）
木村勝美『新宿歌舞伎町物語』（潮出版社、一九八六）
早乙女勝元編著『写真版　東京大空襲の記録』（新潮社、一九八七）
佐多稲子『風になじんだ歌』（新潮社、一九六七）
佐藤洋一・ぶよう堂編集部『地図物語　あの日の新宿』（ぶよう堂、二〇〇八）
佐野眞一『旅する巨人―宮本常一と渋沢敬三』（文藝春秋、一九九六）
左方郁子・高野澄ほか執筆、奈良本辰也監修『読める年表　激動の大正昭和』（自由国民社、二〇一一）
新宿歴史博物館編・発行『新宿区の民俗(6)淀橋地区篇』（二〇〇三）

新宿歴史博物館発行「新宿盛り場地図」（昭和8．10．12年頃）（二〇〇五）
新宿区生涯学習財団・新宿歴史博物館編集・発行『新修　新宿区町名誌』（二〇一〇）
新宿歴史博物館編集、新宿区教育委員会発行『新宿300年・開館10周年記念特別展図録　内藤新宿―くらしが創る歴史と文化―』（一九九八）
新宿区生涯学習財団・新宿歴史博物館編集・発行『新発見遺跡速報展　二〇〇三　新宿の遺跡』（二〇〇三）
新宿区編『新宿区史』（新宿区、一九五五）
新宿区編『新宿区史　史料編』（新宿区、一九五六）
新宿区生涯学習財団・新宿歴史博物館編集・発行『新宿風景―明治・大正・昭和の記憶』（二〇〇九）
新潮社編『江戸東京物語　山の手篇』（新潮社、一九九四）
高橋庄助『新宿区史跡散歩』（東京史跡ガイド4、学生社、一九九二）
高見順『敗戦日記』（文藝春秋、一九八一）
田辺茂一『わが町・新宿』（旺文社、一九八一）
武英雄『内藤新宿昭和史』（紀伊國屋書店、一九九八）
種村季弘編『東京百話　地の巻』（筑摩書房、一九八七）
津村節子『茜色の戦記』（新潮社、一九九六）
田山花袋「時は過ぎゆく」（『田山花袋全集』第六巻、文泉堂書店、一九七四）
徳永康元『ブダペスト回想』（恒文社、一九八九）
戸沼幸市編著、青柳幸人・高橋和雄・松本泰生著『新宿学』（紀伊國屋書店、二〇一三）
内藤新宿300年落合第一地区委員会編集・発行『新宿　おちあい―歩く・見る・知る―』（一九九八）
中野正昭『ムーラン・ルージュ新宿座―軽演劇の昭和小史』（森話社、二〇一一）
野村敏雄『新宿裏町三代記』（青蛙選書、一九八二）

野村敏雄『新宿うら町おもてまち　しみじみ歴史散歩』（朝日新聞社、一九九三）
萩原朔太郎『廊下と室房　随筆評論』（第一書房、一九三六）
橋本健二・初田香成編著『盛り場はヤミ市から生まれた』（青弓社、二〇一三）
橋本千代吉『火の車板前帖』（筑摩書房、一九九八）
林芙美子『放浪記』（岩波書店、二〇一四）
林芙美子『林芙美子全集』全十六巻（文泉堂出版、一九七七）
原卓也編『目で見る新宿区の百年』（郷土出版社、二〇一五）
藤木ＴＤＣ『東京戦後地図　ヤミ市跡を歩く』（実業之日本社、二〇一六）
堀田善衛『若き日の詩人たちの肖像』（新潮社、一九六八）
班目文雄『江戸東京・街の履歴書③新宿西口・東口・四谷あたり』（原書房、一九九一）
水上勉『私版　東京図絵』（朝日新聞社、一九九九）
目白学園女子短期大学国語国文科研究室『落合文士村』（双文社出版、一九八四）
三宅克己『思ひ出つるまゝ』（光大社、一九三八）
守田有秋『自然と人』（博盛堂、一九一〇）
若槻菊枝『太陽がいっぱい』（金剛出版、一九七五）
渡辺英綱『新編・新宿ゴールデン街』（ふゅーじょんぷろだくと、二〇〇三）

堀江朋子（ほりえ・ともこ）

1940年9月東京で生まれる。早稲田大学法学部卒業。

日本文藝家協会会員。「文芸復興」代表。北上市口内町ふるさと大使。

著書に『風の詩人 — 父上野壮夫とその時代』『白き薔薇よ — 若林つやの生涯』『夢前川』『三井財閥とその時代』『日高見望景』『柔道一如』がある。


新宿センチメンタル・ジャーニー（私の新宿物語）

2017年8月10日　初版第1刷発行

著　者　堀江朋子
装　幀　山崎　登
発行者　井出　彰
発行所　株式会社 図書新聞
〒101-0051　東京都千代田区神田神保町2-20
TEL 03(3234)3471　FAX 03(6673)4169
印刷・製本　吉原印刷株式会社

ISBN978-4-88611-473-0 C0095